Senderos de recuperación

Senderos de *recuperación*

los Pasos, las Tradiciones y los Conceptos de Al-Anon

Rosa Ma. Ramirez

▲ GROUPOS DE FAMILIA AL-ANON
esperanza para los familiares y amigos de los alcohólicos

Título original: *Paths to Recovery: Al-Anon's Steps, Traditions and Concepts.*

Para más información y obtener un catálogo de publicaciones, comuníquese con la Oficina de Servicio Mundial de Al-Anon y Alateen:

AL-ANON FAMILY GROUP HEADQUARTERS, INC.
1600 CORPORATE LANDING PARKWAY
VIRGINIA BEACH, VA 23454–5617
757–563–1600 / FAX 757–563–1655
wso@al-anon.org
www.al-anon.alateen.org/miembros

Al-Anon y Alateen se sostienen por medio de las contribuciones voluntarias de sus miembros y de la venta de nuestra Literatura Aprobada por la Conferencia.

Este libro está disponible también en alemán, coreano, francés, inglés, noruego y portugués.

© 1997 AL-ANON FAMILY GROUP HEADQUARTERS, INC.

Todos los derechos son reservados. Esta publicación no puede reproducirse ni total ni parcialmente, ni puede introducirse en ningún sistema de acceso, ni transmitirse, de ninguna forma ni por ningún medio, ya sea electrónico, mecánico, de fotocopiado, de registro, ni ningún otro, sin el permiso anticipado y por escrito del editor.

Número de fichero en la Biblioteca del Congreso 97-070986
ISBN 978-0-910034-37-1
(ISBN de la edición original: 978-0-910034-31-9)

*Aprobado por
la Conferencia de Servicio Mundial de
Grupos de Familia Al-Anon.*

13-03   · SB-24 ·   *Impreso en los EE.UU.*

Preámbulo

Los Grupos de Familia Al-Anon son una hermandad de parientes y amigos de alcohólicos que comparten sus experiencias, fortaleza y esperanza con el fin de encontrarle solución a su problema común. Creemos que el alcoholismo es una enfermedad de la familia, y que un cambio de actitud puede ayudar a la recuperación.

Al-Anon no está aliado con ninguna secta ni religión, entidad política, organización ni institución; no toma parte en controversias; no apoya ni combate ninguna causa. No existe cuota alguna para hacerse miembro. Al-Anon se mantiene a sí mismo por medio de las contribuciones voluntarias de sus miembros.

En Al-Anon perseguimos un único propósito: ayudar a los familiares de los alcohólicos. Hacemos esto practicando los Doce Pasos, dando la bienvenida y ofreciendo consuelo a los familiares de los alcohólicos y comprendiendo y animando al alcohólico.

– Preámbulo sugerido de Al-Anon
para los Doce Pasos

LIBROS DE AL-ANON QUE PUEDEN SER ÚTILES:

Alateen – esperanza para los hijos de los alcohólicos (SB-3)

El dilema del matrimonio con un alcohólico (SB-4)

Grupos de Familia Al-Anon (SB-5)

Un día a la vez en Al-Anon (SB-6)

Los Doce Pasos y las Doce Tradiciones de Al-Anon (SB-8)

Alateen – Un día a la vez (SB-10)

…En todas nuestras acciones: Sacando provecho de las crisis (SB-15)

Valor para cambiar: Un día a la vez en Al-Anon II (SB-16)

De la supervivencia a la recuperación: crecer en un hogar alcohólico (SB-21)

Cómo ayuda Al-Anon a los familiares y amigos de los alcohólicos (SB-22)

Esperanza para hoy (SB-27)

Abramos el corazón, transformemos nuestras pérdidas (SB-29)

Descubramos nuevas opciones (SB-30)

Contenido

- ix Prefacio/Declaración de Al-Anon
- xi Introducción a *Senderos de recuperación: Los Pasos, las Tradiciones y los Conceptos de Al-Anon*

- 3 LOS DOCE PASOS
- 4 Introducción a los Doce Pasos
- 7 Primer Paso
- 18 Segundo Paso
- 28 Tercer Paso
- 38 Cuarto Paso
- 53 Quinto Paso
- 65 Sexto Paso
- 72 Séptimo Paso
- 81 Octavo Paso
- 90 Noveno Paso
- 102 Décimo Paso
- 110 Undécimo Paso
- 119 Duodécimo Paso

- 131 LAS DOCE TRADICIONES
- 133 Introducción a las Doce Tradiciones
- 135 Primera Tradición
- 145 Segunda Tradición
- 154 Tercera Tradición
- 163 Cuarta Tradición
- 175 Quinta Tradición
- 184 Sexta Tradición
- 193 Séptima Tradición
- 204 Octava Tradición
- 212 Novena Tradición
- 220 Décima Tradición
- 227 Undécima Tradición
- 235 Duodécima Tradición

245	LOS DOCE CONCEPTOS DE SERVICIO
247	Introducción a los Conceptos
249	Primer Concepto
255	Segundo Concepto
263	Tercer Concepto
270	Cuarto Concepto
278	Quinto Concepto
284	Sexto Concepto
289	Séptimo Concepto
295	Octavo Concepto
301	Noveno Concepto
309	Décimo Concepto
316	Undécimo Concepto
324	Undécimo Concepto
339	EPÍLOGO
345	ÍNDICE TEMÁTICO

Prefacio

En 1993 los miembros de la Conferencia de Servicio Mundial (CSM) reconocieron las muchas peticiones de miembros de la hermandad de Al-Anon al aprobar la moción siguiente:

Preparar un libro completo sobre los Pasos, las Tradiciones y los Conceptos de Al-Anon.

Con esta orientación de la conciencia de grupo más amplia de Al-Anon, nuestra Oficina de Servicio Mundial (OSM) pidió, recibió y compiló contribuciones de miembros de Al-Anon de todo el mundo. A todos aquellos que compartieron sus experiencias, ¡Muchas gracias!

Un equipo de Al-Anon, con la inclusión de miembros de la CSM, personal de la OSM, miembros voluntarios de comités, un escritor, dos editores, un dibujante y confeccionador de índices, produjo, examinó y revisó el manuscrito de este texto. El resultado es una colección de experiencias individuales de miembros de Al-Anon al practicar e identificarse con los Pasos, las Tradiciones y los Conceptos.

A los que comienzan este estudio fascinante de nuestros tres Legados por primera vez, ¡Bienvenidos! A los que intensifican su recuperación procurando nuevas ideas, que este libro pueda incrementar su comprensión.

Esperamos que todos concuerden en que el espíritu y el tenor de este libro expresan el amor, así como la experiencia, la fortaleza y la esperanza que existen en la hermandad. Que la participación individual o de grupo se transforme en un catalizador del crecimiento y la serenidad continuos – «Un día a la vez».

Declaración de Al-Anon
Que empiece por mí
Cuando alguien, dondequiera que sea, pida ayuda,
Que nunca falte allí la mano de
Al-Anon y Alateen, y — *Que empiece por mí.*

Introducción

Senderos de Recuperación: los Pasos, las Tradiciones y los Conceptos de Al-Anon es un estudio de los tres Legados de nuestra hermandad, el cual fue compilado de la experiencia, fortaleza y esperanza de cientos de miembros de Al-Anon. Este volumen completo orientará a los miembros de Al-Anon en todo el mundo al estudiar los tres Legados de nuestro programa y al ponerlos en práctica en sus vidas.

El logotipo de Al-Anon es un triángulo con un círculo en su interior. Los tres lados del triángulo simbolizan nuestros tres Legados: Recuperación mediante la aceptación de los Pasos, Unidad mediante la aceptación de las Tradiciones y Servicio mediante la aceptación de los Conceptos. Los tres lados son imprescindibles para que el triángulo siga siendo un triángulo, así como un banco de tres patas necesita las tres patas para no caerse. Algunos miembros de Al-Anon describen el círculo dentro del triángulo como un círculo de bienvenida que les trasmite el mensaje de esperanza de Al-Anon a los muchos familiares y amigos que viven o han vivido con la enfermedad del alcoholismo. En este simple símbolo encontramos la representación de los principios espirituales que nos unen por medio de un vínculo común: la recuperación de los efectos de la enfermedad familiar del alcoholismo.

En los primeros días de Alcohólicos Anónimos (A.A.), los cónyuges de alcohólicos solían encontrarse esperando en la cocina de una escuela o de una iglesia hasta que sus compañeros alcohólicos terminaran su reunión. En las conversaciones que sostenían, esos familiares mencionaban sus dificultades y percibían que sus vidas habían sido afectadas por la convivencia con un alcohólico, y que ellos también necesitaban ayuda. Debido a la necesidad de compartir su propia experiencia, fortaleza y esperanza, comenzaron a surgir grupos de familia en los Estados Unidos. En 1951 se seleccionó el nombre Grupos de Familia Al-Anon mediante una encuesta entre los grupos. En poco tiempo se adaptaron y adoptaron los Doce Pasos y las Doce Tradiciones de A.A.; en 1970 se aprobaron los Doce Conceptos, completando el triángulo de recuperación para los familiares y amigos de los alcohólicos.

La convivencia con los efectos del alcoholismo puede ser devastadora. Sin embargo, mediante la utilización de los Pasos, las Tradiciones y los Conceptos, muchísimas personas en todo el mundo han descubierto una nueva forma de vida, independientemente de que el alcohólico todavía beba o no. Al-Anon es un programa espiritual que se basa en los principios que se encuentran en los tres Legados. Cualquiera que haya sido afectado por la bebida de otra persona es bienvenido en la hermandad. Personas de diversas religiones, así como quienes no tienen ninguna religión encuentran ayuda en Al-Anon.

Hemos encontrado que nuestra recuperación se basa en el reconocimiento de un Poder superior a nosotros y en aplicar activamente a nuestra vida los principios expresados en los Pasos, las Tradiciones y los Conceptos. Por fortuna, muchos de nosotros descubrimos además que los Pasos, las Tradiciones y los Conceptos no sólo nos ayudan a recuperarnos de los efectos de la convivencia con el alcoholismo de otra persona sino que también nos orientan hacia un nuevo estilo de vida lleno de serenidad y amor.

Como recién llegados a Al-Anon, a muchos nos preocupa seriamente el concepto de enfermedad de la familia. Aprendemos sin demora acerca de los Doce Pasos. Escuchamos que «practicar» estos Pasos representa nuestro camino a la recuperación personal. Se nos dice que mediante el estudio de los Pasos aprenderemos nuevas maneras de manejar nuestra vida; descubriremos que somos responsables de nuestra propia felicidad y que no podemos controlar a otras personas.

Quizás escuchemos algo sobre las Tradiciones en las primeras reuniones. Se puede leer una o todas ellas en las reuniones del grupo. Algunos grupos celebran reuniones mensuales sobre las Tradiciones. Al seguir asistiendo y al participar un poco más en la labor de servicio en el grupo, aprendemos otras cosas sobre el principio de unidad expresado en las Tradiciones así como sobre el modo en que ellas se aplican a nuestros grupos y a nuestra vida personal. La mayoría de los miembros de Al-Anon saben muy poco acerca de nuestros Conceptos, que han sido descritos como «el secreto mejor guardado de Al-Anon». Esas doce afirmaciones describen los principios en acción en las áreas de servicio mundial —la Conferencia de Servicio Mundial (CSM), la Junta de Administradores (Custodios) y la Oficina de Servicio Mundial (OSM)— y la forma en que esas entidades se relacionan entre sí y con los Grupos de Familia Al-Anon a los que sirven. Mediante el estudio, podemos llegar a entender la manera en que los Conceptos se aplican a nuestros servicios locales, a nuestros grupos y también a nuestra vida personal.

Los Pasos nos ayudan a aprender a querernos a nosotros mismos, a confiar en nuestro Poder Superior y a comenzar a aliviar nuestras relaciones con otras personas. Las Tradiciones nos demuestran cómo construir relaciones sanas dentro de nuestros grupos, entre nuestros amigos y en nuestras familias. Los Conceptos nos ayudan a transmitirle todo lo aprendido al mundo en general —nuestras familias, nuestros empleos, nuestras organizaciones y comunidades—. Al estudiar estos tres Legados, aprendemos no sólo que nuestra recuperación personal mediante los Pasos es esencial sino también que, sin la unidad expresada en las Tradiciones y la labor de servicio descrita en los Conceptos, Al-Anon no puede sobrevivir. Al practicar todos estos principios, seguimos creciendo en la recuperación. Para mantener esa recuperación, aprendemos que debemos aplicarla a nuestra vida y trasmitirla a los demás.

Este libro nos suministra guías y sugerencias para «practicar» nuestros Legados. Cada capítulo presenta una descripción individual del Legado, historias personales de los miembros y una serie de preguntas para uso personal y de los grupos relacionadas con la práctica de los Pasos, las Tradiciones y los Conceptos. Al examinar el material que sigue, nos beneficiamos de la sabiduría de nuestros predecesores en la hermandad, quienes nos invitan con humildad a entrar al círculo de amor de Al-Anon.

Los Doce Pasos

Los Doce Pasos

EL ESTUDIO de estos Pasos es fundamental para progresar en el programa de Al-Anon. Los principios que contienen son universales, se aplican a cualquier persona independientemente del credo personal que tenga. En Al-Anon nos esforzamos por lograr una comprensión cada vez más profunda de estos Pasos y oramos para obtener la sabiduría que nos permita aplicarlos a nuestra vida.

Los Doce Pasos

1. Admitimos que éramos incapaces de afrontar solos el alcohol, y que nuestra vida se había vuelto ingobernable.
2. Llegamos a creer que un Poder superior a nosotros podría devolvernos el sano juicio.
3. Resolvimos confiar nuestra voluntad y nuestra vida al cuidado de Dios, *según nuestro propio entendimiento de Él.*
4. Sin temor, hicimos un minucioso y sincero examen de conciencia.
5. Admitimos ante Dios, ante nosotros mismos y ante otro ser humano, la naturaleza exacta de nuestras faltas.
6. Estuvimos enteramente dispuestos a que Dios eliminase todos estos defectos de carácter.
7. Humildemente pedimos a Dios que nos librase de nuestras culpas.
8. Hicimos una lista de todas las personas a quienes habíamos perjudicado, y estuvimos dispuestos a reparar el mal que les ocasionamos.
9. Reparamos directamente el mal causado a estas personas cuando nos fue posible, excepto en los casos en que el hacerlo les hubiese infligido más daño, o perjudicado a un tercero.
10. Proseguimos con nuestro examen de conciencia, admitiendo espontáneamente nuestras faltas, al momento de reconocerlas.
11. Mediante la oración y la meditación, tratamos de mejorar nuestro contacto consciente con Dios, *según nuestro propio entendimiento de Él,* y le pedimos tan sólo la capacidad para reconocer su voluntad y las fuerzas para cumplirla.
12. Habiendo logrado un despertar espiritual como resultado de estos Pasos, tratamos de llevar este mensaje a otras personas, y practicar estos principios en todas nuestras acciones.

Introducción a los Doce Pasos

A PRIMERA VISTA puede parecer difícil comprender los Doce Pasos de Al-Anon. Palabras como incapaz, ingobernable, sano juicio, Dios, sin temor hacer un examen de conciencia, defectos de carácter, reparar el mal, oración y meditación, y despertar espiritual pueden resultarle confusas a un principiante. Sin embargo, es la experiencia de millones de personas la que ha probado que los Pasos funcionan. Observemos que están redactados en pasado, haciendo eco de la experiencia de aquellos que caminaron por este sendero antes que nosotros.

Gracias al éxito de los Doce Pasos de Alcohólicos Anónimos (A.A.), Al-Anon adoptó los Pasos casi textualmente en 1951. Ellos esbozan un medio de vida que ha ayudado a nuestros miembros «... a hallar satisfacción y hasta felicidad, ya sea que el alcohólico siga bebiendo o no» (Bienvenida Sugerida de Al-Anon y Alateen, extraída del *Manual de Servicio de Al-Anon y Alateen*). Los Pasos son el sendero hacia una nueva vida.

Todos venimos a Al-Anon porque nuestra vida se ha visto afectada por la enfermedad del alcoholismo. Muchos de nosotros entramos por estas puertas sintiéndonos derrotados por esta enfermedad. Hemos gastado nuestras energías intentando convencer a un alcohólico activo de que deje de beber o, de lo contrario, controlar sus acciones; tal vez hayamos pasado gran parte de nuestra vida luchando contra las consecuencias de haber sido criados en un hogar alcohólico. Cualquiera que sea nuestra situación individual, en Al-Anon descubrimos que no estamos solos y que tenemos a nuestra disposición una forma de vida distinta mediante los Doce Pasos.

Los Pasos sugieren cuatro ideas primordiales:

1. Somos incapaces ante el problema del alcoholismo. Cuando aceptamos con toda sinceridad esta verdad, sentimos una sensación de alivio y esperanza. Ya podemos centrar toda nuestra atención en poner en orden nuestra vida. Podemos avanzar hacia el crecimiento espiritual, así como hacia el consuelo y la paz que se lograrán de todo el programa.

2. **Podemos confiar nuestra vida al cuidado de un Poder superior a nosotros mismos.** En el momento en que haya fracasado rotundamente nuestra bien intencionada ayuda al alcohólico y nuestra vida se haya vuelto ingobernable, nos damos cuenta de que no podemos tratar nuestro problema objetivamente, quizá ni siquiera sanamente.

En Al-Anon encontramos un Poder superior a nosotros mismos que puede dirigir nuestra vida por senderos tranquilos y provechosos. Al principio nos parece que este Poder es el grupo, pero a medida que aumenta nuestro conocimiento y comprensión espiritual, muchos lo llamamos Dios, según nuestro propio entendimiento de Él.

3. **Necesitamos cambiar nuestra actitud y nuestras acciones.** A medida que estamos dispuestos a admitir nuestros defectos, comenzamos a notar lo distorsionada que está nuestra forma de pensar. Nos damos cuenta de lo imprudentes que han sido algunos de nuestros actos, de lo despreciativas que han sido muchas de nuestras actitudes. Tratamos de reconocer y corregir estas faltas.

4. **Conservamos los dones de Al-Anon compartiéndolos con los demás.** Compartir de esa manera hace que Al-Anon sea una hermandad vital de gran alcance. Nuestra responsabilidad mayor es para los que aún necesitan ayuda. Sacar a una persona de su desesperación llenándola de esperanza y de amor, le brinda consuelo tanto al que da como al que recibe (*Manual de Servicio de Al-Anon y Alateen*).

¡Cuánta esperanza despiertan esas ideas! Se nos ofrece una nueva forma de vida que no requiere pago. Los requisitos de la recuperación son simples: «Si tratan de mantener una actitud receptiva, podrán recibir ayuda. Llegarán a comprender que ninguna situación es tan difícil que no se pueda mejorar, ni ninguna desdicha es tan grande que no se pueda remediar». (Clausura Sugerida de Al-Anon y Alateen, *Manual de Servicio de Al-Anon y Alateen*). Encontraremos ayuda; nuestra situación puede mejorar y nuestra desdicha puede aminorarse.

Recuerden que podemos asumir una pequeña idea a la vez. Con la literatura de Al-Anon, nuestro grupo y un Padrino o una Madrina, podemos empezar el Primer Paso y tomarnos el tiempo que sea necesario para sentirnos cómodos con el mismo antes de continuar con el Segundo Paso. No hay plazos fijos para la recuperación en Al-Anon. Lo único que se necesita es una mente receptiva y la voluntad de hacer todo lo posible hoy. Luchamos por obtener «Progreso, no perfección», al estudiar los Pasos en nuestros senderos de recuperación.

Primer Paso

Admitimos que éramos incapaces de afrontar solos el alcohol, y que nuestra vida se había vuelto ingobernable.

Muchos de nosotros llegamos a Al‑Anon agobiados por la frustración y la falta de esperanza. Algunos venimos para enterarnos de lo que debemos hacer para que una persona alcance la sobriedad; otros nos criamos en hogares alcohólicos o nos alejamos de compañeros alcohólicos y ya no vivimos con el alcoholismo activo. Tal vez no veamos las repercusiones de la convivencia con el alcoholismo hasta que comenzamos a admitir que tenemos dificultades familiares en nuestra vida y en nuestras relaciones actuales. Muchos de nosotros no entraríamos voluntariamente a Al‑Anon si no nos encontráramos en algún tipo de crisis dolorosa que nos impulsa a pedir ayuda. Aunque no lo expresemos de esa manera, venimos a Al‑Anon porque nuestra vida se ha vuelto ingobernable, venimos en busca de alivio.

La primera palabra del Primer Paso ejemplifica un concepto importante en la recuperación en Al‑Anon: no estamos solos. En nuestras primeras reuniones, nos damos cuenta de que esto es cierto. Como lo dice la Bienvenida Sugerida de Al‑Anon y Alateen: «Los que vivimos o hemos vivido con un problema de alcoholismo los comprendemos de una forma en que quizá muy pocas personas lo puedan hacer. Nosotros también nos hemos sentido desamparados y fracasados, pero en Al‑Anon y Alateen, hemos aprendido que no hay situación verdaderamente desesperada y que podemos hallar satisfacción y hasta felicidad, ya sea que el alcohólico siga bebiendo o no». Escuchar estas palabras puede ayudarnos a sentir que aún existe esperanza también para nosotros.

Una vez que reconocemos que la bebida de otra persona ha afectado nuestra vida, nos sentimos tentados a culpar al alcoholismo de todo. Estamos seguros de que debe haber algo más que decir o hacer para convencer al alcohólico de que deje de beber, resolviendo así nuestros problemas. No entendemos que somos tan incapaces ante el alcohol como lo es el propio alcohólico.

Al no comprender que el alcoholismo es una enfermedad, muchos tratamos de hacer las cosas por cuenta propia. Vaciamos botellas, inventamos excusas, fastidiamos, rogamos, protegemos o castigamos al bebedor en nuestra vida. Podemos ocultar nuestros sentimientos, aislar al alcohólico o evitar el contacto con él, pensando que nuestros problemas desaparecerán.

Podemos hacernos cargo de los proyectos inconclusos del alcohólico, contestar llamadas telefónicas o esconder sus errores. Hagamos lo que hagamos, nuestra vida no mejoran y el alcohólico no cambia.

Para decidirnos a dar el Primer Paso y admitir nuestra incapacidad ante el alcoholismo, primero tenemos que comprender y aceptar que el alcoholismo es una enfermedad. Las autoridades médicas han reconocido que el alcoholismo es una enfermedad progresiva que se puede controlar pero no curar —es una enfermedad de por vida—. Uno de los síntomas es el incontrolable deseo de beber; mientras el alcohólico siga bebiendo, ese deseo se intensificará. Algunos alcohólicos intentan convencer a sus familiares de que sólo beben en reuniones sociales, haciéndolo los fines de semana o absteniéndose de hacerlo durante un tiempo limitado. La compulsión de beber habitualmente reaparece. La abstinencia completa es la única manera de detener la enfermedad. Muchos alcohólicos se recuperan con éxito a través de varios tratamientos. El programa de Alcohólicos Anónimos (A.A.) se considera en general como el más eficaz. La experiencia nos demuestra que no podemos obligar a nadie a dejar de beber ya que la decisión le corresponde al alcohólico.

El alcoholismo es una enfermedad de la familia, lo que significa que «... el alcoholismo de un miembro afecta a toda la familia y todos se enferman. ¿Por qué sucede esto? Sucede porque, al contrario de la diabetes, el alcoholismo no solamente existe dentro del cuerpo del alcohólico, sino que es también una enfermedad que afecta las relaciones familiares. Muchos de los síntomas del alcoholismo se advierten en el comportamiento del alcohólico. Las personas que están en estrecho contacto con el alcohólico reaccionan ante su comportamiento. Tratan de controlarlo, disculparlo o esconderlo. Se culpan a sí mismos y se sienten heridos. Al final se sienten perturbados emocionalmente». (*Alateen – esperanza para los hijos de los alcohólicos*, página 6).

En las reuniones de Al-Anon escuchamos hablar de nuestra incapacidad ante el alcoholismo descrita como:

no lo causamos, no lo curamos, no lo controlamos. Comenzamos a aprender la premisa básica en Al-Anon que consiste en dejar de enfocarnos en el alcohólico y empezar a enfocarnos en nosotros mismos. Por más difícil que parezca examinar la parte que nos corresponde en nuestros problemas, la aceptación del Primer Paso nos brinda alivio ante responsabilidades imposibles. Intentábamos solucionar una enfermedad —¡que ni siquiera era nuestra!—.

Para encontrar la paz y la seguridad en nuestra vida, debemos cambiar —idea que despierta la reflexión y quizás sea atemorizante—. Puede ser que tengamos que volver a aprender a ocuparnos de nosotros mismos. Cuando nos enfocamos en el alcoholismo y en el comportamiento de otra persona, muchos de nosotros creamos la costumbre de anteponer las necesidades de esa persona a cualquier otra cosa. Podemos sufrir de falta de amor propio y no pensar en que merecemos tener tiempo para nosotros mismos. No importa que nos consideremos buenos o malos; siempre nos derrotará la enfermedad. En Al-Anon encontramos ayuda.

Admitir nuestra incapacidad puede ser difícil; después de todo somos los seres capaces que salvaron la familia, el empleo o el mundo mientras los alcohólicos en nuestra vida creaban caos. ¿Cómo es posible que nosotros, los responsables, admitamos incapacidad? En Al-Anon llegamos a entender que nuestra vida puede ser ingobernable porque tratamos de controlar a personas y situaciones en ella. Puede resultar difícil imaginar que nuestros esfuerzos bien intencionados sean parte del problema, pero al llegar a Al-Anon ya estamos dispuestos a intentar algo nuevo —cualquier cosa—. Tenemos que aceptar que nada de lo que hagamos o dejemos de hacer puede controlar la bebida de otra persona. ¿Cómo podemos entonces ayudar a un alcohólico? En Al-Anon aprendemos a aceptar las cosas que no podemos cambiar (el alcohólico) y a cambiar las cosas que podemos (nosotros). Para recuperarnos tenemos que aprender a enfocarnos en nosotros mismos.

Al mirar hacia el pasado en nuestra vida, se nos pide reconocer nuestra incapacidad ante el alcohol, el alcohólico y toda persona o acontecimiento que hayamos intentado controlar por nuestra propia voluntad. Al soltar las riendas de esa apariencia engañosa de control sobre otra gente, sus acciones y su adicción al alcohol, sentimos que se nos quita un enorme peso de encima y comenzamos a descubrir la libertad y el poder que poseemos —el poder de definir y vivir nuestra propia vida—. Disminuye la ingobernabilidad. Empezamos a ver los senderos de nuestra recuperación.

En Al-Anon descubrimos principios que funcionan para nosotros y nos permiten relacionarnos con los demás. Al-Anon nos ayuda a aprender nuevas formas de establecer relaciones sólidas en todos los aspectos de la vida. El Primer Paso nos recuerda nuestra propia relación con los demás —somos incapaces ante ellos—. Nos ubica en una relación correcta con nosotros mismos —cuando tratamos de controlar a los demás, perdemos la capacidad de manejar nuestras propias vidas—. El Primer Paso es el verdadero comienzo de nuestro sendero de recuperación.

Los miembros comparten experiencia, fortaleza y esperanza

ACEPTÉ LA VERDAD

ADMITÍ que mi vida se había vuelto ingobernable, pero durante mucho tiempo no pude creer que era incapaz de afrontar sola el alcohol. Estaba segura de que podía hacer que el alcohólico dejara de beber diciendo: «Si me quisieras, no beberías nunca más». Varias afirmaciones de ese tipo tenían sentido para mí en ese momento. Era una persona muy exigente. Antes de Al-Anon no sabía que mis exigencias iban más allá de la capacidad de respuesta del alcohólico. No sabía que el alcoholismo era una enfermedad. Él me decía que yo no entendía, que para él no era tan simple dejar de beber como yo creía.

Algunas preguntas penosas me obsesionaban y perturbaban mi tranquilidad. ¿Qué ocurrirá si admito mi incapacidad y suelto las riendas de la situación? ¿Beberá más si dejo de tratar de controlar la bebida? ¿Sentirá que ya no lo amo si dejo de cuestionarlo con respecto a la bebida?

¿Pensará que he perdido interés en él y que quizás me atrae alguien más? ¿Gastará más dinero en alcohol?

Lo que finalmente me permitió practicar el Primer Paso fue el hecho de que no había ninguna diferencia entre lo que yo hiciera o no hiciera. Por ejemplo, podía llorar, rogar, enfadarme, o cualquier otra cosa, pero él continuaba bebiendo. Poco a poco él empeoró. Me llevó mucho tiempo darme cuenta de que no tenía poder sobre esa enfermedad. Mis días en Al-Anon se hicieron semanas, y las semanas meses. Cuanto más escuchaba en las reuniones, más me convencía de que yo tenía que «Soltar las riendas y entregárselas a Dios». Tenía que «Vivir y dejar vivir». Al final dejé de lado la situación y admití mi incapacidad.

Comprendí que si las cosas no mejoraban, no podríamos seguir juntos. Él estaba muy enfermo, tanto mental como físicamente, debido a la enfermedad del alcoholismo. Abandoné ruegos y control y no interferí más en la situación. Acepté la verdad: no tenía la facultad de detener su alcoholismo. Gracias a Dios y a Al-Anon al final hice lo que debía de hacer. El alcohólico de mi vida fue a un programa de veintiocho días, solicitó orientación y es ahora miembro de Alcohólicos Anónimos. Ha estado sobrio durante diez meses, diez maravillosos meses en muchos sentidos. Pese a que la sobriedad no es una rosa sin espinas, gracias a Al-Anon puedo enfrentar los cambios.

Mi vida es sólo eso, mi vida

El Primer Paso fue lo más difícil de aceptar. ¿Incapaz ante el alcohol? ¿Una lata de cerveza? ¿Una botella de vodka? Son nada más que objetos —cosas inanimadas—. ¿Cómo podía yo, un ser humano que vivía y respiraba, sentirme incapaz ante una botella de alcohol? ¿Cómo podía admitir que una botella ganara y me venciera una y otra vez?

Me sentía como si admitiera que era incapaz ante un jabón o algún otro objeto inanimado. Mi ego se sentía herido, la situación iba en contra de todas mis creencias. ¿Incapaz ante el alcohol? Despreciaba el alcohol, pues el mismo transformó a mi madre, una señora simpática y sensata, en una loca gritona y humillante. El alcohol hizo que mi esposo perdiera cinco empleos en siete años y tuviera dos accidentes en dos meses. Aborrecía el olor y el sabor del mismo. Mirarlo me era insoportable; pero creía que podía superarlo, que yo sería la triunfadora y no el alcohol.

No fue sino hasta que leí un fragmento en la página 76 del libro *Un día a la vez en Al-Anon*, que logré entender. Aceptar este Paso no significaba una debilidad de carácter; significaba admitir con sinceridad que hay cosas que no puedo cambiar. Admitir que soy incapaz ante el alcohol le pone fin a la lucha; me libera para dedicarme a las cosas que puedo cambiar. Significa decirle a mi Poder Superior: «No puedo hacerlo sola. Necesito Tu ayuda».

Leer ese fragmento fue como ver la luz. Por fin podía ser sincera conmigo misma. Era incapaz ante el alcohol. Soy incapaz ante el alcohol y siempre seré incapaz ante el alcohol. Admitirlo me quitó el peso de encima; ya no tenía que luchar constantemente. Podía dedicarme a otras cosas, tal como a mí misma, y liberar la mente de los pensamientos totalmente desgastantes sobre la enfermedad.

Antes de venir a Al-Anon, nunca pude aceptar el Primer Paso. Después de estar más de veinte meses en Al-Anon, se me hace muy fácil recitar este Paso y creer en él.

Mi vida se había vuelto ingobernable. Gracias a Al-Anon y a la práctica continua de este Paso, mi vida es sólo eso, mi vida —para concentrarme en ella y vivirla de la mejor manera que pueda—.

PUDE VER LOS EFECTOS

ANTES DE AL-ANON no hubiera podido aceptar ninguna parte del Primer Paso. Creía que yo estaba bien y que todo sería perfecto si tan solo lograba que el alcohólico dejara de beber. Al comenzar a estudiar y a practicar el Primer Paso, se me hizo más fácil admitir la primera parte del Paso que la segunda.

Soy una persona visual. Al observar el Primer Paso y la palabra alcohol, visualicé una botella de whisky. Luego, visualicé una persona bebiendo de la botella. Veía el alcohol entrar en la persona y convertirla en alcohólica. Pude ver mi incapacidad ante el alcohólico mientras éste bebía, pero aprender que era incapaz ante él en todo momento, llevó mucho más tiempo. Más adelante la visualización me mostró la botella, la persona que la bebía, el alcohol que fluía de esa persona hacia mí, hacia mis familiares, hacia mis compañeros de negocios, etc. Veía que todos nosotros nadábamos en un mar de alcohol —luego salíamos, nos sacudíamos y difundíamos la enfermedad incluso a otras personas—.

Me llevó tiempo admitir que, aunque yo no bebiera alcohol, la enfermedad podía invadirme y afectar a otra gente. A medida que pasaba el tiempo y yo aprendía más, llegué a reconocer que todo lo que tocaba podía verse afectado por el alcoholismo que me invadía. Mi reacción ante otras cosas podía ser idéntica a la forma en que reaccionaba ante la bebida. Empecé a ver cómo mis propias reacciones habían hecho ingobernable mi vida. Vi cómo mi papel de mártir les había quitado a otras personas un sentido de responsabilidad y había reducido sus egos. Vi como se lo había hecho no sólo al alcohólico sino también a otras personas en mi vida.

Al final me di cuenta de que mi vida se había vuelto ingobernable porque estaba tan ocupada ocupándome de los demás que no tenía tiempo para ocuparme de mí. Escogía la ropa que mis familiares debían ponerse para que anduvieran bien vestidos, pero eso no me dejaba tiempo para ver si yo me encontraba bien. Hacía arreglos para que los demás acudieran a citas médicas y dentales, pero luego descuidaba las mías. No me di cuenta de todo esto de la noche a la mañana; ocurrió paulatinamente, pero al final pude entender el Primer Paso. Me di cuenta de que yo también tenía una enfermedad —causada por el contacto con todos los alcohólicos de mi vida—. Hoy sé que soy incapaz ante todos los nombres y pronombres en mi vida —otras personas, otros lugares y otras cosas—.

Siguiendo el proceso de eliminación, descubrí que había algo ante lo cual no era incapaz: yo misma. Soy responsable de mí misma. No soy responsable de la felicidad de ninguna otra persona, ni nadie es responsable de la mía. Sé que ninguna otra persona puede controlar mis emociones. Nadie puede hacer sentirme enfadada, triste, feliz ni ninguna otra cosa sin que yo le dé permiso para hacerlo. Mis sentimientos me pertenecen.

Hoy comprendo que soy incapaz ante el alcohol y que mi vida es ingobernable. Sé que con la ayuda de Al-Anon y de mi Poder Superior, al cual opto por llamar Dios, mi vida se está volviendo más manejable.

Un recordatorio que tuvo el mayor efecto

Cuando llegué a Al-Anon, vivía en una relación especial con un hombre cuyo temperamento explotaba de repente y de forma poco apropiada. Me molestaba especialmente viajar con él en su auto. Si el conductor del auto que iba adelante no se movía en cuanto el semáforo cambiaba a verde, el temperamento de mi amigo explotaba. Si otro auto se cruzaba delante del nuestro, ocurría lo mismo.

Al principio estaba segura de que mi amigo se enojaba mucho por cosas que yo hacía o decía o por algo que no había dicho ni hecho. Estaba convencida de que era culpa mía y de que podría solucionar la situación. Al menos podría controlar el nivel del estallido. Por eso me enojaba y le señalaba sus imprudencias en el camino, tales como no usar las luces intermitentes al cambiar de carril. Yo le platicaba de otros asuntos para que él desviara la atención de lo que había ocurrido. Pensaba que seguramente debía haber algo que pudiera hacer para eliminar mis sentimientos de culpa. Con tal solo estar allí, algo debía haber hecho yo que causara sus explosiones de ira.

Alguien en Al-Anon compartió conmigo que: no lo causé, no lo puedo controlar, no lo puedo curar. Poco a poco tomé conciencia de una perspectiva, una actitud y un comportamiento nuevos. Cuando pensaba en eso, podía ver que yo no había causado la situación. Yo no conducía el otro auto, ni había provocado ninguna ira. Comencé a volver la cara hacia la ventana del lado del pasajero, repitiendo mentalmente una y otra vez: «No lo causé. No lo causé». Durante esta reacción el estómago se me revolvía. El rehusar asumir la responsabilidad por el temperamento de mi amigo era algo nuevo para mí. Eso me produjo un sentimiento muy incómodo.

Aunque estaba totalmente convencida de que no había provocado ese comportamiento inapropiado, aún sentía el deseo abrumador de controlar o curar lo que estaba sucediendo. Una vez más tuve que permanecer sentada y sentir la incomodidad de soltar las riendas de sus berrinches. Observé su comportamiento a lo largo de muchas semanas y comprendí que él no estaba preocupado por el mismo. Explotaba y luego actuaba como si nada hubiera pasado. No parecía darse cuenta de mi comportamiento anterior de intervenir sin demora para suavizar la situación, ni de mi nuevo comportamiento basado en el silencio.

Con esta nueva conciencia, comencé a aplicar la idea de que no lo causé, no lo puedo controlar y no lo puedo curar en distintos entornos. Algunas veces resultaba más difícil que otras manejar las mariposas que revoloteaban en el estómago; pero siempre sobrevivía después de aplicar la idea en nuevas situaciones, lo que me dio el valor de examinar las relaciones recíprocas en todos los aspectos de mi vida. Empecé a tomar decisiones conscientes acerca del papel que me correspondía en diversas situaciones. Finalmente aprendí a decir que los berrinches fuera de lugar me irritaban. Aprendí que estaba bien viajar en autos separados. Hasta el día de hoy, todavía aplico este principio. Me siento muy agradecida por los muchos instrumentos de Al-Anon.

Aplicación del Primer Paso

Admitimos que éramos incapaces de afrontar solos el alcohol, y que nuestra vida se había vuelto ingobernable.

Cada uno de nosotros tiene la libertad de crear soluciones propias utilizando la experiencia, fortaleza y esperanza de quienes nos precedieron. Las preguntas siguientes para el estudio personal o de grupo pueden ayudarlos con el Primer Paso. Al practicar cada Paso, recuerden darse las gracias a sí mismos por el esfuerzo. Llamen a un amigo o al Padrino o a la Madrina y también compartan su éxito.

- ¿Acepto que no puedo controlar la bebida de otra persona? ¿… el comportamiento de otra persona?

- ¿Cómo puedo reconocer que el alcohólico es un individuo con costumbres, características y formas de reaccionar ante acontecimientos de la vida diaria distintas a las mías?

- ¿Acepto que el alcoholismo es una enfermedad? ¿Cómo modifica eso la manera en que trato con el bebedor?

- ¿De qué manera he tratado de cambiar a otras personas en mi vida? ¿Cuáles han sido las consecuencias?

- ¿Qué medios he usado para obtener lo que quiero y necesito? ¿Qué podría funcionar mejor para satisfacer mis necesidades?

- ¿Cómo me siento cuando el alcohólico rehúsa ser o hacer lo que quiero? ¿Cómo respondo?

- ¿Qué sucedería si dejara de intentar cambiar al alcohólico o a otra persona?

- ¿Cómo puedo soltar las riendas de los problemas de los demás en lugar de tratar de resolverlos?

- ¿Estoy buscando una solución rápida para mis problemas? ¿Existe alguna?

- ¿En qué situaciones me siento excesivamente responsable de otras personas?
- ¿En qué situaciones siento pena o vergüenza por el comportamiento de otra persona?
- ¿Qué me condujo a Al-Anon? ¿Qué esperaba obtener en ese momento? ¿De qué manera han cambiado mis expectativas?
- ¿Quién ha expresado preocupación por mi comportamiento? ¿Mi salud? ¿Mis hijos? Den ejemplos.
- ¿Cómo me doy cuenta cuando mi vida es ingobernable?
- ¿De qué manera he intentado obtener la aprobación o confirmación de otras personas?
- ¿Digo que «sí» cuando lo que quiero decir es que «no»? Cuando lo hago, ¿qué ocurre con la capacidad que tengo de manejar la vida?
- ¿Me encargo de otras personas con facilidad pero se me hace difícil ocuparme de mí mismo?
- ¿Cómo me siento cuando la vida transcurre sin problemas? ¿Siempre preveo los problemas? ¿Me siento más vivo en medio de una crisis?
- ¿Qué tan bien cuido de mí mismo?
- ¿Cómo me siento cuando estoy solo?
- ¿Cuál es la diferencia entre compasión y amor?
- ¿Me atraen los alcohólicos u otras personas que parecen necesitarme para componerlos? ¿De qué manera he intentado componerlos?
- ¿Confío en mis propios sentimientos? ¿Sé cómo son?

Segundo Paso

Llegamos a creer que un Poder superior a nosotros podría devolvernos el sano juicio.

El PRINCIPIO espiritual básico que se presenta en el Segundo Paso señala que existe un Poder superior a nosotros que nos brinda la esperanza del sano juicio, vivamos o no con el alcoholismo activo. El Segundo Paso reitera que quizá seamos incapaces pero no somos inútiles, y no estamos solos. Para muchos de nosotros, la presentación de un Poder superior a nosotros es difícil de comprender. Algunos piensan al principio que estamos hablando de una entidad religiosa. No es así. Estamos hablando de un Poder de amor, de cuidados, de aliento, que nos da orientación al enfrentar los efectos de la enfermedad del alcoholismo.

Al considerar el Segundo Paso, a menudo es útil recordar que «llegamos a creer» está escrito en tiempo pasado. Como todos los Pasos, el Segundo nos cuenta la experiencia de quienes nos precedieron y nos demuestra que a lo largo del tiempo podemos encontrar las respuestas de nuestros propios dilemas. Poca gente entra a su primera reunión firmemente convencida de que existe un Poder superior a nosotros que puede hacernos bien. Si existiera, ¿por qué sentíamos tanta infelicidad y confusión? Crece la fe al abrir nuestras mentes y considerar que un recurso espiritual podría ayudarnos con nuestros problemas. Escuchamos las experiencias de los demás y queremos lo que ellos tienen: paz, serenidad, felicidad, fe y alegría. Muchos miembros, aunque estén llenos de dudas, están dispuestos a explorar otras posibilidades. La disposición de escuchar y considerar una alternativa —incluso la de un Poder Superior— que otras personas hayan intentado abre una puerta al Segundo Paso.

Con el Segundo Paso y el apoyo de una hermandad de amor, comenzamos a aprender a reconocer y aceptar la parte que nos corresponde en la enfermedad familiar del alcoholismo. En Al-Anon el amor y la aceptación que encontramos nos ayudan a aprender a amarnos y aceptarnos con todos nuestros defectos.

La aceptación del Segundo Paso es fundamental para la práctica del resto de los Pasos de Al-Anon. Tropezar en el Segundo Paso y saltar a otros Pasos indica una falta de aceptación del Primer Paso. Muchos miembros tienen dificultades al comenzar a practicar ese Paso para su recuperación personal. La asistencia a reuniones es sólo un comienzo; necesitamos la orientación de un Padrino o una Madrina además de nuestro grupo. La sabiduría de los miembros que han practicado estos Pasos antes que nosotros es esencial para entender plenamente las respuestas y la orientación espirituales que estamos a punto de recibir. Confiar en nuestro grupo y en un Padrino o una Madrina son verdaderos medios para avanzar hacia la aceptación de un Poder superior a nosotros.

Para los que llegan a Al-Anon creyendo en un Dios, el Segundo Paso puede ser una idea muy bienvenida; la idea de recurrir a un Dios conocido cuando necesitamos ayuda con nuestros problemas será reconfortante y fácil de comprender. Otras personas pueden sentir temor de nuestro Dios y tienen dificultades al solicitarle ayuda a ese Dios castigador.

Algunos de nosotros rechazamos la religión de cualquier clase y nos denominamos agnósticos o ateos. Es importante saber que, ya sea que practiquemos o no una religión en particular, todos somos bienvenidos en Al-Anon. Sin embargo, al acercarnos al Segundo Paso, podemos sospechar que se revelará una ideología de grupo y que nos veremos obligados a aceptarla o irnos. En lugar de eso, los miembros del grupo nos orientan hacia nuestra propia definición de un Poder Superior y llegamos a creer que tal Poder podría existir y ayudarnos.

Al empezar a entender el Segundo Paso, aprendemos que tenemos opciones. Si se hiciera una encuesta entre los miembros de cualquier grupo en el mundo, cada persona respondería de modo distinto, con una definición personal de un Poder Superior. Si nos resistimos a la idea de «Dios» como nuestro Poder Superior, podemos comenzar por utilizar al grupo como el Poder superior a nosotros. En el grupo conocemos gente como nosotros que enfrenta muchos de los mismos problemas y encuentra soluciones creativas que no habíamos contemplado o tienen actitudes que hacen que situaciones similares en su vida sean más tolerables. Pensamos que muchas cabezas piensan mejor que una y aprovechamos la sabiduría colectiva del grupo.

Si tenemos dificultad con un concepto de Poder Superior de la manera que sea, podemos empezar actuando «como si». Al reflexionar sobre épocas más serenas o pacíficas en nuestra vida, empezamos a valorar el día de hoy. El lema «Un día a la vez» adquiere un nuevo significado cuando nos comprometemos a leer una página al día de *Un día a la vez en Al-Anon, Alateen – Un día a la vez, o Valor para cambiar: Un día a la vez en Al-Anon II*. Con la orientación de nuestro Padrino o nuestra Madrina o del grupo, empezamos a orar o a meditar aunque no tengamos una idea precisa de quién escucha nuestras plegarias. Comenzamos a actuar como si creyéramos no sólo en un Poder Superior sino también en que contamos con amor y apoyo. Algunos miembros comparten que una vez sintieron temor del Dios de su entendimiento y ahora hablan de un Dios de amor. La Oración de la Serenidad, usada a menudo en las reuniones, es una plegaria universal que les ayuda a muchos a identificarse con el Dios de su entendimiento:

ORACIÓN DE LA SERENIDAD
*Dios, concédeme la serenidad
para aceptar las cosas que no puedo cambiar
valor para cambiar aquéllas que puedo,
y sabiduría para reconocer la diferencia.*

Independientemente de nuestra fe o de nuestras creencias, sea cual fuere nuestra definición de Dios o de Poder Superior, empezamos a desear un sano juicio mayor para nosotros. Con la debida motivación, intentamos encontrar un Poder superior a nosotros que nos asista en nuestro viaje. En el Primer Paso aprendimos que no causamos la enfermedad del alcoholismo, que no la pudimos controlar ni curar. El Segundo Paso nos ofrece una opción: el sano juicio. Con esta nueva perspectiva, empezamos verdaderamente a experimentar la esperanza de la que tanto se habla.

El sano juicio puede definirse de varias maneras. Muchas personas admiten que ya no le compran alcohol al alcohólico. Otras expresan que se han alejado de situaciones perturbadoras. Algunas señalan que le ponen fin a las disputas simplemente diciendo: «Quizás tengas razón». Darse un baño de espuma o ir a esquiar un día puede ofrecernos nuevas perspectivas sobre la situación. Poco a poco y con agradecimiento desarrollamos la fe en un Poder Superior. Empezamos a reconocer que el comportamiento anterior, si regresa, no durará el mismo tiempo.

¿Qué tiene que ver la fe con un Poder Superior? La fe nos rodea en nuestra vida diaria. Cuando nos levantamos en la mañana, tenemos fe en que tendremos la luz del sol cuando abramos las persianas. Cuando salimos de casa por la mañana, tenemos fe en que el motor del auto arrancará y en que otros conductores se mantendrán en su carril, y en que llegaremos sanos y salvos a nuestro destino. Al salir de una reunión de Al-Anon tenemos fe en que esa reunión se realizará semana tras semana. Además, al salir de una reunión, nos llevamos la fe y la sabiduría de otras personas, las palabras de amor, estímulo, experiencia y esperanza que necesitamos para nuestro crecimiento espiritual. También nos vamos con una nueva confianza, confianza en que se nos está devolviendo el sano juicio.

Aquí hay algunas ideas que han usado los miembros para ayudarse a aumentar la fe en un Poder superior a ellos mismos.

- Recitar la Oración de la Serenidad todas las mañanas y todas las noches o en el momento en que nos sentimos abrumados o incómodos.

- Meditar sobre «Dios, concédeme la serenidad», una palabra a la vez.n "God, grant me the serenity," one word at a time.

- Permanecer tranquilos y pedir ayuda cada vez que una situación parezca demasiado seria para enfrentarla solos.

- Reconocer el comportamiento sensato y expresarlo. Observar los pequeños milagros —un niño lleno de energía y entusiasmo, un cachorro juguetón, la visita de un amigo en el momento en que lo necesitamos—.

- Actuar como si tuviéramos fe. Quedarnos quietos, pedir orientación, luego dedicarnos a nuestras actividades diarias suponiendo que esa fe llegará.

- Reírse. Tratar de recordar alguna ocurrencia graciosa para compartir en una reunión.
- Hacer una lista de las cosas difíciles de comprender que hayan sucedido en la vida y que pueden ser un indicio de la existencia de un Poder Superior.
- Pedir «valor para cambiar las cosas que podemos» y luego soltar las riendas de los resultados por completo.

La enfermedad familiar del alcoholismo es tan astuta y desconcertante tanto para nosotros como para el alcohólico. Al estudiar los Pasos Primero y Segundo, sentimos humildad cuando nos damos cuenta de nuestras flaquezas. Practicar estos dos primeros Pasos nos brinda una nueva esperanza. La Oración de la Serenidad adquiere un nuevo significado. La misma les puede ayudar a los miembros de Al-Anon a llegar a creer que es posible recobrar el sano juicio. Con esta fe, estamos dispuestos a «soltar las riendas y entregárselas a Dios» y creemos de verdad en un Poder superior a nosotros.

Los miembros comparten experiencia, fortaleza y esperanza

La intención original de mi Creador

Hace un tiempo leí sobre la limpieza y restauración completas de una capilla muy famosa. Los frescos estaban cubiertos de una costra de suciedad centenaria. Los artesanos quitaron con el máximo esmero capa tras capa de mugre buscando la obra maestra original. Antes de concluir la mitad del proyecto, surgió una controversia de poca importancia. Los matices originales del artista eran mucho más coloridos de lo esperado. Irradiaban un brillo deslumbrante, pero el mundo se había acostumbrado a las formas oscuras y sombrías que habían estado en la capilla durante tanto tiempo. Las partes limpias se veían demasiado llamativas en comparación con las otras. Esas imágenes, medio brillantes y medio oscuras, se convirtieron en una extraña paradoja. El proceso se convirtió en un complicado dilema. ¿Debía concluirse la restauración o debía cancelarse el trabajo y volver a la forma en que todo el mundo se había acostumbrado a verla?

Al practicar el Segundo Paso durante mis años en Al-Anon me he enfrentado a la misma clase de preguntas.

Como me crié con la enfermedad familiar del alcoholismo, siempre vi mi vida a través de las capas espesas y oscuras de la enfermedad. No tenía idea de lo que había abajo. Cuando comencé a practicar los principios de Al-Anon, empezaron a aparecer cambios. Estaba tan acostumbrada a la vida que había llevado que estas modificaciones me parecieron desagradables y feas al principio. Como en el caso de la obra de arte medio restaurada, había partes en mí que no encajaban con el resto. Tenía dos opciones: podía permanecer tal como estaba o podía seguir con la restauración teniendo presente la intención original de mi Creador.

Por fortuna, igual que los encargados de restaurar la capilla, decidí confiar en la intención original de mi Creador. Con el tiempo las partes nuevas se armonizaron con las otras y ya no llamaban tanto la atención de modo tan desagradable. Cuanto más me restauraba, más coherente me tornaba.

Estaba oculta detrás de años de dolor, pena, culpa y sufrimiento. El Segundo Paso hizo que mi vida fuera más brillante y más hermosa de lo que me podía imaginar. Las posibilidades habían estado presentes en todo momento, esperando que la mano de un Poder bondadoso las sacara de las profundidades. El proceso de restauración me está devolviendo a una vida de belleza, amor, serenidad y sano juicio.

En un día nublado en otoño, mi vida parecía estar ya en un invierno sin fin. Mi esposo me llamó al trabajo debido a otro problema inquietante. Me sentía tan molesta que no podía concentrarme en mi trabajo. Una vez más me obsesioné por completo con el alcohólico y nuestros problemas de recuperación.

A principios de esa semana había asistido a la reunión de mi grupo. Escuché a otro miembro compartir la forma en que se había apartado de situaciones difíciles para obtener un nuevo enfoque. Pensé que salir de la oficina por unos cuantos minutos podría entonces ayudarme.

ME IDENTIFIQUÉ CON LA ÚLTIMA HOJA

Me puse el abrigo, bajé en el ascensor y decidí salir a tomar un poco de aire fresco. Abrí la puerta y sentí una ráfaga helada. Sola afuera volví los ojos al cielo y dije: «Dios, no puedo afrontarlo. Ésta es toda tuya». En ese momento la última hoja de un árbol cercano revoloteó flotando suavemente en el aire. Permanecí ahí hechizada.

Al posarse, levemente escuché: «Se arreglará. Puedo enfrentarlo». Se me salieron las lágrimas. Me di cuenta de que por primera vez había «soltado las riendas y se las había entregado a Dios». Me sentí en paz.

Años más tarde, participaba en un grupo de estudio que se enfocaba en los Doce Pasos. El coordinador quería que todos compartieran una experiencia del Segundo Paso. Entonces pensé en aquel día frío de otoño muchos años atrás. Ahí fue cuando llegué a creer que un Poder superior a mí misma podría devolverme el sano juicio. Mi recuperación en Al-Anon fue causa de muchas experiencias inesperadas, pero la experiencia del Segundo Paso fue la más intensa.

Me dio a conocer el sano juicio

De los Doce Pasos, el Segundo es mi preferido. Cuando llegué a la recuperación hace varios años, no sabía que había perdido la razón. Me había criado en una familia alcohólica y la locura de la enfermedad era lo único que conocía. Simplemente así era. Me sorprende ahora que nunca hubiera pensado en averiguar si existía otra manera de que la vida funcionara. Supongo que había estado tan reprimida debido a mi crianza alcohólica que, antes de la recuperación, nunca se me había ocurrido hacer preguntas.

Me llevó varios años comenzar a entender el Segundo Paso. Me llevó más tiempo admitir que la manera en que vivía mi vida era el resultado de la locura que la enfermedad del alcoholismo había creado en mi familia. No sabía que vivir una vida basada en el temor, que fue mi experiencia durante mi crianza, no era lo habitual. No me daba cuenta de que había algo que estaba completamente equivocado en la manera en que crecí.

Al principio, lo que escuchaba en las reuniones me asustaba —casi hasta el punto de no querer volver—. Sin embargo, mi vida seguía empeorando. En busca de respuestas intenté diversas cosas. Probé la orientación, la terapia, los medicamentos y muchos libros de autoayuda. Al final me deprimí seriamente y pensé en el suicidio. Fue entonces que conocí a una amable orientadora que reconoció que la causa fundamental podía ser el alcoholismo. Me dijo que Al-Anon era también para hijos adultos. Después de instarme y sugerirme gentilmente, por fin me persuadió a que fuera a una reunión de Al-Anon.

Volví al programa por mí misma, no para componer a nadie más. Ya había detectado la insensatez en mi vida. En realidad, a medida que el mensaje del Segundo Paso se me hacía más y más claro, cambié su redacción diciendo que no me devolvió el sano juicio sino que me lo dio a conocer. La locura en mi familia alcohólica era lo único que había conocido. El abandono, el rechazo y la negación parecían ser acontecimientos normales. Sin embargo, poco a poco, el afecto y la atención de la gente de Al-Anon comenzaron a rendir sus frutos. Empecé a asistir a reuniones de forma regular. Ese fue uno de los secretos para mí. Tenía que volver para poder experimentar la solidez que nunca había encontrado en mi hogar.

Las historias de otra gente me conmocionaron. El maltrato físico, la violencia y el abuso sexual no habían sido parte de mi vida. Si lo hubieran sido, no podía imaginarme compartirlo con tanta gente extraña. No me podía imaginar ser tan directa y franca porque el ocultamiento había sido siempre mi forma de vida. Pese a que mis historias eran distintas de las de otra gente, entendí que compartíamos los mismos sentimientos. Un poco más cada vez, comencé a compartir algo de lo que recordaba. Titubeaba porque no sabía confiar. Poco a poco aprendí que podía confiar en la gente de Al-Anon, pero sobre todo, aprendí que podía confiar en mí misma.

He entendido los mensajes del Segundo Paso con mucha lentitud. Puedo ver un poco de progreso cada vez que me comunico con miembros de mi familia. Ninguno de ellos está en ningún programa de recuperación, aunque no pierdo las esperanzas de que alguno me siga. Mi recuperación a veces ha sido bastante solitaria porque me siento apartada de mi familia. Mediante los conocimientos obtenidos en muchas reuniones y con los Pasos, ahora veo la insensatez en mis familiares que ellos no ven. En su mayor parte, la insensatez de mis familiares se manifiesta en el maltrato verbal y emocional; es muy sutil y difícil de detectar. No fue sino hasta que confié en mis propios sentimientos y reacciones que pude darme cuenta del enorme dolor que podían infligir esas formas de maltrato. Fue muy doloroso y difícil eliminar mi negación, pero al final no tuve otra alternativa. El precio que pagué con mi dolor y mis pérdidas era demasiado alto para continuar pagándolo.

No puedo decir que haya recuperado el sano juicio de modo instantáneo al asistir a Al‑Anon. Aún en muchas ocasiones me encuentro en las garras de la enfermedad, y lo reconozco con mayor rapidez porque ya no me hace sentir bien. En esos momentos recurro a mi Poder Superior y repito el Segundo Paso. Oro por que me devuelvan el sano juicio.

Aplicación del Segundo Paso

Llegamos a creer que un Poder superior a nosotros podría devolvernos el sano juicio.

Las preguntas siguientes pueden ayudarnos, individualmente y en nuestros grupos, a lograr comprender la relación de un Poder Superior con nuestra vida.

- ¿Qué concepto tengo de un Poder Superior en este momento?
- ¿Qué haría cambiar el concepto que tengo de mi Poder Superior?
- ¿Han afectado experiencias pasadas el concepto que tengo de un Poder Superior? Si es así, ¿cómo?
- ¿Qué espero alcanzar con la aceptación del concepto de un Poder superior a mí mismo?

- ¿Percibo alguna orientación espiritual en mi vida? ¿De qué manera?
- ¿Cómo describo el Poder Superior que encontré en Al‑Anon?
- ¿Qué significa para mí «Suelta las riendas y entrégaselas a Dios»?
- ¿Para mí, qué quiere decir fe?
- ¿Con quién y en qué circunstancias me siento cómodo al hablar sobre mis experiencias espirituales?
- ¿Qué podría obtener si aceptara el apoyo y el amor de un Poder superior a mí mismo?
- ¿Qué significa para mí «llegamos a creer»?
- ¿Para mí, qué quiere decir sano juicio?
- ¿De qué manera ha afectado el alcoholismo mi sano juicio y mi vida?
- ¿Permití que la situación alcohólica se convirtiera en mi Poder Superior? ¿Cómo?
- ¿De qué modo se ha distorsionado mi manera de pensar al tratar de manejar el comportamiento alcohólico?
- ¿De qué manera recurro a un Poder superior a mí mismo en los momentos en que más lo necesito? ¿Llamo a otro miembro de Al‑Anon? ¿A mi Padrino o Madrina? ¿Leo Literatura Aprobada por la Conferencia (LAC)? ¿Voy a una reunión? Si no, ¿por qué no?
- ¿Al practicarlo, puedo describirle una experiencia del Segundo Paso a mi Padrino o Madrina, o a mi grupo? ¿En un relato por escrito?
- ¿Cuándo he hecho lo mismo una y otra vez, aunque esperando resultados diferentes?

Tercer Paso

Resolvimos confiar nuestra voluntad y nuestra vida al cuidado de Dios, SEGÚN NUESTRO PROPIO ENTENDIMIENTO DE ÉL.

En el Primer Paso aprendimos que muchos de nuestros problemas pueden haber sido el resultado de esfuerzos ineficaces en el manejo de nuestra vida; en el Segundo Paso llegamos a creer que un Poder Superior podría devolvernos el sano juicio. Es natural entonces que el Paso siguiente sea recurrir a ese Poder para pedirle ayuda. Algunos miembros acortan los tres primeros Pasos a: «No puedo. Dios puede. «Se lo entregaré a Él». Es obvio que si nuestros esfuerzos anteriores han sido inútiles y si creemos que un Poder puede ayudarnos, tiene sentido permitir que ese Poder se encargue.

La primera palabra del Tercer Paso: «resolvimos», nos demuestra que tenemos opciones. Tomamos esta decisión cuando estamos listos. Cada uno de nosotros practica los Pasos a su ritmo volviendo a Pasos anteriores una y otra vez en muchos casos hasta estar listos para avanzar al siguiente. Nadie nos obliga a confiar nuestra voluntad. Decidimos intentarlo porque la forma de vida que creamos con base en la obstinación no fue ni satisfactoria ni serena.

¿Qué decisión estamos tomando? Se nos pide que «confiemos nuestra voluntad y nuestra vida al cuidado de Dios, *según nuestro propio entendimiento de Él*». Pocos podemos confiar toda nuestra vida de inmediato; tomar la decisión de hacerlo no es sino el compromiso de intentarlo. Para dar un ejemplo de este aspecto del Tercer Paso, un miembro planteó lo siguiente: «Tres sapos se encontraban en una hoja de lirio. Uno tomó la decisión de saltar. ¿Cuántos sapos quedan?» La respuesta es tres. Ese sapo simplemente tomó la decisión de saltar, pero aún no lo ha hecho.

Frecuentemente debemos enfrentar algún problema o a alguna persona a la vez y tratar de confiárselo a nuestro Poder Superior. Muchas veces el alcohólico de nuestra vida es la persona que debemos confiar en primera instancia. Aprendimos en el Primer Paso que somos incapaces ante el alcohol y el alcohólico y que no podemos controlarlo o cambiarlo. Así que podemos empeñarnos en confiarle a Dios nuestro deseo de cambiar al alcohólico.

Una vez que hayamos confiado algunos de nuestros problemas al cuidado de Dios, muchos experimentamos un gran sentimiento de alivio. Depender de nuestro Poder Superior puede hacernos más independientes de las opiniones, necesidades y exigencias de otras personas. Ya no tenemos que buscar confirmación en otra gente. Solicitar asistencia a un Poder Superior es equivalente a admitir que no podemos actuar por nuestra cuenta; además, nos reconforta saber que no estamos solos.

Para los que estamos dispuestos a recibir ayuda pero no convencidos todavía de que Dios es el único que puede brindarla, la última frase del Tercer Paso: *«según nuestro propio entendimiento de Él»*, refuerza la libertad que tenemos de escoger. Tal como en el Segundo Paso, tenemos la libertad de definir al Dios de nuestro propio entendimiento sin siquiera usar la palabra Dios. Podemos buscar a un Poder Superior, una Conciencia Superior o la sabiduría y el amor del grupo. Lo que importa es dejar de lado nuestra obstinación e insistencia de que tenemos razón, y creer que un Poder Superior, como sea que lo definamos, nos orientará en la dirección correcta.

Una vez que hayamos tomado la decisión que se nos pide en el Tercer Paso, nos enfrentamos a la pregunta de cómo hacerlo. Hay tantas maneras de confiar nuestra voluntad y nuestra vida como hay definiciones de Dios. La mayoría considera necesario pedirle al Dios de nuestro entendimiento que nos ayude. A los que tienen antecedentes religiosos, el concepto de oración les es apropiado; a otros les resulta difícil aceptar el concepto tradicional de oración. Puede ser útil considerar la oración como una charla con nuestro Poder Superior. En Al-Anon tenemos siempre la libertad de definir nuestro Poder Superior tal como lo deseamos y decidir cómo nos comunicaremos con ese Poder. Es necesario recordar que solicitarle ayuda a nuestro Poder Superior no significa solicitar resultados específicos ya que eso sería pedirle a Dios que haga nuestra voluntad. Confiarle nuestra voluntad y nuestra vida a Dios quiere decir que dejamos los resultados en Sus manos.

Podemos practicar el hablar con Dios. Algunos miembros piensan que comenzar y terminar el día con la Oración de la Serenidad es beneficioso. Otros le piden directamente a Dios que se encargue de su voluntad y su vida por el día. Si nos falta confianza, le podemos pedir a nuestro Poder Superior que nos la dé. Si tenemos dificultades en pronunciar nuestros pensamientos, podemos usar una plegaria familiar o simplemente decir: «Por favor, ayúdame». Podemos crear nuestras propias plegarias. Un miembro ora así: «Dios, guíame en mis actividades del día de hoy y líbrame de preocuparme por el ayer y el mañana». Otro dice todas las mañanas: «Dios, Tú y yo tendremos un buen día. Y si no resulta tan bueno, sé que podrás solucionarlo». Otro miembro sugiere: «Dios, ayúdame a llevar una vida honesta», mientras que otro utiliza una sola palabra o una frase como: «Acompáñame hoy», «Oriéntame», «Socórreme», o «Gracias». Como en todos los Pasos, nos enfocamos en nosotros mismos y pedimos orientación.

Podemos también confiarle un problema a nuestro Poder Superior escribiéndolo y colocándolo en un lugar especial. Hay gente que tiene una «caja de Dios» donde se guardan los pedidos o las plegarias; la ventaja es que se pueden volver a leer varios meses después. A veces descubrimos la agradable sorpresa de que algunos problemas que pusimos allí han desaparecido, y nos hemos olvidado de ellos.

Como en los dos primeros Pasos, el Tercero puede brindarnos un alivio enorme, al quitarnos el peso de la responsabilidad de nuestros problemas y de nuestros seres queridos. A medida que crecemos en el programa, volvemos una y otra vez a estos principios básicos cuando afrontamos nuevos desafíos. Los Pasos Primero, Segundo y Tercero concluyen nuestra preparación para empezar a actuar en nuestra recuperación con los Pasos que siguen. Sabemos que no podemos controlar todo ni a todos en nuestra vida y que confiar nuestra voluntad y nuestra vida al cuidado de Dios según nuestro propio entendimiento de Dios representa nuestra esperanza de serenidad y tranquilidad.

Los miembros comparten experiencia, fortaleza y esperanza

RECUERDO INTENTAR tomar una decisión antes de Al‑Anon acerca de cuál de dos blusas comprar. Simplemente no me podía decidir, ni siquiera en un asunto de tan poca importancia. Al recordarlo, me doy cuenta de que muchas cosas en mi vida que exigían una decisión simple parecían muy complicadas.

APRENDER A CONOCER A MI DIOS

Vine a Al‑Anon y empecé a practicar los Pasos. Se me pidió que tomara la decisión de confiar mi voluntad y mi vida al cuidado de Dios. Estaba muy dispuesta a confiar mi vida porque comprendía que necesitaba ayuda con ella. Pero era difícil confiar mi voluntad. Podría confiar mi vida siempre y cuando Él lo hiciera como yo quería.

Luego escuché: «confiar nuestra voluntad y nuestra vida al cuidado de Dios, *según nuestro propio entendimiento de Él*». La palabra «cuidado» se convirtió en mi centro de atención. Un miembro de Al‑Anon dijo que la palabra cuidado significaba amor y preocupación. Esa diferencia me ayudó a ver que quizás pudiera confiar mi voluntad y mi vida al amor y preocupación de Dios, según mi propio entendimiento de Él.

¿A quién le confiaba mi vida y mi voluntad? Este Dios, según mi propio entendimiento de Él, era importante para mí. Me había criado asistiendo a la iglesia con mi padre bautista, mi madre metodista, dos hermanas católicas y mis hermanos que asistían a diversas iglesias. Un hermano y yo íbamos a la iglesia presbiteriana cercana. En nuestra familia reconocíamos que si bien Dios era el mismo, las religiones eran distintas.

El Tercer Paso me pedía que contrajera un compromiso con Dios según mi propio entendimiento de Él. Me di cuenta de que eso requería que examinara mis creencias. Necesitaba tener mi propia relación con Dios, por lo que tenía que ver qué llevaba dentro del alma. Aunque comencé a ir a la iglesia en mi adolescencia, me di cuenta de que este Paso no se refería a iglesias ni a religiones específicas. Se refería a mi propia relación con un Poder Superior, un Poder superior a mí misma a quien decidí llamarlo Dios.

El concepto que tenía de Dios cambió. Cuando era niña me imaginaba a Dios sentado en un trono; me miraba desde arriba y veía todo lo que yo creía que había hecho mal. No me sonreía. Me miraba de la misma forma condenatoria en que me miraban los adultos. Era la más pequeña de seis hijos. Había intentado hacer las cosas bien, pero parecía que no podía hacer las cosas lo suficientemente bien como para complacer a toda mi familia.

Hoy, el Dios de mi entendimiento es muy diferente. Es un Dios de amor, ya no siento que me juzgue por medio de otra gente. Lo percibo con muchas características humanas. Sé que me ama sin condiciones y que me concede el privilegio de tomar mis propias decisiones. A veces me equivoco en lo que hago, y Él me permite experimentar las consecuencias de mis errores. Siento que en algunos momentos dirige su mirada hacia mí con afecto, menea la cabeza, sonríe y me dice: «¿Aprenderás alguna vez?»

Sé que Él está siempre a mi lado. Una vez escuché a alguien decir que llevaba a Dios sobre su hombro derecho, y entonces decidí hacer lo mismo. En momentos difíciles, cuando necesito seguridad, me froto el hombro derecho para sentir Su calidez.

Mi Dios tiene sentido del humor. Permite giros graciosos en mi mundo. Cuando las cosas no funcionan bien, me compensa. Mi Dios es paciente cuando cometo los mismos errores una y otra vez. Puedo entregarle algo y luego pedírselo de nuevo; me observa mientras lucho con ello hasta que al final estoy dispuesta a volver a entregárselo. Para mí, Dios es amable y comprensivo. Él manda gente a que me abrace y me demuestre cariño como medio de probarme Su amor. Responde a mis plegarias. De vez en cuando me concede el privilegio de ayudar a otras personas. He aprendido a escucharlo y a darle la oportunidad de participar en mi vida. He aprendido que me ayuda a alcanzar metas que nunca pensé que podría lograr.

Hoy me siento cómoda confiándole mi vida y mi voluntad al Dios de mi entendimiento. Al-Anon y mis amigos allí me ayudan a decidir cuándo.

Lo más importante para mí

Mi hija me dejó dos legados: uno, su gata negra llamada señorita Gabriela; la gata exige que yo esté a su lado cada vez que come. El otro legado es Al-Anon, un gran regalo, un regalo que me permitió soportar el dolor enorme de perder a mi hija. También me ayudó a afrontar la pérdida de mi hijo, quien había muerto años antes. Nueve meses después de que mi hija me llevara a la primera reunión de Al-Anon, su séptimo intento de suicidio desembocó en su muerte. Me dijo que era alcohólica y que estaba en recuperación. Pensaba que Al-Anon podría ayudarme. No se dio cuenta en ese momento de lo que esta hermandad llegaría a significar para mí. La asistencia a Al-Anon y la amistad que me brindaban los amigos que allí tenía me permitieron sobrellevar muchas épocas difíciles.

Quería más. Quería ser feliz de nuevo. Quería realmente aprender a practicar el programa. Una señora del grupo me dijo un día, después de la reunión, que los principios eran lo importante. Volví a casa y leí los libros y folletos que tenía. Todavía no me daba cuenta de cuáles eran esos principios. En la reunión siguiente decidí preguntarle si aceptaba ser mi Madrina. Me sentí muy aliviada cuando me dijo que sí.

Me reunía con ella a una hora fija todas las semanas. Al principio me hizo hablar y escribir acerca del resentimiento y la ira que yo sentía debido a la muerte de mis hijos. Después de liberar mi mente de esas tragedias, comenzamos a practicar los Pasos. Creo que tardamos como ocho meses en ese proceso. Escribía sobre los sentimientos, los pensamientos y las preguntas que tenía. Luego los compartía con ella. Quería saber cuáles eran los Pasos y los principios que me ayudarían ante cualquier situación que pudiera presentarse. Continué leyendo mucho y estudiando la literatura de Al-Anon. Por supuesto, también seguí asistiendo a las reuniones.

Al final alguien me pidió que fuera su Madrina. Le dije que podríamos intentarlo, pero que las dos tendríamos la libertad de volver atrás en cualquier momento. Esto tuvo lugar hace doce años. Ella es aún mi amiga. Mientras utilizo los Pasos y escucho los problemas de la gente, sigo practicando los Pasos yo misma. Ellos llegaron a formar parte de lo que pienso a diario. Al compartir con otras personas lo aprendido, en realidad contribuí a que los Pasos fueran un elemento vital de mi existencia.

Lo más importante para mí fue confiar mi voluntad y mi vida al cuidado de Dios, quien es mi Poder Superior. También tuve que confiarle los problemas de la gente que apadrinaba a su Poder Superior. Yo no tenía la facultad de resolver sus problemas. Recordaba el Primer Paso y practicaba el desprendimiento emocional. De esa manera no tenía que preocuparme por lo que iba a hacer y cómo lo iba a hacer. Dondequiera que me llevaran, estaba bien. Aun en mi vida personal tenía la libertad de hacer lo que quería. Mis ideas, deseos y oportunidades eran resultado de mi Poder Superior, por lo que el Tercer Paso se convirtió en lo más importante para mí.

Los principios derivados de los tres primeros Pasos me orientan ahora hacia el Paso que se aplica a una situación determinada. El principio que extraje del Primer Paso es la sinceridad. Tengo que encontrar la sinceridad de mi problema para poder enfrentar la realidad. La esperanza es el principio que recibí del Segundo Paso. Sé que un Poder superior a mí misma puede guiarme por el camino sensato. El Tercer Paso me entregó el principio de la fe. Creo que Dios puede ayudarme a enfrentar mi situación. Esos tres primeros Pasos son los Pasos de la aceptación. Los mismos me brindan las bases para la práctica del resto de los Pasos.

Una vez que entendí, la decisión fue fácil

Al practicar el Segundo Paso llegué a creer que existe un Poder superior a mí. El Tercer Paso me pidió que tomara una decisión. Me correspondía a mí decidir si confiaba mi voluntad y mi vida a este Poder Superior, según mi propio entendimiento de Él. Pese a que creía en un Poder Superior, me sentía asustada y mal preparada para tomar una decisión. Me daba cuenta de que no tenía una buena comprensión de Él, que era necesaria para confiarle mi vida.

En algún lugar del camino de la vida me persuadieron de que Dios castigaba, rechazaba y juzgaba. Creía verdaderamente que Dios quería que sufriera y fuera infeliz para pagar mis errores. Pensaba que Dios no tenía tiempo para mí; pensaba que sólo debía sobrevivir y existir. Así lo creía.

En Al-Anon aprendí que podía utilizar el concepto de Poder Superior que quisiera. Decidí deshacerme de mi antiguo concepto de Dios para poder comenzar otra vez desde el principio. Cautelosamente empecé a hablar con Él. Experimenté con plegarias y la meditación. Pasé meses acostumbrándome a esa nueva relación. Mi Madrina me dio todo el tiempo necesario mientras me animaba y me daba sugerencias.

Cuando me sentí cómoda y segura en esa nueva relación especial, comencé a redefinir mi concepto de Poder Superior. Llegué a una conclusión maravillosamente simple: Dios es mi mejor amigo. Hablamos, nos reímos y lloramos juntos. Puedo decirle cualquier cosa a Dios. Él conoce mis temores, mis defectos y mis errores; también conoce mis sueños, mis cualidades y mis éxitos; sabe lo que necesito y me lo suministra. Dios, con un gran sentido del humor, me indica gentilmente cuál es la orientación de Su voluntad para conmigo. Cuando tengo preguntas, sé que es adecuado formularlas. Dios nunca me hace sentir tonta ni equivocada. Dios me da opciones, y cuando me equivoco, no importa. Nos sentimos aún más unidos. Mi Dios siempre tiene tiempo para mí y hace que me sienta especial.

La práctica del Tercer Paso no sólo cambió mi concepto de Dios, sino también cambió mi vida. Descubrí un amigo que estará siempre a mi lado. Encontré a un Dios de mi propio entendimiento. Una vez que lo entendí, la decisión de confiarle mi voluntad y mi vida fue fácil.

Aplicación del Tercer Paso

Resolvimos confiar nuestra voluntad y nuestra vida al cuidado de Dios, según nuestro propio entendimiento de Él.

Aquí hay algunas ideas y preguntas para nosotros o para debatirlas en el grupo para comenzar a examinar nuestra relación con el Dios de nuestro propio entendimiento.

- ¿Cómo me siento si debo confiarle mi vida a un Poder Superior para obtener orientación?
- ¿Cómo me doy cuenta de quién o qué es mi Poder Superior?
- ¿Estoy dispuesto a confiar mis problemas? ¿Qué podría ayudarme a hacerlo?
- ¿Cómo puedo dejar de pensar, intentar y considerar, y realmente tomar una decisión?
- ¿He tenido problemas con la toma de decisiones en mi vida? Dé ejemplos.
- ¿Si no logro tomar una decisión, qué me lo impide?
- ¿Puedo confiar en que mi Poder Superior cuide de mí?
- ¿Cómo podría el Tercer Paso ayudarme a no inmiscuirme en situaciones creadas por otras personas?
- ¿Qué consecuencias he sufrido al obsesionarme con los problemas y con otras personas?
- Cuando «suelto las riendas y se las entrego a Dios» parea que cuide de mi vida, ¿estoy dispuesto a seguir la orientación que recibo?
- ¿Cómo puedo confiar una situación y no pensar en los resultados?
- ¿Cómo puedo evitar querer recuperar mi voluntad?

- ¿Qué puedo hacer cuando mis seres queridos toman decisiones que no me gustan?

- ¿Qué puedo hacer para permitir que mis seres queridos encuentren el camino de sus vidas como yo estoy encontrando el mío?

- ¿Qué puedo hacer para tratar de ver a otras personas tal como Dios las ve?

- ¿De qué manera puedo expresar la voluntad de Dios en mis acciones y palabras hacia los demás, incluso hacia el alcohólico?

Cuarto Paso

Sin temor, hicimos un sincero y minucioso examen de conciencia.

Los Pasos Primero, Segundo y Tercero nos enseñaron acerca de la enfermedad del alcoholismo, que somos incapaces ante la enfermedad y que un Poder superior a nosotros puede devolvernos el sano juicio si así lo deseamos. Como cuando subimos una escalera, estamos ahora en el escalón siguiente, un Paso de descubrimiento espiritual de uno mismo. Con diez simples palabras, el Cuarto Paso nos desafía a examinarnos a nosotros mismos de manera minuciosa, tanto en los aspectos positivos como en los negativos.

Los miembros de Al-Anon en todo el mundo han experimentado la fuerza que da este Paso. Al aprovechar la experiencia colectiva de esos miembros, aprendemos que no hay una sola manera de hacer un examen de conciencia del Cuarto Paso. Se nos dice de continuo que la única clave de este Paso es pasar a la acción practicándolo. Muchas personas han practicado este Paso porque se les dijo que les ayudaría en su recuperación; Otras intentaron comenzar con este Paso sin la ayuda de un Padrino o amigo de Al-Anon y, temerosos, lo abandonaron. Al pedir la voluntad de un Poder Superior, al trabajar con un Padrino, al escuchar en reuniones del Cuarto Paso y al leer Literatura Aprobada por la Conferencia (LAC), los miembros pueden continuar este increíble viaje hacia el conocimiento de sí mismos. Con afecto se nos dice que nos acerquemos al Cuarto Paso con amor propio, amabilidad, sinceridad y equilibrio.

La decisión de confiar nuestra vida y nuestra voluntad al cuidado de nuestro Poder Superior se demuestra cuando le damos seguimiento con un examen de conciencia. La palabra minucioso tiene repercusiones importantes. Esta palabra nos indica que se necesitará investigar un poco el pasado, examinando todo asunto que sea parte de nuestra existencia. Cuando extraviamos las llaves, las buscamos hasta que las encontramos o hasta estar seguros de que han desaparecido para siempre. De la misma manera, la búsqueda mediante nuestra conciencia también debe ser minuciosa. Es aquí donde empezamos a aprender que es importante escribir este Paso. Si debemos hacer una lista antes de ir al supermercado, ¿no resulta lógico que, en algo tan importante como el estudio personal de nuestra vida, también contemos con documentación?

Al estudiar la redacción de este Paso, examinamos entonces la frase «sin temor». Algunos miembros dicen que temor significa pruebas falsas que parecen realidad. No hay mejor manera de averiguar si le tememos a la realidad o a una ilusión que zambullirnos en el mismo temor. Con una llamada telefónica a nuestro Padrino o a amigos del programa, descubrimos que comenzar a enumerar los temores es otro medio de comenzar nuestro examen de conciencia. Hasta que no hayamos realizado ese examen, no sabremos cuáles defectos de carácter impiden la recuperación. «Háganlo», nos aconsejan de forma repetida. No tenemos que hacerlo a la perfección, ya habrá tiempo de hacerlo otra vez. Si no empezamos, no va a cambiar nada en nosotros. Cuando examinamos con valor y cautela la situación, se abre la puerta del cambio.

Finalmente leemos la frase «examen de conciencia». El análisis de uno mismo que se requiere para un examen de conciencia sin temor es un paso fundamental para reconocer nuestras responsabilidades y encontrar la liberación apropiada y saludable de nuestras experiencias físicas, emocionales y espirituales. Podemos iniciar una narración sobre acontecimientos y personas que nos causan resentimiento o desconfianza. Escribir es importante porque pocos de nosotros recuerdan los muchos incidentes y personas que nos afectaron. Escribir también nos ayuda a dar un paso atrás y experimentar un cierto desprendimiento antes de explorar nuestro comportamiento y las características que el mismo revela sobre nosotros.

Un miembro de Al-Anon preguntó por qué tenía que escribir el Cuarto Paso si ya había discutido todos los asuntos personales con un profesional. Una miembro muy antigua indicó que ella también había pensado así, pero, basándose en la guía de su Madrina, decidió comenzar a escribir sus ideas. Añadió que al escribir podía independizarse de algunas de las situaciones específicas y ver las cosas con mayor claridad. Señaló que había analizado desde un punto de vista intelectual el programa de Al-Anon usando los tres primeros Pasos, pero ahora estaba experimentando una nueva conciencia no sólo de sí misma sino también de los muchos alcohólicos de su vida.

Otra miembro antigua contó que al principio de su recuperación oyó decir que algunos de los asuntos que comparten los miembros de Al-Anon al enfrentar la enfermedad del alcoholismo se relacionan con el martirio, el manejo, la manipulación y el maternalismo. Comenzó a escribir cada palabra y a usarla como base de su examen. Compartió que últimamente tenía una larga lista de situaciones, personas y acontecimientos que deseaba examinar a fondo. Marcó cada una con el signo de más o de menos al lado de cada uno para indicar cómo, en su opinión, habían repercutido en su vida. Luego escribió un breve párrafo o una oración para expresar lo que quería hacer de manera diferente y cómo iba a aplicar los principios de Al-Anon. La experiencia del Cuarto Paso le dio una nueva libertad. Sus familiares y amigos la respetan. Y lo que es aún más importante, ahora siente un mayor respeto por sí misma.

El *Plan detallado para progresar* de Al-Anon es un instrumento que usan muchos miembros de Al-Anon para comenzar su examen y para evaluar su crecimiento. Un Padrino escribe: «Aliento a aquellos a quienes apadrino a que compren un nuevo *Plan detallado para progresar* todos los años. Luego me siento con ellos y los ayudo a comparar el examen de este año con el anterior. En su mayoría se sienten asombrados y fascinados por su crecimiento y recuperación. No sólo es satisfactorio para ellos sino que a mí también me alegra saber que algún día les trasmitirán esa técnica a sus propios apadrinados». Recalca que la única forma de progresar es redactando con palabras acertadas las respuestas a las preguntas. Sí o no como respuesta no revela nada, no son palabras minuciosas y demuestran temor.

En 1989 Alateen concluyó un cuaderno de ejercicios llamado *Alateen: Examen del Cuarto Paso*, que se usa en reuniones tanto de Al-Anon como de Alateen. El enfoque es sereno pero desafiante. En el estudio se alienta a los miembros a dibujar sus sentimientos. Un adulto, que utilizaba este libro como parte de un minucioso examen de conciencia, se quedó paralizado frente al reto de tener que dibujar sus sentimientos sobre cada uno de los temas más importantes del examen: actitudes, amor propio, amor, responsabilidad, sentimientos y relaciones. Después de consultar con un miembro adolescente, el adulto se dio cuenta de que las instrucciones simplemente dicen: «dibuje» sus sentimientos; no piden que todos sean artistas y lo hagan a la perfección.

Una Madrina de Grupo de Alateen comparte que, al trabajar con jóvenes, la manera más fácil de practicar este Paso es «Mantenerlo simple». Una reunión del Cuarto Paso en este grupo utiliza una hoja de papel doblada a la mitad. En una mitad, la Madrina sugiere que los miembros enumeren sus cualidades, todas las cosas positivas que ven en sí mismos. En la otra mitad, la Madrina sugiere que se enumeren los defectos de carácter e indica que las dos listas deben ser de igual tamaño. Cuando los adolescentes comienzan este simple Cuarto Paso, se les estimula a ponerse en contacto con su Padrino o Madrina personal o de Grupo cuando se atascan en algo. La Madrina de Grupo de Alateen afirmó que, en ese entorno de amor, ese modo de practicar el Cuarto Paso es simple y, para esos jóvenes, minucioso. Agregó que también funciona para los adultos en Al-Anon.

Al estudiar el Primer Paso, aprendimos que no causamos la enfermedad del alcoholismo, no la podemos controlar ni la podemos curar. Además, adquirimos conciencia acerca de cómo contribuimos con la enfermedad por medio de nuestras acciones. Algunas de esas acciones fueron admirables y justificadas, otras fueron vergonzosas y, en nuestra opinión, inexcusables. A los miembros se les ha hecho más fácil analizar minuciosamente incidentes, situaciones o relaciones específicos enumerando estas acciones en un Cuarto Paso en columnas para: causa, control, cura y contribución. En cada acción, preguntan: «¿Causé el problema? ¿Cómo traté de controlarlo? ¿Tengo la facultad de curarlo? ¿Contribuyó esta acción al problema?» Sólo una o dos de estas preguntas pueden aplicarse a cada acción. Hay una columna final titulada: Comentarios. En esta sección, muchos miembros enumeran los nombres de personas involucradas en la situación y cómo se han visto afectadas sus relaciones. Otros miembros escriben cómo se enfrentarían de modo distinto a la situación el día de hoy utilizando los instrumentos de Al-Anon.

Con cualquier otro ejercicio de escritura, es útil la orientación de un Padrino o miembro de Al-Anon que haya practicado este Paso. Aunque no hay normas específicas escritas ni instrucciones en Al-Anon acerca de cómo estudiar y practicar el Cuarto Paso, las experiencias de los que nos precedieron son valiosísimas para nuestros esfuerzos personales. Estudiar Literatura Aprobada por la Conferencia de Al-Anon (LAC) también nos brinda una variedad de instrumentos y sugerencias para practicar el Cuarto Paso.

Convivir con la enfermedad del alcoholismo puede destruirla autoestima. Los familiares enfermos a menudo señalan nuestras faltas y defectos una y otra vez hasta que tememos realizar un examen. Esta no es la meta del Cuarto Paso. Si nos inclinamos por hacer un examen de nuestras faltas solamente, es conveniente volver a los tres primeros Pasos hasta lograr la aceptación de la ayuda de nuestro Poder Superior y la confianza en la misma para enfrentar el Cuarto Paso con amor, gentileza, sinceridad y equilibrio. Es esencial que nuestro examen incluya nuestras virtudes así como nuestros defectos de carácter.

Se dice con frecuencia en las reuniones que las palabras racionalización y justificación pueden transformarse en nuestros mejores amigos y en nuestros peores enemigos. Podemos descubrir que hemos culpado al alcohólico por todas nuestras dificultades y nos disculpamos a nosotros mismos con racionalizaciones. Es probable que conozcamos a fondo la mayoría de nuestras faltas y no estemos muy familiarizados con nuestras virtudes. La justificación supuestamente correcta ya no constituye una excusa aceptable. Si pensamos que no tenemos valor, le podemos pedir a nuestro Poder Superior que nos lo suministre y a nuestro Padrino o amigo en el programa que nos ayude a recordarlo.

¿Qué método usamos en el Cuarto Paso? Cualquiera. ¿Lo haremos a la perfección la primera vez? Posiblemente no. No importa. Lo que importa es que al concluir el primer, segundo o tercer examen, los miembros aprenden cosas nuevas sobre sí mismos. Algunos comparan la práctica del Cuarto Paso con pelar las capas de una cebolla, una a la vez hasta que alcanzamos el centro. No importa cómo lo hacemos; lo que importa es que lo hagamos. La práctica del Cuarto Paso es un acto de amor a sí mismo, porque nos ayuda a dejar de enfocarnos en el alcohólico y nos alienta a ocuparnos de nosotros mismos, únicas personas a las que podemos ayudar.

La Clausura Sugerida de Al-Anon reza en parte: «No somos perfectos... Al cabo de un tiempo, van a descubrir que, aunque no todos resultemos del agrado de ustedes, van a apreciarnos igualmente en una forma muy especial, de la mima forma que nosotros ya los apreciamos a ustedes». La acción del Cuarto Paso nos brinda un nuevo valor y nos permite querernos a nosotros mismos. Ya está abierta la puerta a nuevos horizontes de crecimiento y a un despertar espiritual que nunca hemos experimentado antes.

Los miembros comparten experiencia, fortaleza y esperanza

Avanzando hacia la luz

Durante mucho tiempo, reflexioné sobre la práctica del Cuarto Paso, pero sólo reflexioné. Entonces alguien me sugirió que intentara una pregunta por día del *Plan detallado para progresar*, cuaderno de ejercicios para el examen del Cuarto Paso de Al-Anon. La idea me pareció bastante viable y comencé.

Sabía que Al-Anon hacía hincapié en mantener el enfoque en nosotros mismos. Lo que me atrajo del Cuarto Paso fue la posibilidad de descubrir características que no sabía que yo poseía. Al escuchar las experiencias de otros miembros con los Pasos, recibí la orientación y el estímulo que necesitaba. Me enteré de que era una buena idea haber pasado un cierto tiempo en el programa y haber practicado los tres primeros Pasos antes de iniciar un examen formal. Si bien el Paso requiere un examen de conciencia sin temor, me dijeron que podría de todas maneras sentir un cierto temor. Hubo personas que compararon el practicar el Cuarto Paso con abrir la puerta de un armario que ha estado cerrada con llave durante mucho tiempo, o mirarse en un espejo que se ha estado evitando. Ellas indicaron que era útil contar con un Padrino de confianza y con otra gente del programa a quienes se pudiera recurrir mientras pasaba por este proceso.

Si bien el *Plan detallado para progresar* era una forma de realizar el Cuarto Paso, no era la única. Algunos miembros indicaron que escribían sus autobiografías y buscaban temas o situaciones repetidos. Otros escribían una lista de resentimientos. Lo mejor de estos enfoques era que no tenía que practicar el Cuarto Paso sola. Pedía ayuda en reuniones y por teléfono. Los miembros me alentaban a tomar nota de cada vez que mi mente me decía que debía emprender alguna acción. Me pedían que examinara si mis actitudes y suposiciones sobre la vida era lo que más me convenía.

Al leer la literatura y escuchar a otras personas en las reuniones, comprendí cómo la enfermedad había afectado mi forma de vida. Vislumbré cómo el control, la necesidad de agradar a la gente, el temor y otras deficiencias obstaculizaban mi serenidad. También percibí algunas de las cualidades que debía reconocer y respetar.

Lo que es aún más importante, aprendí que debía ser sincera, flexible y estar dispuesta con el objeto de descubrir quién era en realidad. La sinceridad impediría que justificara mis defectos de carácter o de comportamiento. No podía justificar lo hecho con «se lo merecían por lo que me hicieron». Por lo escuchado, parecía resultarle difícil a otra gente enfrentar cosas negativas sobre sí mismos. Con toda franqueza yo tenía aspectos positivos en mi personalidad que me resultaban aún más difíciles de aceptar.

Tenía que poseer una mente receptiva y no emitir juicios en cuanto a examinar mi vida. El Cuarto Paso no era la oportunidad de odiarme a mí misma ni de criticarme despiadadamente. El programa sugería sólo hacer un cálculo y realizar un examen en lugar de señalar mis características como buenas o malas. No era apropiado restarle importancia a mi comportamiento diciendo que no era tan malo. Tampoco lo era darle la máxima importancia a mi situación diciendo que era la peor. Una mente receptiva me ayudó a colocar mi vida y mis problemas en la perspectiva correcta; me ayudó a considerar la parte que me correspondía en mis dificultades. Debía examinar todo lo que podía haberme atascado.

Necesitaba la voluntad de enfrentar las cosas —algunas cosas del pasado que me han atormentado y otras cosas sobre mí misma que pueda encontrar que no me gustan—. Necesitaba la voluntad de recuperar mi fuerza. Necesitaba la voluntad de experimentar emociones congeladas durante mucho tiempo, sean cuales fueren. Necesitaba estar dispuesta a intentar una nueva forma. También necesitaba la flexibilidad de fijarme en mí de manera diferente, de abandonar mis papeles y de considerar el alcoholismo como una enfermedad que ha afectado mi vida.

El examen del Cuarto Paso fue un reto formidable. Hubiera sido más fácil ocultarme y aislarme. Podría haber seguido negando verdades desagradables y dolorosas. El temor estaba siempre presente. Me preguntaba que si realizaba el examen, ¿la gente que me rodeaba iba a querer dejar de estar a mi alrededor? ¿Tendría que divorciarme? ¿Tendría que confrontar a la gente? ¿Me agradaría a mí misma al concluirlo? Ser una complaciente de la gente arriesgándome a la desaprobación de los demás era algo sumamente incómodo. Mi recuperación exigía que estuviera dispuesta a arriesgarme a la desaprobación de otra persona para obtener la mía. Significaba que, en lugar de vivir de acuerdo con una norma común, midiera mi éxito según mi propio criterio.

Con sinceridad mi vida mejoraba cada vez que realizaba un examen. Si bien no era siempre uno minucioso escrito, me ayudaba a examinar los aspectos de mi vida donde los problemas no desaparecían. Creía que si realizaba un examen perfecto nunca tendría que hacer otro. Sabría perfecta y completamente quién era y quién soy. Esperaba recibir una foto revelada de mí misma al terminar el primero, pero no ocurrió. En lugar de eso, como en el caso de una foto Polaroid, el color se reveló de forma paulatina a lo largo del tiempo. A medida que aumentaba mi capacidad de enfrentar la vida, nuevos aspectos que debían desarrollarse me llamaron atención. No fue porque no realizara el examen correctamente la primera vez; Simplemente fe así como funcionaba mi recuperación. Había vivido la vida en un estado de ceguera. Demasiada luz de una sola vez hubiera sido algo atemorizante, demasiado doloroso y dañino. En su lugar, cada experiencia del programa encendía una vela en mi oscuridad. Cada despertar espiritual agregaba una pequeña cantidad de luz a mi vida.

COMENCÉ A VER LA PARTE QUE ME CORRESPONDÍA EN LA SITUACIÓN

CUANDO era nueva en Al-Anon, veía el Cuarto Paso como una especie de cura milagrosa. Me agitaba en un charco de antigua ira y temor. Parecía que si simplemente escribía todo eso y le daba seguimiento con el Quinto Paso, me sentiría mejor. —¿Correcto?— ¡Y cómo quería estar completamente mejor lo antes posible! Por eso me senté y comencé a escribir. Después de una hora y seis o siete hojas, me sentí mejor. Me sentí mejor durante unas dos semanas, al cabo de las cuales el abismo de confusión y compasión de mí misma volvía a tragarme.

Pienso que no tenía una idea clara de los tres primeros Pasos en ese momento. Esperaba que el programa me cambiara tal como había esperado que otras cosas hicieran cambios por mí; por ejemplo, un auto nuevo, un empleo, la mudanza a otra casa, o un nuevo peinado. Sin embargo, las cosas que cambiaban durante un tiempo mi manera de sentir, no cambiaban todos mis sentimientos. Pensaba que si leía los Pasos, creía en ellos con todo mi corazón y luego daba tres saltos de alegría, recibiría el don de la serenidad. Me llevó un cierto tiempo darme cuenta de que el programa no funcionaba así para mí.

El año pasado realicé otro Cuarto Paso que se enfocó en un asunto en particular. Esta vez fue distinto. Al responder preguntas en el formato que estaba usando, empecé a ver la parte que me correspondía en la situación. Descubrí un punto de partida para introducir algunos cambios. Ahora podría usar realmente algunos instrumentos del programa. En lugar de esperar que el programa me cambiara, escribí cartas, oré e hice llamadas telefónicas. Y, ¿saben qué pasó? El programa me funcionó.

CONOZCO LOS PRIMEROS SÍNTOMAS

RECUERDO impugnar la necesidad de las palabras «sin temor» y «minucioso» en mi Cuarto Paso. Sabía por qué el alcohólico debía realizar un examen sin temor y minucioso porque el alcoholismo había distorsionado su visión, pero yo veía todo con gran claridad. Como resultado, al inicio de mi experiencia con el Cuarto Paso, no busqué muy lejos. Al primer indicio de que podría sentir temor ante algo que se vislumbrara, abandoné el examen totalmente.

Desde entonces aprendí que muchas cosas sobre mí mismo estaban ocultas en las profundidades. El temor que sentía se relacionaba con lo que podría encontrar. Hasta llegué a pensar: «¿Qué pasaría si hubiera estado equivocado toda la vida? ¿Qué pasaría si me hubiera estado mintiendo a mí mismo? ¿Qué pasaría si esta no fuera la clase de vida que deseo? ¿Qué pasaría si fuera un farsante? ¿Qué pasaría si todo mi dolor se perdiera?» ¡Cuánto valoraba mi infelicidad! ¡Cuánta justificación deseaba en cada emoción, reacción y comportamiento! Pero, ¿acaso no había impugnado también la idea de la cordura en el Segundo Paso? ¡Sin duda!

Poco a poco fui adquiriendo una comprensión más profunda de los Pasos. El Cuarto Paso fue importante para mí. Utilicé diversos formatos para examinar mis ideas. Me ayudó el darme cuenta de que en general actúo sobre la base de una de mis ideas. Al examinar mis acciones o mis reacciones o mis deseos, veía indicios de las ideas que aún permanecían ocultas en mi subconsciente. Por ejemplo, empecé retórica en la escuela secundaria. Siempre había tenido miedo de hablar en público, pero sabía que obtendría aprobación con ello. ¿Qué pensaba en realidad? Necesitaba obtener o ganar aprobación. ¿Cuál era mi temor? Que la próxima vez que hablara en público no obtuviera aprobación. En todo este proceso también vi que había logrado desarrollar una habilidad muy útil.

Con o sin temor, al buscar mis ideas ocultas y sacarlas a la luz, comprendí que a veces me equivocaba, pero no siempre. En algunos casos descubría verdades sobre mí mismo, pero me faltaba la confianza para respaldarlas. Descubrí que a veces deseaba algo pero que posteriormente cambiaba de idea. Por fortuna, la práctica de los Pasos Segundo y Tercero precedieron la labor relacionada con el Cuarto. Hoy puedo continuar con el Quinto, el Sexto, el Séptimo. Conozco los primeros síntomas que tengo en cuenta en caso de que mis acciones se desvíen de mis ideas conscientes. También sé cuál es el remedio que debo aplicar cuando sufra otra vez a causa de la enfermedad del alcoholismo.

Aplicación del Cuarto Paso

Sin temor, hicimos un sincero y minucioso examen de conciencia.

Nos preparamos para un examen

Al comenzar a considerar las preguntas que siguen, debemos recordar mantenerlo simple y orar para obtener orientación y valor. Las siguientes preguntas no lo incluyen todo; simplemente señalan un punto de partida.

* ¿Estoy dispuesto a examinarme con sinceridad? ¿Qué obstáculo hay en mi camino?
* ¿Le he pedido ayuda a mi Poder Superior, a mi Padrino o a otros miembros de Al-Anon?
* ¿Qué sugerencias probé para ver si funcionaban?
* ¿Comprendo el principio espiritual de un examen?
* ¿Qué significan para mí «minucioso» y «sin temor»?
* ¿Qué quiere decir «examen de conciencia»?

Luego examinamos nuestras cualidades

Un examen no incluye sólo nuestras faltas; también debemos evaluar nuestras características positivas y nuestros logros. Si nos sentimos abrumados por esta tarea, puede ser útil pensar en cualidades que nos atraen en otras personas y en si disponemos de esas características.

- ¿De qué manera me preocupo por los demás? ¿En qué sentido me identifico con los sentimientos de otra gente? ¿Soy amable conmigo mismo? ¿Soy amable con las personas de edad avanzada? ¿Con los niños? ¿Con los familiares? ¿Con los amigos? ¿Con quienes necesitan mi ayuda? ¿Soy agradable y cortés?

- ¿Soy tolerante? ¿De qué manera?

- ¿Es mi mente receptiva ante opiniones ajenas?

- ¿Escucho en las reuniones y acepto que los demás tengan necesidades distintas de las mías?

- ¿Practico la paciencia con un recién llegado?

- ¿De qué manera soy digno de confianza? ¿Pago mis cuentas? ¿Soy puntual? ¿Cumplo mis promesas? ¿Actúo con responsabilidad en mi empleo? ¿Hasta dónde pueden depender de mí mis familiares y amigos?

- ¿En qué sentido soy sincero? ¿Digo toda la verdad? Si no lo hago, ¿qué me impide decir la verdad?

- ¿De qué manera me ocupo de mí mismo? ¿Hago citas médicas necesarias? ¿Me visto de modo apropiado? ¿Como comida saludable? ¿Hago ejercicio? ¿Medito?

- ¿De qué manera soy respetuoso? ¿Me ocupo de cosas materiales, ya sean mías o de otras personas? ¿Demuestro respeto por la ley?

- ¿De qué manera soy generoso? ¿Contribuyo con mi grupo? ¿Con la petición cuatrimestral de la Oficina de Servicio Mundial? ¿He contribuido como voluntario en un cargo de fiel servidor?

- ¿De qué manera busco el bien en los demás?

- ¿En qué sentido soy amable? ¿Soy considerado con otra gente? ¿Escucho con paciencia a un amigo que me necesita? ¿Ofrezco ayuda cuando me la piden? ¿Se me ocurre señalar el bien en otras personas?

- ¿En qué sentido les hablo abiertamente a los demás?

* ¿Soy práctico? ¿De qué manera? ¿Tengo un presupuesto? ¿Con qué frecuencia reconozco qué necesidades satisfacer y luego hago lo que me corresponde?

* ¿Se puede depender de mí? ¿Con qué frecuencia cumplo plazos en el trabajo? ¿Me organizo bien y llevo a cabo lo que decido hacer?

* ¿Qué talentos tengo? ¿Tengo dones artísticos? ¿Embellezco mi entorno? ¿Tengo habilidades mecánicas?

* ¿Hago amigos con facilidad? ¿Por qué sí o por qué no?

* ¿Tengo problemas con relaciones íntimas? ¿Por qué sí o por qué no?

* ¿De qué manera me expreso con claridad y brevedad?

* ¿De qué manera veo el humor en la vida y lo expreso?

* ¿En qué sentido soy optimista?

* ¿Cómo practico la fe en un Poder Superior? ¿En mí mismo? ¿En los demás? ¿De qué manera comparto la fe? ¿Tengo una actitud de gratitud?

* ¿De qué manera soy humilde? ¿Le pido orientación a Dios y la sigo lo mejor que puedo? ¿Cuándo he permitido que los demás compartan su sabiduría conmigo? ¿En algún momento admito mis errores? ¿Cuán paciente soy conmigo mismo?

Debemos tener ahora una lista de cualidades que nos fortalezcan para el resto del examen. Con cada nueva cualidad examinada, podemos considerar algo que nos haga sentirnos incómodos reconocer. Un examen minucioso, como se expresa al comienzo de este capítulo, incluye nuestros comportamientos y pensamientos tanto positivos como negativos.

LUEGO EXAMINAMOS NUESTROS DEFECTOS

Ahora nuestra tarea es tratar los asuntos difíciles en nuestra vida, presentes y pasados. No se resolverá nada escondiendo la verdad. Justificar y racionalizar nuestras acciones y culpar a los demás por todos los problemas de nuestra vida nunca nos dará serenidad. Recuerden, sólo se nos pide que hagamos un examen, no que hagamos algo acerca de lo que aprendemos. Si confiamos en nuestro Poder Superior y en la orientación de nuestro Padrino, estos asuntos se tratarán con amor al continuar practicando el programa de recuperación de Al-Anon.

- ¿De qué manera soy resentido? ¿Tengo rencores? ¿Por qué?

- ¿Contra quién en mi pasado estoy resentido? ¿Por qué? ¿Qué parte me corresponde en eso?

- ¿Contra quién estoy resentido en mi entorno? ¿Por qué? ¿Qué parte me corresponde en eso?

- ¿Estoy resentido contra figuras de autoridad? ¿Por qué? ¿Qué parte me corresponde en eso?

- ¿Estoy resentido contra personas o cosas? ¿Por qué? ¿Qué parte me corresponde en eso?

- ¿Cuándo juzgo con severidad a otra gente y resiento el que no haga lo que yo creo que debería hacer?

- ¿Insisto en pautas imposibles de perfección para toda persona o cosa?

- ¿Cómo me juzgo a mí mismo?

- ¿Siento temor? ¿A qué? ¿Por qué?

- ¿Soy deshonesto? ¿Guardo secretos? ¿Miento en lugar de «hacer una escena»? ¿Qué falta de honestidad les escondo a otras personas?

- ¿Siento pena de mí mismo? ¿Estoy lleno de autocompasión? ¿Por qué me siento víctima? ¿Qué parte me corresponde en eso?

- ¿Soy un mediador? ¿Me gusta estar a cargo? ¿Me disgusto cuando no gano? ¿Qué consecuencias he tenido al cuidar de los demás en lugar de cuidar de mí mismo?

* ¿De qué manera confío en mí mismo en mis tratos con otros? ¿Voy a lugares seguros? ¿Evito situaciones de posible peligro? ¿Aun en mi propio hogar?

* ¿De qué manera me siento cómodo con mi sexualidad? ¿Disfruto las relaciones sexuales? Si tengo dificultades sexuales, ¿conozco el motivo? ¿He intentado obtener asesoramiento profesional?

* ¿Tengo un Dios de amor o un Dios de temor en mi vida? ¿Cómo puedo cambiar de actitud hacia mi Poder Superior?

* ¿Asumo responsabilidades que no me corresponden? ¿Por qué sí o por qué no?

* ¿Hago por otros lo que ellos mismos pueden hacer? ¿Por qué?

* ¿Me siento responsable por el aprendizaje, el matrimonio o la sobriedad de otra persona? ¿Cómo?

En el Cuarto Paso hemos comenzado el viaje hacia la confianza en uno mismo mediante el conocimiento propio. Al seguir el viaje a través de los Pasos, adquirimos confianza en nosotros mismos, en nuestro Poder Superior, en otra gente y en la vida. El sendero hacia la recuperación utilizando los Doce Pasos —un Paso a la vez— continúa. Antes de practicar el próximo Paso, felicítense, llamen a su Padrino y compartan con su grupo local la emoción y el alivio que sienten después de practicar su propio Cuarto Paso.

EN EL CUARTO PASO hicimos un examen de conciencia minucioso de nosotros mismos, tanto de virtudes como de defectos. El Quinto Paso nos pide que emprendamos otra acción con lo que hemos aprendido acerca de nosotros mismos. Vamos a compartir «la naturaleza exacta de nuestras faltas» con Dios, con nosotros mismos y con otra persona.

El Quinto Paso requiere que seamos sinceros con nosotros mismos y con los demás. En Pasos anteriores tuvimos que reunir el valor necesario para enumerar nuestras cosas buenas y malas, nuestros temores y resentimientos en una hoja de papel, pero es totalmente distinto revelarlos a otra persona. A veces se dice en Al-Anon que estamos tan enfermos como nuestros secretos. Lo que ocurre en hogares alcohólicos a menudo se mantiene en secreto; se nos ha enseñado a muchos a no sacar los trapos sucios a relucir. En el Quinto Paso empezamos a desembarazarnos de nuestros secretos. El Quinto Paso no nos pide que revelemos nuestras faltas a todo el mundo, sino a nuestros corazones, al Dios de nuestro entendimiento y a un amigo fiel. El Quinto Paso nos da permiso para hablar de cosas de manera más sana en lugar de declararnos mártires ante el primero que se presente.

La primera tarea es admitir la naturaleza exacta de nuestras faltas a nuestro Poder Superior. Después de haber dedicado un cierto tiempo al Segundo y Tercer Pasos, hemos llegado a comprender que nuestro Dios es afectuoso, compasivo y no nos juzga. También sabemos que Dios puede ayudarnos si estamos dispuestos a ser ayudados. Podemos comenzar a practicar el Quinto Paso hablando con nuestro Poder Superior de amor sobre lo que descubrimos en el Cuarto Paso. Reconocemos que quizás no le estemos diciendo nada nuevo a Dios, pero admitirlo abiertamente nos permite acercarnos a nuestro Poder Superior, reconociendo nuestro arduo trabajo y nuestra voluntad de vernos tal como somos. Muchos experimentamos un sentimiento de alivio al sentir la aceptación y el amor que se nos ofrece pese a nuestros defectos.

La parte siguiente del Paso consiste en admitir estas

Quinto Paso

Admitimos ante Dios, ante nosotros mismos y ante otro ser humano, la naturaleza exacta de nuestras faltas.

mismas cosas ante nosotros mismos. Para algunos es más fácil contarle a Dios nuestras faltas que admitirlas personalmente. Al examinarnos con total sinceridad, dejando de lado excusas y no culpando a otros por nuestro comportamiento, tomamos conciencia de lo mucho que nos engañamos y justificamos a nosotros mismos. En este momento podemos sentir la tentación de condenarnos por las dificultades que causamos. Es importante recordar que debemos amarnos y aceptarnos sin condiciones, así como lo hace nuestro Poder Superior. Intentamos crecer encarando lo que somos en el momento; no se gana nada mesándose los cabellos por cosas pasadas. El Quinto Paso no nos pide que hagamos nada acerca de nuestras acciones pasadas; todo lo que se nos pide es enfrentarlas y admitirlas ante nosotros mismos como hechos.

Admitir ante Dios y ante nosotros mismos no es suficiente; debemos quebrar el aislamiento y compartir nuestras faltas con otro ser humano. Esto también puede ser difícil ya que muchos acumulamos críticas y culpas en el pasado al admitir errores. Admitir nuestros errores ante otra persona puede parecer solicitar un rechazo. Admitir nuestros secretos más recónditos ante otra persona exige que confiemos en esa persona y que confiemos en nuestro propio valor como ser humano. Aprender a confiar es un instrumento esencial de recuperación que nos aporta alivio y serenidad.

Cuando alcanzamos el Quinto Paso, en general hemos adquirido un cierto grado de confianza. Hemos escuchado a otros compartir en reuniones con franqueza y valor y hemos sido testigos del amor con el que fueron recibidos. Tal vez también hayamos compartido nosotros, llamado a alguien por teléfono o encontrado un Padrino. Hemos practicado el confiarles a otras personas algunas verdades sobre nosotros y esperamos ya estar listos para compartir nuestros secretos más íntimos con otro ser humano. Podemos sentirnos llenos de ansiedad y temor al enfocar esta tarea pero estamos convencidos de que es necesaria para nuestra recuperación.

La persona en quien confiemos debe ser seleccionada con cuidado. La experiencia nos ha demostrado que es mejor no elegir a nuestro cónyuge, compañero o familiares del alcohólico. Están demasiado cerca de nosotros o demasiado involucrados en el acontecimiento que queremos discutir. No queremos elegir a alguien que pueda sentirse herido por nuestra versión de los acontecimientos. Necesitamos a alguien que no esté involucrado en nuestra situación individual, que pueda guardar un secreto y que escuche con comprensión. Buscamos a alguien que no nos critique pero que pueda señalarnos omisiones obvias o ayudarnos a ver cómo la naturaleza de nuestras faltas nos ha afectado. Podemos pedirles que nos ayuden a ver pautas de comportamiento y cómo un defecto es a menudo la otra cara de una virtud.

No buscamos a alguien que nos diga cómo enfrentar nuestros problemas sino a un testigo cariñoso que nos pueda proporcionar una perspectiva diferente en nuestro viaje espiritual. Un testigo que valore lo que hacemos y cómo progresamos. Antes de decidirnos por alguien, algunos meditamos y oramos, pidiendo orientación a nuestro Poder Superior, en especial si correr riesgos y confiar son factores nuevos para nosotros.

Muchos miembros recurren a sus Padrinos. Otros eligen un amigo, un clérigo, un orientador o hasta un conocido. Que acudamos o no al Padrino o Madrina, su guía puede ayudarnos a seleccionar la persona apropiada. Es importante que confiemos en la persona y que ésta guarde un secreto completo acerca de nuestras experiencias.

Una vez elegida la persona, debemos actuar. Tomamos el teléfono, expresamos nuestro deseo y fijamos lugar y fecha para compartir nuestro examen. Buscamos un lugar privado (puede ser una habitación en nuestra casa, una oficina, un restorán discreto, la playa, un parque, un sendero de montaña, lo que mejor nos parezca) y tiempo suficiente para hablar. Puede llevar más de un encuentro.

Es vital que actuemos con la mayor sinceridad posible al atravesar todas las etapas del Quinto Paso. Puede ser útil solicitar la asistencia de nuestro Poder Superior antes de empezar a compartir. Al compartir en voz alta el examen, no queremos justificar o negar nuestros errores sino llegar a entenderlos y aceptarlos. Afrontamos el pasado con sinceridad y, compartiendo nuestras faltas, contraemos el compromiso de continuar progresando y cambiando.

Es importante examinar no sólo la lista de acontecimientos sino también la «naturaleza exacta de nuestras faltas». Tratamos de conocernos mejor, por eso examinamos nuestras acciones y los motivos de las mismas. Sin justificar nuestro comportamiento, intentamos reconocer qué necesidad básica o temor nos impulsó cuando nos comportamos como lo hicimos. En su contexto, muchos de nuestros comportamientos tenían sentido en ese momento. Por ejemplo, hay experiencias en las cuales la falta de confianza es apropiada. Quizás hayamos tenido que enfrentarnos con gente y acontecimientos fuera de control o peligrosos. Las defensas aprendidas nos sirvieron bien en situaciones alcohólicas y malsanas, pero ahora nos impiden vivir con felicidad y serenidad. Podemos reconocer esas defensas sin condenarnos por usarlas. Nuestro confidente a veces puede ayudarnos a comprender la naturaleza exacta de nuestras faltas. Al compartir, podemos descubrir que necesitamos seguir pensando y meditando. En cualquiera de los dos casos, hacemos todo lo posible en el momento, y luego avanzamos.

Cuando completamos el Quinto Paso, hemos realizado una tarea ardua y aprendido más sobre nosotros y nuestras acciones. Algunos nos sentimos muy aliviados al deshacernos de la carga. Descubrimos que no estamos solos en nuestra imperfección humana y que no somos lo peor del mundo, como podíamos haber pensado antes. Ya sea que nos aporte un alivio enorme o un pequeño comienzo de aceptación, el Quinto Paso nos acerca más a nuestro Poder Superior y nos ayuda a aprender a confiar tanto en Dios como en otra gente en nuestro viaje espiritual.

Los miembros comparten experiencia, fortaleza y esperanza

Después de haber completado el Cuarto Paso, mi Madrina me sugirió permanecer en el mismo durante un tiempo antes de comenzar el Quinto. Me dijo que podríamos practicar el Quinto como a mí me pareciera. Compartió conmigo varias de las maneras que ella utilizó con otra gente en el Quinto Paso. Decidí hacerlo leyéndole mi Cuarto Paso, una parte a la vez. Todas las semanas, nos reuníamos una o dos horas. Seguimos así hasta que al final terminé de leerlo todo.

Experimenté diversos sentimientos durante esas semanas en que compartí la lectura. A veces volvía a casa tensa, abrumada o confundida; otras veces, aliviada o asombrada. Durante muchos años había obtenido ayuda profesional pero en ningún otro momento había experimentado este nivel de aceptación y apoyo personales. No podía creer que alguien ofreciera dedicarme tanto tiempo sin juzgarme, criticarme o hacer comentarios sobre mí. Fue mi primera experiencia con el amor incondicional. Quise pagarle a mi Madrina por todo el tiempo que me había dedicado. Quise llevarla a almorzar o darle un regalo, pero me di cuenta de que no era necesario. La experiencia con mi Quinto Paso me demostró lo que era Al-Anon: dar sin esperar resultados, escuchar y estar cerca de otra persona que está aprendiendo la forma de vida Al-Anon.

Desde esa experiencia poderosa, sigo aprendiendo sobre los temas más importantes de mi recuperación: paciencia, raciocinio, aislamiento y desprendimiento. Me enseñó a tener más paciencia y mayor aceptación de otros así como una mayor aceptación de mí misma. Me enseñó a pedir ayuda, a compartir sentimientos y toda mi persona. Me mostró cómo desarrollar una relación maravillosa con mi Poder Superior, a quien llamo Dios. Me siento más comunicada con otra gente. Puedo dejar que otros vivan sus vidas sin darles consejos, aun si existen grandes dificultades y posibles peligros en un hogar.

Cada vez que me siento atascada, irritada o confusa,

Una experiencia extraordinaria

continúo practicando el Cuarto Paso. Me ayuda a ver la parte que me corresponde de este caos. Con experiencia y tiempo, veo que el Cuarto y el Quinto Pasos me ayudan a aceptar una amplia gama de características humanas que otra gente y yo tenemos. Encuentro solaz y alivio deshaciéndome de la necesidad de perfección y tornándome más humana. Sé que Dios me mostrará las respuestas. Ya no tengo que pensar que estoy sola en la vida. Al-Anon echó las bases espirituales de mi recuperación cuando apliqué el Cuarto y el Quinto Pasos, los que me condujeron a un despertar espiritual.

<small>YA NO TENÍA QUE GUARDAR SECRETOS</small>

EL QUINTO PASO fue una experiencia de humildad para mí. Admitir ante Dios, ante mí misma y ante otro ser humano la naturaleza exacta de mis faltas me permitió desembarazarme de todos los secretos que habían impedido mi serenidad. Admitir ante Dios significó compartir con mi Poder Superior algo que había hecho, causando daño a alguien. Admitir ante mí misma significó que ya no negaba mis errores. Admitir ante otro ser humano significó que mis secretos se habían revelado y que podría razonar las cosas mejor con otra persona.

Debido a que mi grupo local había estudiado el folleto sobre padrinazgo, entendía cuán importante era un Padrino al practicar este Paso. Había escuchado a otras personas comentar la forma en que seleccionaron a alguien. Busqué una persona fuerte. Traté de descubrir a alguien que hablara sobre la práctica de los Pasos antes de encontrarlo.

Aplicar el Quinto Paso a mi vida no fue fácil. Al practicar este Paso con mi Madrina, sentí que mi Poder Superior estaba a mi lado, escuchándome admitir mis errores. La manera más fácil de aplicar este Paso a mi vida fue contar con una Madrina dispuesta a escucharme. Sin ella, no hubiera concluido mi Quinto Paso. Uno de los beneficios fue tomar conciencia poco a poco de cuánto había progresado en el programa. Al admitir mis errores y aprender de las experiencias, ya no tengo que guardar secretos que destruyen mi serenidad.

No tuve ningún problema al realizar las dos primeras partes del Quinto Paso: admitir ante Dios y ante mí misma, pero la tercera parte: admitir ante otro ser humano la naturaleza exacta de mis faltas, sí fue un problema.

Asumí un compromiso individual

Admitir ante Dios y ante mí misma fueron actos personales y privados. Admitir ante otro ser humano era un asunto público. Había pasado toda una vida escondiendo mi comportamiento. Ahora me encontraba en una situación en la que, de repente, tenía que convertirme en un adulto. Tuve que dar un salto gigantesco hacia la madurez alejándome del papel de niña víctima que había jugado durante tanto tiempo. Estas ideas me hicieron ver que tenía que trabajar más en mí misma antes de poder realizar la tercera parte de este Paso. Necesitaba más información para aprender las técnicas para crecer. Necesitaba realizar algunos ensayos conmigo misma antes de poder comenzar a admitir ante otro ser humano la naturaleza exacta de mis faltas. Tuve que reconocer que el tiempo, la paciencia y la tolerancia eran mis ayudantes.

Un ejercicio que elegí fue asumir un compromiso individual. Decidí leer y aprender los Doce Pasos y luego ponerlos en práctica, lo que significó asumir un compromiso inicial y realizar actividades de seguimiento periódicas. No quería olvidar lo que hacía. No quería deslizarme hacia un sentimiento falso de satisfacción personal y olvidar el propósito y la intención de mi programa.

Reconocí que sola no podía hacer que el programa funcionario. El mismo funcionaría únicamente si lo hacía junto con otras personas. Sabía que intentarlo sola no había dado resultado antes. Decidí asumir el compromiso de asistir a reuniones de Al-Anon con regularidad y de realizar lecturas diarias de *Un día a la vez en Al-Anon* y *Valor para cambiar: Un día a la vez en Al-Anon II*.

Necesitaba los conocimientos y la ayuda de otros miembros de Al-Anon, necesitaba compartir con los demás así como trabajar con una Madrina. De esa manera podía mantener las cosas en su perspectiva justa.

Durante cinco años no pude encontrar una Madrina que satisficiera mis necesidades. Pero no abandoné la búsqueda. Mientras tanto me aferré al programa aplicándolo de la mejor manera posible.

Como resultado de la práctica del programa, aprendí a agradecer lo que mi Poder Superior me había dado. Para expresar mi gratitud, sabía que tenía que devolverle al programa lo que el mismo me había dado. Comencé a participar en la labor de servicio. Acepté funciones en diversas reuniones y fui Representante de Grupo para poder servir a nivel de distrito. Algún día podría llegar así al servicio a nivel de Zona o mundial.

Cuando pude entender el significado pleno del programa de Al-Anon, pude aceptarme como persona madura. Entonces logré realizar la tercera parte del Quinto Paso: admití ante Dios, ante mí misma y ante otro ser humano...

ME QUITARON UN GRAN PESO DE ENCIMA

La primera parte del Quinto Paso es admitir ante Dios. Como Dios sabe todo, me di cuenta de que no podía ocultarle nada sobre mí. Aunque Él supiera, yo debía admitir mis faltas ante Él para que yo supiera.

La parte siguiente del Quinto Paso es admitir ante nosotros mismos. Tengo una gran habilidad para justificar mi comportamiento. Encubría las cosas, aun de mí misma. Cuando escribí el examen y lo vi en el papel, tuve que abrirme paso hacia la verdad sobre mí misma.

Admitir ante mí misma quizás no haya sido fácil, pero me faltaba lo peor. Admitir la naturaleza exacta de mis faltas ante otro ser humano, la última parte del Quinto Paso, fue de verdad penoso. Me habían enseñado a no ventilar acciones censurables. Me crié pensando que no debía permitir que otros me conocieran a fondo porque entonces no les caería bien. Sin embargo el Quinto Paso me pedía precisamente eso.

En reuniones de Al-Anon escuché la sugerencia de practicar el Quinto Paso con una persona. Tenía que elegir a alguien que comprendiera el programa de Al-Anon, alguien que valorara lo que yo estaba haciendo. Me aconsejaron seleccionar a alguien en quien tuviera confianza para así estar segura de que esa persona no divulgaría lo que yo decía. Se me dijo que este era mi Quinto Paso y que el objetivo era lograr que me sintiera mejor. Debía revelar lo suficiente para deshacerme de los nudos que sentía en el estómago. El lugar y la fecha para el Quinto Paso eran importantes. Tenía que hacer arreglos con la otra persona para que los dos contáramos con el tiempo suficiente. También debía asegurar un cierto aislamiento para que no nos interrumpieran.

Al Practicar el Quinto Paso, descubrí que las cosas mías que creía que eran espantosas no eran tan impresionantes como pensaba. Con frecuencia la otra persona decía: «Sí, yo también hice eso» o «Recuerdo cuando me sentía así».

Practicar el Quinto Paso constituyó una experiencia espiritual para mí. Me di cuenta de que no era tan mala como creía. Lo que es más, aprendí que simplemente soy humana y que cometía errores humanos normales. Por otro lado poder hablar en voz alta sobre todo eliminó la culpa y los sentimientos de temor. Hablarlo con otra persona redujo su magnitud.

En el Cuarto y Quinto Pasos aprendí muchas cosas buenas sobre mí misma. Los defectos de carácter que encontré llevaban luz suficiente para alejar el temor. El temor que sentía antes de practicar el Cuarto y Quinto Pasos era como cuando limpiaba mi casa y abría la puerta de un armario; si había algo muy aterrador con ojos enormes en la oscuridad del fondo, cerraba la puerta de golpe. Muy dentro de mí sabía que eso que estaba ahí no desaparecería. Mi temor continuó aumentando. Al final, una vez reunido el valor para abrir la puerta del armario, golpeé con una escoba el interior y con rapidez acabé con el monstruo del armario. Al verlo a la luz, comprendí que era sólo un viejo estropajo con dos botones grandes en la parte superior. Luego, aunque lo volví a meter en el armario, ya no me asustaba. Puedo afrontarlo.

Practicar el Quinto Paso me hace sentir libre. Me siento como si alguien me quitara un gran peso de encima. También me siento extraordinariamente limpia. Compartir el Quinto Paso ha contribuido de verdad a mi amor propio.

Aplicación del Quinto Paso

Admitimos ante Dios, ante nosotros mismos y ante otro ser humano la naturaleza exacta de nuestras faltas.

AL PREPARARNOS para admitir nuestras faltas, podemos empezar formulándonos las preguntas siguientes o utilizándolas en un debate de grupo.

- ¿Si ya he concluido el examen del Cuarto Paso, cómo me siento al compartir detalles de mi pasado con otra persona?

- ¿En qué sectores de mi pasado estoy dispuesto a ser totalmente franco?

- ¿Cuáles son algunas de las ventajas que puedo obtener al admitir mis faltas?

- ¿Entiendo el alivio reconfortante que puede provocar el admitir con sinceridad nuestras faltas?

- ¿Qué expectativas tengo acerca de cómo me sentiré o qué experimentaré al admitir mis faltas?

- ¿Estoy dispuesto a deshacerme de estas expectativas y permitirle al Dios de mi entendimiento decidir los mejores resultados para mí? ¿Cómo lo sé?

- ¿Si no me siento preparado para practicar este Paso, necesito concentrarme más en los primeros cuatro Pasos?

- ¿Estaría dispuesto a agrupar en mi examen las cosas que puedo admitir, las cosas que podría admitir, y las cosas sobre las que pienso: «¡De ninguna manera! Nunca podré hacerlo» y luego comenzar con la primera lista?

- ¿Temo admitir mis faltas ante mi Poder Superior? ¿Por qué?

- ¿A quién podría llamar en el programa para discutir mis temores sobre Dios?

* ¿Podría hacer una lista de mis temores y confiarlos? ¿Cuáles son mis temores?

* ¿Cómo puede ayudarme el admitir mis faltas ante el Dios de mi entendimiento?

* ¿Puedo aceptar que no soy perfecto? ¿Cómo puedo dejar de intentarlo?

* ¿Cómo puedo tratar de justificarme por daños cometidos?

* ¿Con quién compartiré mi Quinto Paso? ¿Qué cualidades me hacen elegir una persona? ¿Confío en ella?

* ¿Tengo yo mismo algunas de esas cualidades? ¿Las enumeré entre mis cualidades?

* ¿Qué puede impedir que confíe la verdad a alguien? ¿Puedo compartir estos temores con otra persona?

* ¿Cómo obstaculiza mi deseo de perfección el creer que alguien puede amarme sin condiciones, aun después de escuchar mi Quinto Paso?

* ¿Cómo puede mejorar mi capacidad de verme a mí mismo el contarle a otra persona la naturaleza exacta de mis faltas?

* ¿Cómo me he aislado? ¿Creo en que el compartir con otra persona puede aliviar mi aislamiento?

* ¿Qué es lo que no quiero contarle a otra persona? ¿Puedo comenzar allí?

* ¿Ser franco y admitir un error puede tener consecuencias positivas? ¿Cuáles?

* ¿Recuerdo cuando otra persona admite un error o falta ante mí y yo comprendo y no juzgo?

* ¿Al practicar el Quinto Paso, qué aprendí acerca de la naturaleza exacta de mis faltas?

* ¿Qué aprendí sobre el temor? ¿La sinceridad? ¿La confianza? ¿La aceptación?

- ¿Cómo me sentí después de compartir con Dios? ¿De admitir ante mí mismo? ¿De compartir con otra persona?

- ¿Qué me queda, si es que hay algo? Si ya he concluido el Quinto Paso, ¿Qué siento? ¿Hay algo diferente? ¿Mejor?

Sexto Paso

Estuvimos enteramente dispuestos a que Dios eliminase todos estos defectos de carácter.

EL CRECIMIENTO ESPIRITUAL en Al-Anon incluye llegar a una comprensión de nuestra relación y confianza con el Dios de nuestro entendimiento. En el Sexto Paso se nos pide que estemos enteramente dispuestos a que Dios elimine todos los defectos de carácter que identificamos en el Cuarto Paso y admitimos en el Quinto. El Sexto Paso es un Paso de preparación para la etapa siguiente de nuestra recuperación personal.

El principio fundamental del Sexto Paso es la voluntad. Si vemos que estamos dispuestos pero postergamos, debemos considerar cada defecto de carácter más de cerca para ver lo que nos frena. En la mayor parte de los casos percibimos varios factores que nos impiden estar enteramente dispuestos. Un miembro muy antiguo de Al-Anon señala que, al leer, estudiar y entender a fondo el Sexto Paso, algunos miembros comienzan a entender la base espiritual de este Paso. Como se indicó en el Primer, Segundo y Tercer Pasos, aprendimos que no podemos enfrentar la enfermedad del alcoholismo, reconocimos que el Dios de nuestro entendimiento puede y que le permitiremos. Sin una aceptación incondicional del Tercer Paso, la acción en el Sexto Paso es imposible.

Sabemos que tenemos defectos de carácter y nos hacemos una idea del dolor y las dificultades que nos han causado; ciertamente sería un alivio desprendernos de ellos. El Sexto Paso no se deshace de estos defectos, sólo nos pide que estemos dispuestos. ¿Estamos enteramente dispuestos? Para continuar, la respuesta debe ser sí. Estas dos palabras «enteramente dispuestos» no están condicionadas, son claras y concisas en su interpretación: debemos comprometernos con la acción de Dios de eliminar nuestros defectos de carácter.

Con la orientación de nuestro Padrino o grupo, nos damos cuenta cuándo estamos listos. Algunos pueden haber hecho una pausa después de los cinco primeros Pasos y otros bregan con osadía por encontrar la serenidad continuando nuestro trabajo de recuperación. Muchos hemos identificado defectos de carácter, los hemos compartido con Dios y con otro ser humano y, sin embargo, aún nos atraen. Nos resultan cómodos y familiares, casi como nuestras pantuflas viejas. En realidad no queremos descartarlos, pero la lógica prevalece. Nos aprestamos. Empezamos a buscar un nuevo par de pantuflas. Una vez compradas las nuevas, tomamos la decisión consciente de usarlas. Lo que hacemos con las viejas nos corresponde a nosotros. La eliminación de nuestros defectos de carácter le corresponde a Dios. La confianza y la experiencia nos garantizan que, al trabajar con nuestro Padrino o grupo, sabremos cuándo estar dispuestos.

Desde el ángulo espiritual dirigimos una petición de ayuda a nuestro Poder Superior, no a nuestros amigos, a los miembros de Al-Anon, a un clérigo o al Padrino. Es una relación directa entre nosotros y el Dios de nuestro entendimiento. La fe de este tipo es ajena a muchos de nosotros, es incondicional. Desde el ángulo intelectual algunos saben que su Dios es un Dios de amor, no un Dios de miedo. Al haber vivido con la enfermedad del alcoholismo, nuestra fe ha se ha puesto en tela de juicio en muchas ocasiones. No se nos pide que confiemos en el alcohólico o en otro ser humano. Si confiamos en Dios en el Quinto Paso, ¿hay algún motivo para no hacerlo ahora? Acciones futuras de nuestra parte requerirán valor y la aplicación de la Oración de la Serenidad.

Para algunos miembros, la práctica del Sexto Paso significa plegaria; para otros significa hablar con el Dios de su entendimiento caminando en una playa, alrededor de una laguna o en un lugar espiritual. Otros comparten que le escriben una carta a Dios señalando su voluntad y sus temores. El mensaje espiritual del Sexto Paso repercute en cada miembro de modo distinto. Lo que es importante es que estamos dispuestos y conocemos a nuestro Dios.

Nuestro Cuarto Paso reveló muchos aspectos positivos acerca de nosotros mismos así como defectos, y nuestro Padrino o la persona que nos ayudó con el Quinto Paso indicaron algunas características que no habíamos reconocido. El Sexto Paso subraya que estamos listos a liberarnos de todos, no unos pocos, defectos de carácter. No hay excepciones. Nuestro lema «Suelta las riendas y entrégaselas a Dios» se aplica a la finalización de nuestra labor relativa a este Paso. Deshacernos de todos nuestros defectos no significa abandono. Queda mucho por hacer del Séptimo al Duodécimo Pasos. Deshacernos tampoco quiere decir adoptar una actitud pasiva o no continuar aprendiendo y creciendo en el programa. Deshacernos significa abandonar la lucha de nuestra obstinación y confiársela a Dios.

Ahora que hemos reconocido nuestros defectos, el Sexto Paso nos pide que estemos dispuestos a que Dios los elimine. Aprendimos que no podemos hacerlo solos. Necesitamos amigos, nuestro grupo, compañeros telefónicos, Padrinos y, sobre todo, un Poder superior a nosotros. Llegamos a esta etapa mediante la preparación, la acción y una promesa de soluciones. Estamos ahora dispuestos con humildad a considerar el Séptimo Paso.

Los miembros comparten experiencia, fortaleza y esperanza

Me encuentro en el Sexto Paso. Ya he estado aquí antes y estoy segura de que lo estaré otra vez. Esta vez, ahora que he venido practicando los Pasos durante ocho años, el Sexto Paso se trata de perspectiva, pena, plegaria, paciencia, proceso y pago.

Mi perspectiva sobre el Sexto Paso

Perspectiva. Mi segunda Madrina describió los defectos de carácter como «técnicas de supervivencia que ya no me sirven». Esta definición me ayuda a dejar de ser tan estricta conmigo misma. Me ayuda a entender que durante la mayor parte de mi vida estos defectos de carácter me beneficiaron. Ya que mi Poder Superior desea más que mi mera supervivencia, puedo optar por deshacerme de ellos.

Pena. Cuando aferrarme al defecto o a la técnica de supervivencia se convierte en más penoso que el temor a soltar las riendas del mismo, estoy enteramente dispuesta a que Dios elimine ese defecto de carácter.

Plegaria. El Sexto Paso dice que Dios elimina todos los defectos de carácter, no yo. La parte que me corresponde es orar para lograr flexibilidad y voluntad. Dios selecciona los defectos que eliminará. Yo sólo realizo lo que me corresponde.

Paciencia. Como Dios está a cargo, Dios decide cuándo y con qué rapidez eliminará mis defectos de carácter. Hace un par de años, cuando Le pedí con humildad que eliminara mi arrogancia, Dios procedió en primer lugar a demostrarme cuán terriblemente arrogante era yo y cómo afectaba eso mis relaciones de manera negativa. Pude aceptar que quizás lo haya solicitado con humildad de modo algo prematuro.

Proceso. Estar enteramente dispuestos involucra un proceso, un proceso de dolor, durante el cual transito por la negación, la ira, el regateo y la depresión. Al completar el proceso de dolor, estoy lista para que Dios elimine un defecto o antigua pericia de supervivencia. Me resulta útil simular que el defecto es un amigo escribiéndole una carta de agradecimiento y de despedida.

Pago. Cuando lucho con un defecto, mi Madrina actual me pregunta: «¿Cuál es el pago?» En otras palabras, ya que me resulta difícil soltar las riendas, «¿Qué tiene de bueno todavía?» Últimamente he estado luchando con el perdón. Si no perdono, el pago es que saboreo ideas de venganza. Puedo experimentar pesar por la herida que me infligieron. Puedo justificar mis acciones y permanecer distante. No tengo que lograr una relación más estrecha con esa persona si no perdono.

Soltando las riendas de la fuerza de voluntad

El Primer Paso nos ayuda a entender que necesitamos cambiar. Los Pasos Segundo y Tercero nos brindan confianza y fe en un Poder Superior para que podamos iniciar la recuperación. En el Cuarto Paso nos examinamos a nosotros mismos para decidir nuestras ideas sobre lo que es correcto o no. En el Quinto Paso admitimos ante Dios, ante nosotros mismos y ante otro ser humano cómo nos desviamos de nuestros principios personales.

Ha llegado el momento de prepararnos para soltar las riendas de estos defectos de carácter, algunos de los cuales nos han acompañado durante muchos años. Cargamos mucho exceso de equipaje como resentimientos, temor, celos, autocompasión, falta de sinceridad y culpa. Nos damos cuenta de que este exceso de equipaje nos ha resultado una carga muy pesada y que ahora es el momento de deshacernos de él. Pero a veces aún nos aferramos al mismo.

Al principio, cuando traté de practicar este Paso, pensé que debía concebirme de nuevo. Pensé que tendría que trabajar de verdad para lograr una metamorfosis inmediata y completa. Pensé que podía desprenderme de la piel como una víbora y adquirir una nueva. De esa manera sería una persona nueva y diferente. Pensé que necesitaba realmente trabajar de forma ardua porque tenía que introducir muchos cambios para ser perfecta.

Entonces me señalaron que no soy Dios. Lo único que pide este Paso es que esté dispuesta a que Dios elimine todos mis defectos de carácter. La palabra todos en este Paso se convirtió en un obstáculo para mí. Comprendí que ya había confiado mi voluntad y mi vida al cuidado de Dios. Ciertamente podría confiarle mis defectos de carácter también. Descubrí que podía confiarlos una y otra vez porque las viejas costumbres resisten con tenacidad. A veces las recupero y me permito sufrir un poco más antes de volver a entregarlas.

Me imaginé a Dios eliminando todos mis defectos de repente y transformándome en una persona muy diferente. No ocurrió así en mi caso. En lugar de ello, el proceso ha sido lentísimo.

Aprendí que cuando se elimina algo, se le reemplaza con otra cosa. Si cavo un hoyo, el aire reemplaza a la tierra. Aprendí a reemplazar mis defectos por cualidades. Ahora tengo paz y serenidad en el lugar de mis antiguos defectos.

Hace muchos años compré mi primera aspiradora. La traje a casa y la puse en la sala donde ni siquiera se movió. La empujé de un lado a otro de la habitación; a pesar de que no era liviana, pude moverla pero no eliminaba la suciedad. Pero cuando la enchufé en la pared, comenzó a funcionar. Allí estaba la energía. Para que hiciera el trabajo, lo único que tenía que hacer era poner la mano en la manija. Después de ello, fue fácil.

El Sexto Paso ha sido igual. Para deshacerme de mis defectos de carácter, le permití a mi Poder Superior que me guiara. Yo no podía hacerlo con mi fuerza de voluntad solamente. No podía decir «Hazlo tú» sin estar dispuesta a seguir Su orientación. Mi voluntad ha significado reconocer mis defectos y practicar el programa con todos los instrumentos que tengo a mi disposición. De esta forma abro la puerta e invito a mi Poder Superior a entrar en mi vida.

Aplicación del Sexto Paso

Estuvimos enteramente dispuestos a que Dios eliminase todos estos defectos de carácter.

Las preguntas siguientes pueden generar ideas y debates sobre el Sexto Paso.

- ¿He concluido la práctica de los primeros cinco Pasos de la mejor manera de lo posible? ¿Estoy dispuesto a volver atrás y examinarlos si me siento abrumado por la práctica de este Paso?

- ¿Qué aprendí de mi Padrino u otro amigo en Al-Anon sobre cómo practicaron el Sexto Paso?

- Como resultado de la práctica del Quinto Paso, ¿me siento agradecido por la práctica de un Sexto Paso?

- ¿Entiendo con claridad el concepto que la palabra «dispuestos» expresa?

- ¿Cómo sé si estoy listo?

- ¿Si no estoy totalmente listo, cómo puedo confiar estos temores al Dios de mi entendimiento?

- ¿Qué temores me impiden estar enteramente dispuesto?

- ¿Puedo pedirle a Dios la voluntad para estar dispuesto?

- ¿De qué manera confío en el Dios de mi entendimiento al practicar este Paso?

- ¿Estoy dispuesto a deshacerme de todos mis defectos de carácter? ¿Por qué sí o no?
- ¿Cuáles preferiría mantener? ¿Qué ventajas veo manteniéndolos?
- ¿Qué defectos de carácter contienen también virtudes?
- ¿Qué quiere decir para mí «a que Dios eliminase todos mis defectos de carácter»?
- ¿Cómo puedo confiar en que mi Poder Superior estará a mi lado y estar seguro de ello?
- ¿Entiendo por qué este Paso habla sólo de mi propia relación con Dios? ¿Qué significa esto para mí?
- ¿Cómo agradezco el conocer ahora al Dios de mi entendimiento?
- ¿Puedo asumir el compromiso de compartir mi manera de practicar este Paso en una reunión de Al-Anon?
- ¿Cómo he alentado a la gente que apadrino a que practique este Paso?
- ¿Consideraré el presidir una reunión o actividad acerca del poder de este Paso?
- ¿Qué pruebas veo en mi vida sobre la voluntad del Poder Superior de ayudarme a mejorar mi comportamiento? ¿Cómo cumplo con la parte que me corresponde?
- ¿Le exijo a Dios resultados específicos en lugar de confiar en que Él sabrá cuáles son los defectos más importantes que debe eliminar?
- ¿Cómo puedo observar todas estas características desde un nuevo ángulo hoy?
- ¿Aparte de «Suelta las riendas y entrégaselas a Dios», qué otros lemas o instrumentos de Al-Anon pueden ayudarme con este Paso?

Séptimo Paso

Humildemente pedimos a Dios que nos librase de nuestras culpas.

Hay una progresión natural en los Pasos; nunca se nos pide que hagamos nada antes de estar totalmente preparados y listos. De la misma manera el Séptimo Paso es el seguimiento natural del Cuarto, Quinto y Sexto Pasos. Ahora que hemos completado el examen, discutido la «naturaleza exacta de nuestras faltas» y estamos «enteramente dispuestos a que Dios elimine nuestros defectos», es lógico que el Paso siguiente sea pedirle a Dios que lo haga. No se nos pidió que confiáramos nuestra voluntad y nuestra vida a Dios en el Tercer Paso hasta después de haber admitido que no teníamos la capacidad y nos habíamos convencido de que Dios podría ayudarnos en el Primer y Segundo Pasos.

Superficialmente el Séptimo Paso parece bastante simple. Hemos identificado y examinado nuestros defectos en Pasos anteriores y estamos listos para su eliminación. Ahora debemos pedirle a Dios con humildad que los elimine. ¿Qué quiere decir esto? Quizás hayamos experimentado humillaciones en el pasado, lo que es muy distinto de la humildad.

La humildad, el estado de ser humilde, se malinterpreta a menudo; no es un estado de debilidad sino de fuerza. No significa inferioridad, resignación ni sometimiento; esos tres conceptos implican que todavía nos resistimos a la necesidad de obtener ayuda. Al ser humildes, estamos dispuestos por entero a aceptar la asistencia de Dios, sabiendo que sin la misma no podremos lograr nuevos progresos. En la humildad hay amor propio, nos aceptamos como somos, cualidades y defectos por igual, y les brindamos la misma aceptación a los demás. Aprendemos a reconocer la humildad en otros a quienes nos sentimos atraídos y de quienes aprendemos.

La humildad también nos ayuda a percibir nuestra verdadera relación con nuestro Poder Superior. A lo largo de los Pasos se nos dirige al Dios de nuestro entendimiento para obtener orientación y apoyo en nuestros esfuerzos en pos del cambio. Cuando llegamos al Séptimo Paso, sabemos que no tenemos que rogar o exigirle cosas a Dios. Simplemente le pedimos. Aprendemos a confiar en los caminos y el ritmo de Dios al vivir la vida diaria. La humildad es también reconocimiento de todos los elementos de nosotros mismos que descubrimos en el Cuarto y Quinto Pasos y la aceptación completa de las acciones diarias del Tercer Paso.

¿De qué manera le pedimos a Dios con humildad que nos libre de nuestras culpas? Como aprendimos en el Tercer Paso, no hay métodos milagrosos para comunicarse con nuestro Poder Superior. Algunos leerán una y otra vez la lista de faltas, pidiéndole a su Poder Superior que las elimine. Algunos consideran que es útil orar y meditar sobre nuestra relación con Dios. Algunos se arrodillan y le piden a Dios que los libre de sus faltas. Sea cual fuere la forma de pedir, confiar todo puede representar una maravillosa liberación que nos permite continuar con confianza nuestra recuperación.

Es importante recordar que todos nuestros defectos probablemente no desaparezcan de inmediato. Nunca alcanzaremos la perfección ya que somos humanos. Aun después de orar para que se nos libre de nuestras faltas, veremos que persisten viejos comportamientos e ideas. La recuperación es un proceso y no hay soluciones fáciles para lo que nos aqueja. Por fortuna Al-Anon nos recuerda ser amables con nosotros mismos y recurrir a nuestro Poder Superior para requerir ayuda, una y otra vez. Esta es la verdadera humildad. Puede ser una lección difícil pero aprenderemos a ser compasivos con nosotros mismos y con los demás. Para cambiar necesitamos aceptarnos tal como somos, con los tenaces defectos y todo lo demás. Nuestro Poder Superior sabe mejor que nosotros cuál es el alcance y el momento de todo cambio que nos conviene.

Al mismo tiempo debemos pasar a la acción. Quedarnos sentados y comportándonos como antes mientras le pedimos a Dios que elimine nuestros defectos no es eficaz. No podemos seguir haciendo siempre lo mismo y esperar resultados diferentes. La recuperación es un viaje, no un destino.

Al recurrir al Dios de nuestro entendimiento para que elimine nuestras faltas, nos damos cuenta que hay infinitas oportunidades de que se responda a nuestra petición. Aparecen nuevas situaciones en la vida, dándonos nuevas oportunidades ya sea para repetir las viejas respuestas o para practicar algo nuevo. Al conocer nuestros propios defectos y examinar posibles acciones, encontramos nuevas opciones positivas en lugar de los viejos comportamientos negativos. Nos damos cuenta cuando aparecen viejos comportamientos y nos imaginamos un enorme cartel que dice «Pare». Podemos usar los lemas como apoyo: «Hazlo con calma» o «Piensa» pueden resultar apropiados. Aunque al principio puede parecer torpe detenerse en el medio de una observación sarcástica o una crítica, nuestro grupo valorará los cambios. Y si no lo hace, podemos darnos una palmadita en la espalda nosotros mismos en señal de agradecimiento y aprender a tomar las cosas con humor cuando nos pescamos repitiendo pautas antiguas.

A medida que vamos cambiando, podemos sentirnos consternados al descubrir nuevos defectos. Una vez más, como cuando quitamos las capas de la cebolla, vemos nuevas capas que demuestran nuestro crecimiento espiritual. La recuperación nos revela de continuo nuevos aspectos de nuestra personalidad hasta que llegamos a conocernos plenamente. Cuando utilizamos los instrumentos de los Pasos, nos tornamos resistentes, capaces de reírnos de nuestra humanidad y amarnos más por eso.

El Séptimo Paso es un Paso espiritual. Nos recuerda que nuestro Poder Superior comprende mejor que nosotros cómo pueden eliminarse nuestros defectos. Podemos también encontrar cualidades ocultas en nuestras faltas. Por ejemplo, juzgar es una característica negativa cuando se la usa para herir o criticar pero es positiva cuando nos permite reconocer la calidad y diferenciar la labor buena de la mediocre. Nuestro Poder Superior puede ayudarnos a eliminar la crítica manteniendo el buen discernimiento.

El temor puede ser un obstáculo de envergadura en cualquier etapa de la recuperación. Cada vez que nos sentimos atascados, es útil con frecuencia interrogarnos sobre nuestros temores. Luego le podemos pedir a Dios el valor para cambiar las cosas que podemos. Nos damos cuenta con alivio que Dios nos ayuda. Nuestra confianza en que Dios sabe cuándo y cómo ayudarnos a cambiar crece. Nuestra tarea es cooperar con Dios y luego seguir con el Octavo Paso.

La voluntad de actuar en aras de nuestra recuperación, junto con la voluntad de permitir que Dios elimine características que ya no nos sirven, nos suministra los músculos espirituales para continuar el crecimiento espiritual. Aprendemos a rendirnos. Al dejar de lado cada defecto, experimentamos cambios en nosotros mismos y sabemos que no estamos solos. Sabemos que podemos depender de un Poder superior a nosotros quien nos acompañará al enfrentar los desafíos de la vida.

Los miembros comparten experiencia, fortaleza y esperanza

PRACTICO el Séptimo Paso pidiéndole a Dios el valor para cambiar las cosas que puedo. He descubierto que Dios no elimina ninguno de mis defectos por su propia voluntad. Debo pedírselo. Lo que es más, tengo que estar dispuesta a cooperar cuando le hago un pedido, lo que significa que debo reconocer el defecto y estar lista a practicar comportamientos distintos. No pido simplemente la eliminación de todos mis defectos y desaparecen ¡milagrosamente!. Dios no los elimina hasta que yo estoy lista a soltar las riendas por completo.

TRABAJO DE EQUIPO

Antes de poder hacer algo distinto, lo hecho en el pasado debe fulgurar con el mensaje de que no funciona. Si no cambio, nada cambia. Lo que quiere decir que si soy infeliz, tengo que cambiar para dejar de serlo. Si lo único que hago es esperar que algo ocurra, seguiré siendo infeliz.

A veces debo saber cómo me ha beneficiado un defecto. De esta manera puedo decir cuánto me costará abandonarlo. Luego tendré que encontrar otro medio de obtener el mismo beneficio. Si no se me ocurren opciones, debo admitir que simplemente no quiero desembarazarme de él todavía. Por ejemplo, siempre me ha gustado ser graciosa y divertida. Mi sarcasmo ha provocado mucha risa, en general a expensas de otra persona. Con sarcasmo podía ser ingeniosa y popular de forma superficial, pero también perdía la confianza de mis amigos.

Hoy deseo vivir una vida centrada en Dios, no en mí misma. Pero abandonar el sarcasmo fue difícil. Al pedir ayuda me di cuenta de que no tenía que deshacerme de mi sentido del humor con el objeto de poner fin al sarcasmo. Sólo debía orientar el humor por canales más inocuos. Aun si alguien me hiere, intento enfrentar la situación con sinceridad en lugar de sarcasmo.

Al cooperar con Dios para reducir mis defectos de carácter, Él hace por mí lo que yo no puedo hacer sola. Me ayuda a crear afabilidad con humor. Si tengo que defenderme, me da valor para que no tenga que usar el sarcasmo para alejar a la gente. Él no me hace simplemente una persona mejor, yo también tengo que poner de mi parte. Aprendí que la serenidad se basa en la humildad. Cuando asumo el control, no soy humilde y, en poco tiempo, pierdo la serenidad. Cuando dejo de participar por completo, nada cambia. La humildad para mí significa equilibrar la responsabilidad de Dios con mi responsabilidad para poder formar un equipo.

Todos mis artificios fracasaron

Me resultaba difícil deshacerme del temor y el control porque no estaba segura de querer perderlos. Esos defectos a veces tan cómodos y a veces tan penosos me eran demasiado familiares. Si Dios los eliminaba, ¿con qué los iba a reemplazar? Quizás no me gustaran las opciones. Por otro lado, deseaba sin duda este programa y lo que pudiera suministrarme si lo practicaba.

Me enfermé seriamente de meningitis viral. Me sentía como si todo lo importante se encontrara en peligro: expresar una oración entera, trabajar, mantener mi empleo y mi hogar. Todo estaba en juego. Era enfermera, por lo que traté todo lo posible para curarme, excepto rendirme ante mi Poder Superior. Sin embargo todos mis artificios fracasaron. Con humilde desesperación me puse en manos de mi Poder Superior. Me sentía como en una cueva que comenzaba a asfixiarme. Me di cuenta entonces de que no podía respirar, hablar, caminar ni realizar la tarea más simple sin el deseo de mi Poder Superior. ¿Quién era yo, tan arrogante como para pensar que estuviera al control de algo? En ese momento fue fácil solicitarle a Dios que eliminase lo que Él considerara conveniente; aceptaría sus deseos cualesquiera que fueran.

Mi Poder Superior decidió convertirme de nuevo en un ser humano que funcionaba plenamente. Me brindó una vida que trasciende cualquier sueño que pudiera haber tenido. Hoy estoy casada y tengo una familia adorable, tanto dentro como fuera del programa. Agradezco a Dios el recordarme que debía soltar las riendas por completo y confiar en Él. Él sabe lo que más me conviene. Me transformó en un milagro que habla y camina.

¡Qué palabra extraña se usa en los Pasos de Al-Anon! Humildemente. Después de considerar que los Pasos fueron escritos para A.A. y adoptados por los fundadores de Al-Anon, sin duda podía ver la sabiduría de una actitud humilde en el caso de los alcohólicos pero no en el de Al-Anon. Después de todo estaba intentando deshacerme de mi actitud humilde. Uno de los defectos de carácter que encontré en el Cuarto Paso fue un comportamiento sumiso en mi matrimonio. En las reuniones escuchaba: «Si creen que gozan de humildad, en realidad no la tienen». Así que este asunto de la humildad, que al crecer consideraba cualidad de santos y de silenciosas damas de iglesia, ni siquiera estaba en la lista que debía considerar.

MIS IDEAS MÁS APRECIADAS YA NO ME INSPIRABAN PAZ

En las reuniones se escucha con frecuencia una palabra al azar que nos lleva a la serenidad; nadie me dijo nunca que esa palabra al azar la escucharía mientras iba de camino a una reunión. Pero una noche, después de recoger a varios miembros en mi auto, me metí en un bache profundo que hizo saltar a los que viajaban en el asiento trasero y golpearse la cabeza contra el techo. Cuando me disculpé, alguien me preguntó: «¿Por qué te disculpas por eso?» ¡Buena pregunta! Disculparse era mucho más que sólo repetir unas palabras; con mi exagerado sentido de la responsabilidad, se había transformado casi en una forma de vida. Era algo en lo que tenía que pensar.

No relacioné esto con el Séptimo Paso hasta varios años más tarde. Justo antes de tomar la penosa decisión de terminar mi matrimonio, fui a muchas reuniones adicionales, lo que ocurrió en julio, el séptimo mes. En esas reuniones adicionales se discutía siempre el Séptimo Paso. Quería escuchar comentarios sobre la ira, el valor, ideas para decisiones y acciones, pero se seguía repitiendo «pedir humildemente». Como el filtro a través del que escuchaba no era tan bueno como el de mis primeros días en Al-Anon, entendí que la humildad podría significar una actitud de sinceridad y sencillez junto con una estructura mental que pudiera educarse. Si bien adquirí flexibilidad al examinar la humildad como algo positivo, me di cuenta de que lograrla significaría profundizar el conocimiento de las actitudes sobre mí misma y las inversiones en mis defectos de carácter.

Si mis ideas originales sobre la humildad estaban equivocadas y la humildad real no tenía nada que ver con la actitud sumisa reflejada en los «Lo siento», entonces tenía que reemplazar años de alimentar la creencia de que una esposa y madre siempre debe considerar primero a los demás y conformarse. ¿Qué ideas podrían definirme? Mis apreciadas ideas sobre cómo debía responder a situaciones de la vida ya no me inspiraban paz. Por otro lado el solo pensar en el tipo de cambios internos que tendría que introducir para que mi comportamiento reflejara con sinceridad mis ideas era intimidante. Seguí intentando ajustar los viejos hábitos a estas ideas nuevas sobre la humildad.

Tenía que introducir cambios radicales continuos en mi pensamiento, para ser verdaderamente sincera. Lo que era más difícil, sabía que esto no podría ocurrir sólo en mi cabeza. Tendría que actuar sobre la base de esta nueva sinceridad que perturbaría a tanta gente. No estaba segura de poder hacerlo. Las actitudes y los valores que dejaba de lado me resultaban muy caros, sentía que eran realmente yo. Todavía pensaba que Dios ayuda a aquéllos que se ayudan a sí mismos.

Pero el Dios de mi entendimiento, mencionado en el Tercer Paso, me cuidó. Ahora Su cuidado era parte de nuestra relación. Pedirle humildemente que me librara de mis faltas era mi única salida. Me ayudó el confiar en que la sinceridad, la sencillez y la flexibilidad son pasos en el camino hacia la humildad. Aflojar el control sobre todo lo que quería me llegó en oleadas. El hacerlo rutinario es algo por lo que aún lucho.

¿ El practicar este Paso cambió mi decisión de separarme después de quince años de matrimonio? No, pero cambió la manera en que me acerqué a Dios para pedirle ayuda para vivir todo lo que acompañó a esa decisión. Cuando pido humildemente y no obtengo lo que quiero, puedo experimentar paz —la mayor parte del tiempo—.

Aplicación del Séptimo Paso

Humildemente pedimos a Dios que nos librase de nuestras culpas.

AL PRACTICAR el Séptimo Paso, algunos oran para obtener la voluntad de librarnos de nuestras faltas y luego confían en que Dios las eliminará. Preguntas para pensar y debatir:

* ¿Qué quiere decir humildad para mí? Haz una lista de gente que posee esta característica.

* ¿Cómo soy humilde? ¿Qué puede ayudarme a serlo aún más?

* ¿Qué viejos comportamientos se oponen a mi humildad?

* ¿Creo que mi Poder Superior puede librarme de mis defectos? ¿Cómo lo sé?

* ¿Estoy listo para pedirle a Dios que elimine mis defectos?

* ¿Cómo le pido humildemente a Dios que me libre de mis faltas?

* ¿Qué defecto me perturba más en este momento? ¿Qué beneficios me brinda? ¿Qué problemas causa?

- ¿Cómo me puedo tratar con compasión en mi recuperación y solicitar la voluntad de seguir tratando?
- ¿Tengo un Padrino? Si no, ¿cómo puedo pedirle a alguien que lo sea?
- ¿Qué defectos de carácter tendré que superar para poder solicitar ayuda a un Padrino?
- ¿Qué puedo hacer para cooperar con mi Poder Superior para eliminar mis faltas?
- ¿Qué cambios positivos puedo introducir en mí mismo?
- ¿Qué característica positiva deseo desarrollar o usar para reemplazar una que quiero eliminar?
- ¿Qué puedo hacer esta semana para practicar una característica positiva?
- ¿Se ha eliminado algún temor de mi vida? ¿Cuáles?
- ¿Qué comportamientos o características negativos disminuyen o se han eliminado?
- ¿Qué lema me recuerda encontrar una opción para reemplazar un comportamiento negativo del que me quiero librar?
- ¿Puedo percibir los desafíos como oportunidades para practicar nuevas características?
- ¿Puedo reírme con afecto de mis errores y no sentirme devastado cuando no soy perfecto? ¿Puedo amar y celebrar mi humanidad mientras sigo intentando lograr el equilibrio?
- Al confiar mis defectos a Dios, ¿aparecen nuevos defectos? Si es así, ¿puedo continuar pidiéndole ayuda a Dios?
- Al practicar el Séptimo Paso, ¿veo algún cambio en la relación con mi Poder Superior?

Octavo Paso

Hicimos una lista de todas las personas a quienes habíamos perjudicado, y estuvimos dispuestos a reparar el mal que les ocasionamos.

En el Octavo Paso se nos asigna una nueva tarea y se nos da una orientación específica para enfrentar la labor de recuperación necesaria. La tarea asignada es hacer una lista de personas a las que hemos perjudicado. La segunda parte del Octavo Paso nos anima a reparar el mal voluntariamente. Muchos miembros saltan al Noveno Paso sin considerar la fuerza que brinda este Paso. Lograr claridad en nuestro camino a través de la voluntad nos brinda un nuevo punto de partida para nuestro crecimiento y recuperación continuos.

Muchos miembros de Al-Anon, después de haber completado el Cuarto Paso, ya cuentan con una lista de personas a las que han perjudicado. Examinar el examen del Cuarto Paso nos suministra los cimientos que nos sirven de base. Tal vez hayamos escrito algo acerca de las personas de nuestra vida a las que hemos perjudicado. Recordemos que no fue fácil decidir a quién habíamos dañado o saber con precisión qué fue lo que causó dolor a otra persona. Al practicar el Cuarto y el Quinto Pasos, superamos numerosos obstáculos y adquirimos conciencia de nosotros mismos.

¿Cómo confeccionamos una lista? Un miembro nos indica que preparó los títulos siguientes en columnas: persona perjudicada, su relación conmigo, mi acción perjudicial, el motivo de mi reparación y voluntad. Aquí trasladó ella los nombres del examen del Cuarto Paso y comenzó a agregar otros.

Algunos empezamos nuestra lista con alguien que todavía nos incomoda. Con la ayuda de nuestro Padrino, de otro amigo del programa o en forma escrita, examinamos la lista con atención. Algunos nombres son obvios; sabemos que hemos hecho algo que nos hace sentir mal o culpables. Otros nos exigen una investigación cuidadosa para descubrir los motivos de nuestra incomodidad. Otros casos parecen ser personas que nos han perjudicado a nosotros pero que no sufrieron por acciones nuestras. Si aún sentimos resentimiento, nos ocuparíamos mejor de nuestra paz de espíritu perdonándolas. Hay gente que encuentra que sus listas son interminables, lo que es un indicio de que ser demasiado responsable es un problema que nos daña a nosotros mismos. Como miembros se nos alienta a menudo a poner nuestro nombre al tope de la lista. Saber que otros experimentaron antes este conocimiento de sí mismos genera un sentimiento de gratitud hacia la hermandad y los miembros que aún nos aman de modo especial aunque nosotros no nos amemos por el momento.

Después de examinar y revisar con minuciosidad nuestra lista, estamos listos a abordar la segunda parte del Octavo Paso: estar dispuestos. El Octavo Paso nos encamina a la acción y a seguir intentándola hasta estar dispuestos. Si continuamos concentrándonos en nosotros mismos y en la parte que nos corresponde, ya sea el 5% o el 95% del problema, será más fácil estar dispuestos. ¿Cómo adquirimos esta voluntad? Muchos la buscan en la plegaria o la meditación. Otros requieren la experiencia de otros miembros de Al-Anon o de su Padrino.

Al practicar cada Paso, los miembros van tomando conciencia de un Poder superior a ellos mismos, de la opción de «Suelta las riendas y entrégaselas a Dios» y de la oportunidad de comenzar una nueva alianza con ese Poder para deshacerse del pasado. ¿Podemos iniciar un futuro sin botar la basura de nuestro pasado? La mayoría contestaría enfáticamente «¡No!» Como deseamos una carga menos pesada, empezamos a fomentar la idea de que este Paso de acción tendrá una guía espiritual. Un miembro nos informa que aprendió hace mucho tiempo que es apropiado hacer planes, pero no planificar los resultados. Lo mismo ocurre con el Octavo Paso: sólo se nos pide estar dispuestos a reparar el mal.

Algunos establecen categorías en su lista en orden de voluntad. Al principio, aquéllos de quienes podemos decir: «Sí, quiero reparar el mal». Luego, aquéllos a quienes estaríamos dispuestos a reparar el mal. Tercero, aquéllos a quienes todavía tenemos ganas de decirles: «¡De ninguna manera!» Nuestra voluntad de reparar el mal comienza con la categoría «sí» y, al ir acumulando fuerza espiritual, continúa con la otra gente de nuestra lista. Cuando nos atascamos, oramos para adquirir la voluntad. A veces tenemos que orar para adquirir la voluntad de estar dispuestos.

Alguna gente de la lista nos ha perjudicado a nosotros también. ¿Debería ser incluida? Podemos haberlos puesto en la lista de «nunca» y experimentar dificultades en lograr la voluntad para reparar el mal. Es posible que, con la asistencia de nuestro Padrino, podamos «soltar las riendas y entregárselas a Dios» y seguir orando para obtener la voluntad de reparar el mal.

En la convivencia con la enfermedad del alcoholismo, la reacción de un padre que no bebe ante el que bebe puede haber causado daño a los hijos. Como padres no bebedores, podemos considerar que nuestro comportamiento estaba justificado pese a que nuestras acciones y palabras hayan sido perjudiciales. Quizás sea difícil ver estas acciones pero es necesario asumir la responsabilidad por las mismas ya que tienen el valor de la reflexión al continuar practicando nuestro programa, «Un día a la vez».

Algunos a quienes perjudicamos también nos han perjudicado a nosotros. Esperar reparación de otra persona obstaculiza nuestra recuperación y nos impide estar dispuestos. «Una de las fuentes de nuestras frustraciones que raras veces reconocemos, es *esperar* demasiado de los demás, o *esperar* demasiado específicamente lo que pensamos que ellos deben ser, decir, dar o hacer» (*Un día a la vez en Al-Anon*, página 217). Nuestra tarea es examinar nuestro papel. No podemos hacer el examen de otra persona ni aplicar su Octavo Paso. Manteniendo el enfoque en nosotros mismos nos preguntamos de nuevo: ¿estamos dispuestos?

Es importante utilizar todos los instrumentos a nuestra disposición. Compartimos la lista y hablamos sobre nuestra voluntad con nuestro Padrino; asistimos a reuniones de Al-Anon para recordarnos que estamos empezando a responder de manera sana a una enfermedad familiar insidiosa y poderosa. Por fin estamos haciendo lo que nos corresponde en este cuadro. Asistir a reuniones y charlar con miembros nuevos nos ayuda a ver hasta dónde hemos llegado. Las plegarias nos mantienen en contacto consciente con el Dios de nuestro entendimiento y nos ayudan a aceptarnos y a perdonarnos.

Hasta que no aceptamos tal como son a aquéllos que nos han perjudicado, estar dispuestos a reparar el mal es una tarea harto difícil. El Octavo Paso nos recuerda que sólo nosotros podemos destrabar la puerta de nuestro pasado y salir. Nuestra lista está completa; estamos dispuestos. Pedimos el valor y recordamos que no tenemos que desear o querer hacer algo para estar dispuesto a hacerlo. Sólo se nos pide la voluntad. Con voluntad y el deseo de una mayor recuperación en nuestra vida, recurrimos a nuestro Poder Superior para que nos ayude a avanzar hacia el Noveno Paso.

Los miembros comparten experiencia, fortaleza y esperanza

Me encontré en las garras del pánico debido al Octavo Paso

Cuando llegué a Al-Anon, me parecía que las cosas eran blanco o negro, todo o nada. Al principio, al aprender más sobre la enfermedad del alcoholismo, culpaba al alcohólico con facilidad por todo lo que me ocurría. En forma paulatina aprendí a asumir responsabilidad por la parte que me correspondía en las diversas situaciones.

Después de años de trabajo en un examen del Cuarto Paso, al final apliqué el Quinto Paso. Medité y oré sobre el Sexto y el Séptimo Pasos hasta que me encontré cara a cara con el Octavo. Recordé cómo había trabajado y postergado periódicamente la aplicación del Cuarto Paso porque temía el Quinto. Ahora me encontraba en las garras del pánico debido al Octavo Paso porque tenía miedo de enfrentar a la gente a la que había perjudicado.

Aunque escuché: «Un Paso a la vez; hay motivos para este orden», el temor me abrumó. No pude escribir la lista. Mi Madrina me sugirió que pensara en una escalera en la que cada escalón tenía la misma altura. Cada escalón exigía el mismo esfuerzo y voluntad para subir. Me recordó que podía permanecer en el octavo escalón el tiempo que quisiera. Dijo que confeccionar una lista de todas las personas a las que había perjudicado y estar dispuesta a reparar el mal no significaba que tenía que reparar el mal en ese momento.

Lo que me dijo mi Madrina me ayudó a hacer la lista. Incluí familiares, compañeros de trabajo, amigos, muchas de las personas importantes de mi vida. Fui a una reunión del Octavo Paso y escuché que una mujer compartía su idea de que debía colocarse al tope de la lista. Comprendí esta idea. ¿Cuántas veces me había castigado por cosas que no eran causadas por mí? Así que me puse al tope de la lista del Octavo Paso.

Una vez confeccionada la lista, comencé a practicar la segunda parte del Octavo Paso. Descubrí que no necesitaba decidir cómo reparar el mal. Lo único que tenía que hacer era estar dispuesta. Estaba más dispuesta a repararles el mal a algunas personas que a otras. Pero el Paso dice «estuvimos dispuestos» lo que me dio tiempo y permiso para desarrollar mi voluntad. La oración, la meditación y la escritura me ayudaron muchísimo. El Octavo Paso me dio la libertad de reconocer mis errores y progresar. Me disculpé a mí misma. El Octavo Paso me liberó de una pesada carga de culpa que había arrastrado durante tantos años.

Dispuesta a componer una relación

La expresión «mire antes de saltar» se aplica a mi Octavo Paso. La palabra del Octavo Paso en la que me enfoqué fue: dispuestos. Era importante que evitara la tentación de dar un salto hacia adelante y reparara el mal. El Octavo Paso no es el Noveno, así que debía reducir la velocidad. Al estar dispuesta tenía que examinar cómo repararía el mal. Debía pensar en lo que hacía en lugar de dar un salto hacia la acción. Otra palabra importante que tenía que considerar en el Octavo Paso era todas. Esta palabra me enseñó a evitar el aferrarme a algunas de mis viejas heridas, ira y resentimientos.

La primera parte del Paso dice: «Hicimos una lista de todas las personas a quienes habíamos perjudicado». Se me sugirió que dividiera la hoja de papel en tres columnas con los títulos siguientes:

1. A quién perjudiqué;
2. Cómo perjudiqué;
3. Reparación «apropiada» del mal.

Me sorprendí al escuchar que debía poner mi nombre al tope de la lista. No me daba cuenta de que me había perjudicado a mí misma más que a ninguna otra persona. Me llevó poco tiempo descubrir cómo me había perjudicado.

No sabía que tenía que incluir al alcohólico en mi lista porque pensaba que él me había perjudicado a mí. Lo que encontré fue que el alcohólico no me había perjudicado sino que me había perjudicado yo misma. Ejemplo de ello fue el momento en que él fue a buscar el auto para ir a comprar algo para beber. Me aferré a la manija de la puerta para impedirle ir. Se alejó en el auto y yo me lastimé la mano. Lloré y dije que él me había herido la mano. El Octavo Paso me enseñó que él no me lastimó la mano. Yo causé la herida al poner la mano donde no correspondía. El alcohólico no tenía conciencia de la herida de mi mano. Sin embargo mis acusaciones airadas lo hirieron a él. Este incidente fue un ejemplo más de mi «juego de culpas».

Al final entendí que también debía incluir a Dios en la lista porque le había retirado mi confianza y mi fe y me había alejado de Él. Ahora sé que Dios tiene un lugar al tope de la lista porque siempre estuvo a mi lado. Me ayudó aun cuando yo creía que yo era la única que se ocupaba de mí.

Cuando inicié mi lista del Octavo Paso, pensaba que había dañado a muchísima gente. Tal como quedó, mi examen del Cuarto Paso me ayudó en realidad como guía en esto. Al observar la columna «Cómo perjudiqué», me di cuenta que había incluido en la lista gente a la que no había perjudicado. Por ejemplo, si tenía malos pensamientos acerca de alguien, esos pensamientos eran dañinos para mí porque influían en mi actitud. Por otro lado había gente que no estaba en la lista porque les había hecho algo por algo que ellos me habían hecho a mí. Descubrí que esta justificación no funcionaba porque era mi lista. Yo no era responsable de su comportamiento ni tampoco el culparlos justificaba mis faltas. También aprendí que abrigaba culpa por cosas que había hecho para herir a otra persona aunque esa persona no se sintiera herida. Lo que tenía que hacer era cambiar de actitud. Hasta incluí gente que me culpaba por haber herido sus sentimientos antes de aprender que no soy responsable por la manera de sentir de otra persona.

Parte del daño que causé provenía de cosas que hice y parte de cosas que dejé de hacer. Como me había concentrado tanto en el alcohólico, con frecuencia me descuidaba a mí misma y a otros, por lo que debía incluir estos actos de concreción y de omisión en mi lista.

La tercera columna, «"reparación" apropiada», no se terminaría hasta no haber estudiado minuciosamente el Noveno Paso. No obstante, era posible empezar a pensar en cómo podría reparar el mal causado a la gente de la lista. Era el tipo de persona proclive a llevar las cosas demasiado lejos. Por ejemplo, pensaba que reparar el mal significaba que tenía que ser castigada. Si no demostraba cautela, podría aumentar la lista de daños infligidos a mí misma.

Una de las cosas más importantes que aprendí en el Octavo Paso es que sólo debía estar dispuesta a reparar el mal. También aprendí que el Octavo Paso es para mí. Si otros recogen beneficios de mi Octavo Paso, eso representa una ganancia adicional. Si hago la lista y estoy dispuesta a reparar el mal de forma apropiada, hay algo seguro: yo cosecharé los beneficios.

Aplicación del Octavo Paso

Hicimos una lista de todas las personas a quienes habíamos perjudicado, y estuvimos dispuestos a reparar el mal que les ocasionamos.

LOS MIEMBROS DE AL-ANON ofrecen diversos enfoques de este Paso. Las preguntas siguientes pueden suministrar nuevas orientaciones.

- ¿Me he resistido a hacer una lista? Si es así, ¿por qué?
- ¿Utilicé mi Cuarto Paso como instrumento para preparar la lista? ¿Cómo?
- ¿Consulté con mi Padrino u otras personas en Al-Anon sobre cómo hicieron ellos la lista? ¿Qué sugerencias me hicieron? ¿Cómo puedo aprender de ellos?
- ¿Estoy dispuesto a reparar el mal? Si la respuesta es no, ¿por qué no? Si la respuesta es sí, ¿estoy dispuesto a escribir sobre la experiencia?
- ¿Cómo he usado la racionalización o la justificación para impedirme estar dispuesto?
- ¿Es acaso la voluntad distinta de la reparación real del mal? Describa las diferencias.
- ¿He considerado la oración para obtener la voluntad de estar dispuesto? ¿Cuán paciente soy para permitir que mi voluntad crezca con el objeto de reparar los males peores?
- ¿Cuán dispuesto estoy a ser completamente sincero?
- ¿Con qué personas en la lista estoy dispuesto a ponerme en contacto primero? ¿Por qué?
- ¿Me he incluido en la lista? ¿Por qué sí o por qué no?
- ¿Qué papel tiene el Dios de mi entendimiento en este Paso?

- ¿Puedo compartir con mi grupo mis ideas, sentimientos y retos ante los Pasos?

- ¿Cómo puedo alentar a aquéllos a quienes apadrino a que apliquen este Paso basándome en mis propias experiencias personales?

- Al practicar el Octavo Paso, ¿cómo considero que me puede ayudar en mi relación con los alcohólicos de mi vida? ¿Con mis compañeros de trabajo o amigos? ¿Con todos mis familiares?

- Al renovar la lista, ¿hay alguna pauta que refleje nuevos defectos en mi carácter? ¿Percibo cómo esos defectos perjudicaron a la gente de mi lista? ¿Es una pauta identificada al practicar el Quinto y Sexto Pasos?

- ¿Reconozco que el interferir en los asuntos de otra persona puede haber perjudicado a esa persona o a otras? ¿Estoy dispuesto a reconocer mi necesidad de reparar el mal?

Noveno Paso

Reparamos directamente el mal causado a estas personas cuando nos fue posible, excepto en los casos en que el hacerlo les hubiese infligido más daño, o perjudicado a un tercero.

El Noveno Paso es un Paso de acción en el que damos prueba de la humildad suficiente como para verbalizar nuestro arrepentimiento, si corresponde, ante las personas a quienes hemos perjudicado. Identificar, en el Octavo Paso, a las personas que hemos perjudicado requirió valor. Debido a nuestra minuciosidad, construimos el carácter pidiéndole a nuestro Poder Superior el valor para cambiar las cosas que podemos. No podemos borrar el pasado y no podemos esperar que aquéllos con quienes nos ponemos en contacto respondan de forma positiva, pero podemos admitir la parte que nos corresponde y hacer todo lo posible para mitigar las consecuencias de nuestros errores pasados.

Cuando se ha incluido en la lista a todas las personas a quienes hemos perjudicado, la tarea de reparar el mal puede parecer abrumadora. Para hacerla más asequible, nos acercamos a una persona a la vez y a un acontecimiento a la vez. Al comienzo es mejor tener presente la lista del Octavo Paso e iniciar la tarea con la lista «sí». El abordar las reparaciones más fáciles nos ayuda a reunir el valor para considerar las más difíciles posteriormente.

Otra manera de dividir la labor es formar categorías en nuestra lista tomando nota de aquéllos a los que vemos con regularidad, aquéllos a quienes podremos ver sólo cuando surja la oportunidad y aquéllos a quienes es imposible reparar el mal directamente debido a muerte o pérdida de contacto. Los miembros que usan el criterio de las columnas al hacer la lista del Octavo Paso pueden ver que es útil agregar una columna final para las acciones que decidan. Mantenerlo simple es importante. Es también importante contar con un plan de acción. A lo largo de los años los miembros han compartido cómo, sorprendentemente, una vez iniciado con sinceridad el proceso de reparar el mal, alguna gente «perdida» reapareció por milagro en sus vidas, y los miembros pudieron utilizar la oportunidad para reparar el mal.

Al reparar el mal debemos comprender que no estamos necesariamente disculpándonos. Hay diferencias entre una reparación y una disculpa. Al disculparnos, decimos en general «Lo siento», esperando una reacción de aceptación o perdón. Al reparar un mal, podemos expresar nuestros errores, nuestro papel en el incidente y decir que corregiremos nuestro comportamiento futuro. Podemos pedir perdón o no, y podemos obtener una reacción positiva o no. En muchos casos nuestro comportamiento modificado es una reparación más fuerte que cualquier palabra. Si tenemos expectativas de una reacción ante nuestra reparación, nos alistamos para una decepción.

Algunas reparaciones exigen atención inmediata y en muchos casos lo hacemos modificando nuestro comportamiento. Las reparaciones financieras corresponden a esta categoría. Si bien quizás no podamos pagar nuestras deudas de inmediato, podemos pensar en un plan para su cancelación. Un cambio de comportamiento también nos impide cometer nuevos errores. Reparar el mal modificando nuestro comportamiento puede ser considerado como la salida fácil por algunos. En la mayoría de los casos el cambio de comportamiento es la única manera en que podemos afirmar nuestro deseo de mejorar nuestras relaciones con otras personas. Si decimos que sentimos llegar tarde al trabajo y seguimos llegando tarde, no hemos modificado nuestro comportamiento. Debemos llegar a tiempo. La reparación exige un cambio de actitudes y de comportamiento. Cuando la otra persona se resiste a nuestra reparación, tenemos que continuar haciendo lo que nos corresponde y desprendernos con amor.

El Noveno Paso pide una reparación directa excepto en los casos en que el hacerlo inflija más daño. Tenemos que asegurarnos que no estamos tratando de lograr serenidad personal e expensas de otra persona. Examinar la reparación pensada con un Padrino u otro amigo de Al-Anon nos ayuda a considerar las motivaciones y las consecuencias de la acción contemplada. Un ejemplo podría ser la infidelidad matrimonial. Si bien todos los involucrados pueden conocer bien la situación, debemos considerar si nuestra reparación abrirá viejas heridas. Podemos empezar reemplazando la negligencia hacia nuestro compañero/a por una atención afectuosa más directa en lugar de imponer detalles que generan más dolor. Teniendo en cuenta las partes involucradas, la reparación indirecta mediante una modificación del comportamiento puede ser más útil.

La clave es no reparar el mal con el objeto de evitar nuestra incomodidad, lo que sólo aumentará nuestra culpa e impedirá el alivio. En algunos casos, debemos dejar de hacer algo como chismorrear, quejarnos o controlar. En todos los casos, cuando no estamos seguros del tipo de reparación que se necesita, recordamos que la reparación directa es nuestra responsabilidad excepto en los casos en que otra persona pueda ser dañada. Oramos para ser guiados al enfrentar cada tarea. Nos ayuda llamar a nuestro Padrino para pasar revista a nuestras intenciones y para hablar sobre lo que queremos hacer. Un Padrino puede ayudarnos a examinar nuestros motivos y planificar la acción.

¿Cómo han abordado otros esta tarea? Con plegarias, sentido común, apoyo de otros miembros y la idea de que no tenemos que hacerlo a la perfección para hacerlo con sinceridad. Es mejor entrevistarse con la persona en un lugar tranquilo y neutral. Con familiares, puede querer decir salir a dar un paseo en auto o a caminar, lejos de las actividades diarias del hogar. Cuando el contacto directo no es factible, podemos usar el teléfono o escribir una carta.

¿Cómo podemos acercarnos a alguien que no nos gusta? Comenzamos con la oración, pidiendo quizás verlos tal como Dios los ve. Puede ayudarnos el separar con lentitud los hechos de los sentimientos, lo imaginario de lo real. Es menester tener presente que tenemos que reparar el mal activo o pasivo que causó el daño, no nuestros sentimientos. Si tenemos que liberarnos de sentimientos secretos, lo discutimos con nuestro Padrino o con otro amigo que no se vea dañado. Nuestra relación futura con una persona desagradable exige aceptación, cortesía y respeto. Es asombroso percibir cómo se ablandan nuestros propios sentimientos al deshacernos de nuestros resentimientos.

A menudo es difícil reparar el mal ante los más cercanos. El compromiso de modificar el comportamiento a lo largo del tiempo y la paciencia con nosotros mismos y con otros puede en general rendir resultados positivos a largo plazo. Si deseamos una confianza renovada, debemos ganárnosla. Algunas de nuestras acciones no se pueden borrar. Si descuidamos seres queridos debido a nuestra amargura y frustración, no podemos cambiar el comportamiento pasado pero podemos prestarles atención hoy a través de un afecto mayor.

La reparación indirecta a quienes murieron o a quienes ya no vemos puede realizarse mediante buenas acciones hacia sus familiares, aportando a una institución de caridad contribuciones con tiempo o dinero, o tratando a otras personas como habríamos deseado tratar al desaparecido. A algunos les resulta útil escribir una carta a esa persona y leérsela a Dios o a esa misma persona en un lugar especial que nos la recuerde. Una miembro nos dice que una manera de reparar el mal causado por su comportamiento cuando criaba a sus hijos fue ponerse a la disposición como Madrina de Grupo de Alateen. Afirmó que estaba dispuesta a escuchar y compartir con adolescentes con gran comprensión como resultado del conocimiento de sí misma alcanzado en la recuperación.

Luego están las relaciones que plantean los retos más severos: aquéllas con los seres queridos que nos han perjudicado o las personas que piensan que todo lo que hacemos las perjudica. La sinceridad, el equilibrio y el realismo son instrumentos esenciales que podemos usar al enfrentar este tipo de reparación. Si nos inclinamos hacia la justificación de uno mismo, puede resultar interesante recordar la Regla de Oro, que nos pide tratar a otros como desearíamos ser tratados nosotros. Cuando no seguimos esta regla, se necesita reparación. La reparación debe estar también a la altura de la situación. Si nos adelantamos a alguien ilegalmente en el tráfico, es mejor comenzar a conducir con más cautela y cortesía que perseguir al otro conductor para disculparnos.

En el Noveno Paso aprendemos que, al utilizar el sentido común, el momento apropiado, a nuestro Padrino, valor y fe espiritual, podremos completar la tarea asignada. Usando todos los instrumentos aprendidos en Pasos anteriores, sabemos que al liquidar obligaciones ya tenemos la libertad para continuar nuestro viaje hacia el Décimo Paso.

Los miembros comparten experiencia, fortaleza y esperanza

Una relación perfecta

Varias personas de A.A. hicieron una llamada del Duodécimo Paso al hombre que pronto sería mi ex esposo. Una amiga me dijo que también había un programa que podía ayudarme. Como siempre trataba de agradar a la gente, no le pude decir que no necesitaba ayuda. Mi actitud era: «Él es el que tiene el problema». Sin embargo, le pagué cincuenta dólares a una amiga para que se desplazara cuarenta kilómetros hasta mi casa y me acompañara a una reunión de Al-Anon a sólo cuatro cuadras de donde yo vivía. No quería ir sola a algo de lo que no sabía nada.

El Noveno Paso fue el tema de la primera reunión a la que asistí. No me impresionaron en absoluto ni Al-Anon ni el Noveno Paso. En realidad me desagradó la reunión. Le comenté a mi amiga: «Si esas mujeres creen que me van a hacer sentir culpable por lo que él me hizo hacer, están locas». No pedí ninguna literatura ni números de teléfono, ni tampoco le di mi número a nadie. No quería nada de lo que había visto.

Me siento tan llena de agradecimiento por haber vuelto a las reuniones. No iba por lo que podía obtener sino para sacarme de encima a mi amiga. Pensaba que era noble asistiendo a las reuniones todas las semanas. Por supuesto extraía muy poco de las reuniones porque daba muy poco.

El matrimonio no sobrevivió, pero yo sí.

Durante mucho tiempo supe que tenía que practicar el Noveno Paso con mi padre. Yo me había mudado a cinco mil kilómetros de distancia para escaparme de él. Me llevó mucho tiempo reparar el mal. Durante los diez años siguientes, la mayor parte de la reparación realizada a mis padres fue ser la clase de hija que se merecían. A lo largo del camino reparé males superficiales cuando los visitaba anualmente.

Mi Dios, con su sentido del humor, se las ingenió para que mi nuevo esposo fuera trasladado por motivos de trabajo a sólo ciento cincuenta kilómetros de mis padres. Durante un año tuve la oportunidad de conocer a mis padres y de que ellos me conocieran a mí. Hasta se dieron cuenta de lo que había llegado a ser como resultado de este programa maravilloso. Sin embargo quedaba aún un gran mal que reparar ante mi padre. Lo intenté en varias ocasiones, pero cada vez ocurría algo que me impedía completarlo.

Un día de camino a casa, después de otro intento infructuoso, le dije a Dios que estaba dispuesta a hacerlo cuando Él quisiera, no yo. Luego me olvidé con rapidez de ello. Poco tiempo después visité a mis padres antes de partir con mi esposo de vacaciones por dos semanas. De repente mi papá y yo estábamos sentados solos en el patio —y se produjo la reparación—. Los dos lloramos. Me pidió perdón aunque eso no estaba en mi libreto. Por supuesto le garanticé que estaba perdonado y que las cuentas estaban liquidadas. Mi madre salió al patio y continuó nuestra visita. De regreso a casa lloré todo el camino, agradeciéndole a mi Dios el momento especial que había vivido con ellos.

Mi esposo y yo nos fuimos de vacaciones que fueron interrumpidas por una llamada telefónica de mi madre. Papá había sufrido una ruptura de la aorta y no se creía que sobreviviera. Llegamos al hospital una hora antes de su muerte. No intercambié ni una palabra más con mi padre después de reparar el mal. Mi Dios me había dado la oportunidad de gozar de una relación perfecta con mi padre, perdón total de ambos.

Durante la mayor parte de mi presencia en Al-Anon, hasta el momento de la reparación final ante mi padre, me había asustado el Noveno Paso. Mi Poder Superior me demostró de forma clarísima que el Noveno Paso no me inspiraría más temor sino sólo libertad. La reparación actual ante otros familiares incluye ser la mejor esposa, madre, hermana e hija posible. Mis familiares saben que pueden depender de mí ahora. Pueden confiar en mí y amarme sin temor de que los usaré o abusaré de ellos. Los Doce Pasos me han llevado muy lejos. Recuerdo ser la que dijo: «Si esas mujeres creen que me van a hacer sentir culpable por lo que él me hizo hacer, están locas». ¿Quién podría pensar que alguien así podría experimentar el perdón completo?

Gracias por darme tanto.

MADUREZ   MUCHAS de las palabras que escuché en mi primera reunión de Al‑Anon no tenían mucho sentido para mí. Me creía muy justa y buena y sentía ira. Ya había decidido que el mundo me había dado barajas malas. Escuché «liberación», pero ni podía pensar en liberarme de la situación. Podía perder la razón. ¿Serenidad? No tenía la menor idea de lo que significaba serenidad.

No escuché mucho que me hiciera querer volver a Al‑Anon de inmediato. Tenía 19 años, esperaba mi segundo hijo, me preocupaba por las cuentas no pagadas hasta enfermarme. Necesitaba que alguien me amara de la manera en que pensaba debía ser amada. No veía motivos para iniciar un «programa».

Entiendo ahora que era natural que me casara con un bebedor. Había tantas relaciones no resueltas con bebedores en mi vida. Sentía que necesitaba uno propio para controlar. Me casé, tuve un hijo y continuó el carrusel. Mi esposo y yo éramos clásicos hijos adultos de alcohólicos. Era una madre contradictoria con una vida infeliz. Peleábamos por todo; si yo no obtenía lo que quería, me ponía violenta con mi esposo.

Volví a Al‑Anon para salvar mi matrimonio. Empecé a percibir que acarreaba tanta carga familiar que nuestro matrimonio tenía una minúscula probabilidad de sobrevivir. La carga era la manera en que me relacionaba con mis padres y hermanos. Debía afrontar toda esta carga pero sentía tanta culpa acerca de la misma que simplemente evitaba enfrentarla.

Después de meses de llorar en silencio y escuchar en reuniones de Al‑Anon, comencé a compartir. Comencé a buscar normas e ideales. Acepté los Doce Pasos y las Tradiciones. Renové mi fe en Dios. Comencé a reparar el mal a mi familia cuyo único error había sido no ser lo que yo quería que fuera. Oré por ver la realidad de la situación en lugar de mi fantasía. Escribí con cuidado un examen e incluí mis malas acciones. Estaba aún llena de culpa por lo que no encontré muchas virtudes.

Sin embargo, una vez que comenzó a hacerse la luz en mi cabeza, seguí armando líos con los interruptores. Fui la primera de la familia que podía con facilidad haber ido a la universidad, pero abandoné la escuela secundaria. Como resultado de ello, me convertí en una de las decepciones mayores de mis padres. Por eso me conseguí una niñera para mis hijos, empecé a estudiar de noche y logré un título. Lo hice tanto por mí como por mis padres.

Al-Anon se transformó en una alegría para mí. Me gustaba ser secretaria, Representante de Grupo, preparar el café, hacer galletitas, lo que fuera. Sentía que pertenecía allí. Aplicaba los Pasos, escribía, asistía a miembros nuevos, contestaba el teléfono e iba a muchas reuniones. Empecé a participar en otras cosas también, incluidas las asociaciones de padres y maestros, la escuela de mis hijos, nuestro vecindario la iglesia. Nunca decía no. También era el transporte principal de mis padres porque ellos no conducían. En ese momento mi papá contrajo cáncer.

Reparé el mal a mis familiares de acuerdo con la parte del Noveno Paso que dice: «excepto en los casos en que el hacerlo les hubiese infligido más daño, o perjudicado a un tercero». Sabía que no le quedaba mucho tiempo a mi padre. Nunca había pronunciado las palabras «te quiero, Papá». No recordaba haber escuchado estas palabras en mi casa durante mi infancia pero se las decía mucho a mis propios hijos. Era fácil con ellos pero me paralizaba cuando pensaba en decírselas a mi papá.

Lo llevaba al hospital, a la quimioterapia y a las citas médicas. Ayudaba en la medida de mis posibilidades. Abandoné otras muchas responsabilidades para poder estar con mi mamá y mi papá. Parecía que él se liberaba de sus dolores cuando podía estar con sus nietos. A mis hijos no les molestaba jugar en casa de la abuela, así que los llevaba allí todas las veces que podía. Simplemente no se intercambiaban esas palabras entre nosotros. Murió poco después de mi vigésimo quinto cumpleaños.

Quizás no haya amado a mi padre. Ese puede ser el motivo de no haber pronunciado esas palabras. No sé dónde está escrito que uno tiene que amar a sus padres. Al-Anon me ayudó a ver la realidad de la situación. Puedo permitirme el deshacerme de la culpa. Le respondo a Dios y aprendí que la culpa tiene un propósito el cual trato de no utilizar mal.

Mi mamá y yo desarrollamos una relación adulta de amor. Ella parecía aliviada cuando murió mi papá y entiendo el motivo. Nosotras podíamos expresar las palabras «te quiero». Ella murió muchos años más tarde. Compartí mi programa con ella quien consideraba que ya no podía cambiar su manera de ser y no veía la razón de hacerlo. Veo en mí muchas características de mi madre y me alegra aceptarlo en lugar de resentirlo. Solía ocurrir que no me gustaba que me vieran con ella, mucho menos ser como ella. El programa de Al-Anon me ha dado una gran madurez pero aún hay mucho camino por recorrer. Todavía tengo seis hermanos, una hermana y mi esposo alcohólico.

La mayoría de las palabras que me asustaban cuando vine a Al-Anon por primera vez son hoy parte de mis conversaciones habituales. Sé con precisión qué es serenidad, y me encanta. Con gusto le entrego los problemas de mi vida a Dios. Sé qué es lo que me corresponde hacer, y lo hago. Agradezco a Dios que nuestro programa exista y que tengamos tantas reuniones. Ruego por que la ayuda que recibí esté siempre disponible para otros que la necesiten.

Libertad para crecer

Aprendí que la reparación directa puede adoptar diversas formas. En algunos casos, cuando la otra persona sabía que yo la había perjudicado, debí enfrentarme cara a cara para corregir la relación. Sin embargo, mis reparaciones también podían ser actos de afabilidad o afecto. Un cambio en mis actitudes a menudo era la mejor reparación. Dejar la puerta abierta para permitir que una relación se reconstituyera con lentitud fue otro criterio útil.

También aprendí que mi reparación debía implicar el compromiso de un comportamiento futuro mejor. No era asunto mío que alguien aceptara o rechazara mi reparación. Debía reparar el mal de la forma más sincera posible, pero había casos en que la otra persona necesitaba más tiempo. Para aceptar mi ofrecimiento, algunos tenían que ver que yo había cambiado de verdad mi actitud y comportamiento. Por supuesto había gente que no podía ni quería aceptar mi reparación, pero yo no era responsable de su decisión. A veces encontraba gente a quien pensaba había perjudicado que no tenía idea de lo que yo había hecho. Si bien yo me angustiaba por el terrible daño infligido, ellos no se habían inmutado. Una vez más no era tan poderoso como creía.

En el Octavo Paso, al hacer la lista de las personas a las que había perjudicado y del daño infligido a las mismas, me di cuenta de lo que había hecho o no había hecho. Pese a que necesitaba estar dispuesto a reparar el mal a todos, el Noveno Paso me decía que reparara el mal en la medida de lo posible. No me correspondía mover montañas para reparar un mal. En lugar de ello me correspondía abrir la mente y estar dispuesto a aprovechar las oportunidades que me presentaba Dios.

Era importante para mí recordar que aplicaba todos los Pasos por mí, incluido el Noveno. Si otras personas se beneficiaban de mi reparación, era magnífico. El propósito real de este Paso era depurarme. Era ayudarme a desembarazarme de la culpa para poder crecer. Si la gente podía aceptar mi reparación, por supuesto me sentía bien, pero todavía tenía que comprender que la aceptación se producía cuando Dios quería, no yo.

A lo largo del camino tuve que reparar el mal por daños causados a mí mismo. Cambiar actitudes y ocuparme más de mí mismo me ayudaron mucho. Disculpar mi debilidad y aceptar mi fortaleza ciertamente me dieron la libertad de crecer.

Aplicación del Noveno Paso

Reparamos directamente el mal causado a estas personas cuando nos fue posible, excepto en los casos en que el hacerlo les hubiese infligido más daño, o perjudicado a un tercero.

AQUÍ INCLUIMOS algunas preguntas para formularnos a nosotros mismos o discutir en el grupo y que pueden ayudarnos a continuar reparando el mal.

* ¿A qué gente de la lista debo reparar directamente el mal en primer lugar? ¿Qué me detiene?

* ¿Cómo puedo planear lo que voy a decir al reparar el mal directamente de manera clara y concisa y evitando culpar a otros?

* ¿Qué dudas tengo en cuanto a que mi reparación pueda herir a alguien? ¿Puedo discutir estas dudas con mi Padrino? ¿Puedo orar para recibir orientación? ¿Puedo escribir acerca de ellas?

* ¿Cuáles son mis motivos para reparar el mal? ¿Estoy dispuesto a aceptar los resultados, cualesquiera que sean?

* ¿Cuál es la diferencia entre una disculpa y una reparación? ¿Qué reparación puede realizarse mejor por medio de cambios en mi comportamiento?

* ¿Cómo puedo estar seguro de que no estoy simplemente evitando situaciones embarazosas?

* ¿Qué reparación estoy postergando? ¿Por qué?

* ¿Hay alguna reparación que pueda tener como resultado consecuencias serias para mis familiares, como la pérdida de un empleo o una condena a prisión? ¿Cómo puedo utilizar a mi Padrino o a un amigo fiel para ayudarme a decidirlo?

- ¿Quién en mi lista no estará nunca disponible para una reparación directa? ¿Puedo reparar el mal de alguna otra forma? ¿Puedo hacer algo por otra persona?

- ¿Qué daño causé a mis hijos o familiares inmediatos? ¿Puedo reparar en parte el mal respetándolos ahora como adultos?

- ¿Estoy dispuesto a orar para tener la voluntad de reparar el mal en el futuro?

- ¿Cómo puedo disculparme por todas las dificultades que me he causado a mí mismo? ¿Qué puedo hacer esta semana para comenzar a reparar el mal causado a mí mismo?

- ¿Podría escribir una carta de reparación a mí mismo?

- Cuando haya terminado este Paso de acción, ¿qué puedo hacer para celebrar? ¿Recordé valorar y recompensar mis buenas acciones? ¿Las buenas acciones de otros?

Décimo Paso

Proseguimos con nuestro examen de conciencia, admitiendo espontáneamente nuestras faltas, al momento de reconocerlas.

EL DÉCIMO PASO es el comienzo de lo que algunos miembros llaman los Pasos de mantenimiento. Otros los llaman los Pasos del crecimiento continuo. El Décimo Paso nos ayuda a seguir aplicando los principios y los instrumentos de los Pasos anteriores en nuestra vida diaria. Para mantener la serenidad y continuar creciendo, seguimos haciendo el examen de nosotros mismos y reparándoles el mal a otras personas.

Si hemos sido minuciosos y honestos en nuestra labor desde el Primer hasta el Noveno Pasos, ha comenzado un proceso de depuración del daño pasado. Hemos confiado nuestros defectos de carácter a nuestro Poder Superior; ahora continuamos realizando esfuerzos para modificar nuestro comportamiento en beneficio propio. Ya nos ocupamos de nosotros mismos y de nuestras necesidades; en lugar de reaccionar ante la vida y el alcohólico, actuamos pensando en nosotros. Con el Décimo Paso intentamos mantener las manos limpias para no volver a caer en pautas de autodestrucción. Es probable que ocurran recaídas durante momentos de tensión, cuando es natural retroceder hacia comportamientos antiguos de defensa. La recuperación no nos cura de toda imperfección humana ni elimina todo el dolor de nuestra vida. Pero nos suministra los instrumentos para abordar nuestros problemas y seguir empeñados en mejorarnos.

Hay numerosos métodos para continuar un examen personal. Algunos miembros nos señalan que hay tres tipos de examen útil: una comprobación en el momento, una diaria y una periódica a largo plazo. La comprobación en el momento puede usarse en cualquier momento del día cuando nos parece que algo no funciona bien. Podemos entonces asumir la responsabilidad de inmediato en cuanto a lo que nos corresponde, aunque sea haciendo una pausa para reconocer el problema e interrogarnos acerca de lo que podemos hacer de forma distinta.

Quizás no detectemos todos los errores cometidos pero una comprobación diaria puede ayudarnos a facilitar el reconocimiento y la modificación de nuestro comportamiento. Podemos dedicar unos minutos todas las noches a pasar revista a las experiencias positivas y negativas del día. Algunos prefieren hacerlo como parte del ritual al cabo del día, como cepillarse los dientes. No tiene que ser un examen escrito extenso; puede realizarse mentalmente o tomando nota con rapidez sobre lo que funcionó bien y lo que podemos mejorar. Podemos considerar la corrección de errores el día siguiente. Si pedimos el valor y la voluntad de hacer lo que nos corresponde, quizás encontremos que es posible dormirse y empezar el día siguiente con la conciencia limpia. La gente que funciona mejor de mañana puede preferir hacer el balance como parte del ritual matutino, o durante el viaje al trabajo o a través de una llamada a su Padrino a alguna hora fijada.

Periódicamente podemos hacer un examen más detallado. Los exámenes regulares una o dos veces por año compartidos con nuestro Padrino pueden ayudarnos a enfrentar características más arraigadas y considerar las nuevas que aparecen en nuestra evolución espiritual. Un examen nos recuerda recompensarnos a nosotros mismos por el progreso logrado pero que no vemos de manera diaria. A veces realizamos exámenes bastante detallados, usando los folletos *Plan detallado para progresar: Examen del Cuarto Paso de Al-Anon* o *Examen del Cuarto Paso de Alateen*. Podemos revisar nuestro examen original o concentrarnos en un sector particular de nuestra vida. Cada vez que renovamos el compromiso de continuar examinándonos, crecemos espiritualmente. Si nos intimida introducir un cambio, vemos que al hacer un esfuerzo simple y sincero cada día, disminuye el temor.

Así como ocurrió en el Cuarto Paso, es importante incluir en cualquier examen las cosas que hicimos bien además de las equivocaciones cometidas. Podemos preguntarnos dónde apreciamos mejoras en nuestro comportamiento o qué cambios positivos observamos. Muchas veces podremos comportarnos bien y no demostrar ninguno de los antiguos comportamientos.

La segunda parte del Décimo Paso dice: «... admitiendo espontáneamente nuestras faltas». Continuar el proceso de admitir nuestras faltas y reparar el mal a nosotros mismos y a los demás cuando sea necesario preserva nuestra humildad y nos ayuda a aceptar a los demás tal como son. Al disciplinarnos para hacerlo una y otra vez, recordamos la sabiduría de las palabras: «Errar es humano, perdonar divino». Tanto nuestra humanidad como nuestra espiritualidad aumentan cuando aceptamos y perdonamos los errores nuestros y los de los demás. Descubrimos el alivio de sentir que no siempre tenemos que tener razón. Podemos dejar que otra gente obtenga los beneficios y sufra las consecuencias de sus propias decisiones. Cada vez nos sentimos más cómodos con lo que somos.

Al practicar el Décimo Paso de modo regular, seguiremos recurriendo a nuestro Poder Superior. Cuando hacemos un examen del día, admitimos nuestras faltas ante Dios, nos preparamos y luego le pedimos a Dios con humildad que las elimine. Enumeramos las personas a las que hemos dañado y reparamos el mal de manera apropiada. Al hacer exámenes del Décimo Paso, utilizamos en realidad todos los Pasos anteriores, recordando tratarnos con amor y compasión. Como hemos experimentado el dolor provocado por nuestras faltas, no deseamos regresar al mismo. Seguimos aplicando el programa como si la calidad de nuestra vida dependiera de eso, ¡y así es!

Completar del Cuarto al Noveno Pasos no garantiza que nuestra vida se convierta en totalmente serena y libre de problemas. Habrá momentos en que parecerá que hemos vuelto a nuestro primer día en Al-Anon, sin ninguna modificación a nuestros defectos de carácter. La aplicación del Décimo Paso nos ayuda a disminuir el número de días malos. Seguir haciendo el examen personal borra situaciones pasadas y mantiene nuestra salud emocional y física para abordar mejor los momentos difíciles que pueden surgir en la vida.

Los miembros comparten experiencia, fortaleza y esperanza

Cuando empecé a venir a Al-Anon, me dirigí a una compañera de trabajo con bastante aspereza, sintiéndome justificada en lo que había dicho. Pronto me di cuenta de que había herido sus sentimientos. Comencé a justificar mis acciones: si ella no hubiera hecho esto o lo otro, entonces yo no hubiera... Por suerte, en ese momento se me vino a la mente el Décimo Paso.

De repente comprendí que cuando empezaba a pensar en excusas y a tratar de justificarme por lo que había hecho, era el momento de practicar el Décimo Paso y decir sólo: «Lo siento».

Saberlo y practicarlo me ahorró muchas horas de resentimientos e incidentes que era mejor olvidar. No recuerdo en absoluto de qué trataba ese incidente ocurrido hace muchísimo tiempo. Sé que mi compañera de trabajo y yo todavía somos amigas.

Es preferible olvidar

En el Décimo Paso una de las palabras que sobresalieron en mi mente fue: «proseguimos». Me recordó que había comenzado mi examen personal en el Cuarto Paso. De la misma manera las palabras: «admitiendo espontáneamente nuestras faltas, al momento de reconocerlas» me recordaron la labor ya realizada en el Quinto, Octavo y Noveno Pasos. Todos estos Pasos representaron una depuración personal minuciosa. Pero sabía que no podría mantenerla si no realizaba algunas tareas diarias.

Necesitamos mantenimiento diario

Para practicar el Décimo Paso, la experiencia adquirida en los nueve Pasos previos me demostró lo que necesitaba. En forma específica debía reconocer mi incapacidad ante otra gente. Debía confiar en que Dios podría ayudarme. Debía tomar decisiones que le permitieran a mi Poder Superior encargarse de mí. Debía hacer un examen de mi comportamiento para reconocer mis buenas cualidades así como los elementos negativos.

Como aprendí en el Cuarto Paso, era importante descubrir mis características positivas para poder usarlas como base. En los sectores con carencias, debía examinar factores específicos. Tenía que admitir ante mí misma los errores y dejar de lado excusas y justificaciones. No tenía que aceptar la culpa por lo que otra gente había hecho pero debía poner fin a la utilización de otras personas como chivos expiatorios. Con esta nueva idea de mí misma, tenía que admitir mis errores ante Dios y ante otro ser humano.

El Décimo Paso me ayudó a reconocer que aún predominaban ciertos defectos de carácter en mi vida. Sin embargo eso no justificaba mis errores, por lo que debía continuar examinándome para ver a quién había perjudicado y reparar el mal de forma apropiada. Valoré la sugerencia de realizar el Décimo Paso todas las noches. Cuando comencé a hacerlo, comencé a sentirme mejor —y me gustó como me sentía—. Luego aprendí que no había motivo para hacer esto sólo una vez al día, por eso empecé a hacer un examen diario después del trabajo; de esa manera limpiaba mi jornada diaria para no llevar a casa los sentimientos del trabajo. Eso me enseñó a dejar fuera de la casa las cosas que no le pertenecían a ella.

También encontré otra cosa que me ayudó. En los Doce Conceptos aprendí a determinar cuál era mi propósito principal en cualquier situación dada y luego tratar de mantener mi enfoque. Eso generó que empezara a hacer un examen al mediodía. Me deshacía de las relaciones mutuas que había tenido durante la mañana. Si había perjudicado a otra persona y me sentía culpable de eso, limpiar el camino me ayudaba a mejorar la calidad de la tarde.

Con el tiempo, coloqué otras pequeñas pausas para mí —de camino al trabajo, a media mañana y a media tarde—. A medida que pasaba el tiempo, me encontré haciendo exámenes de mis acciones, pensamientos y palabras automáticamente. Al enfrentar las cosas y soltar las riendas de las mismas, me sentí mejor. Dejé de vivir como si necesitara patearme a mí misma por algo. Utilicé los instrumentos.

Hace poco leí una tarjeta de un amigo de Al-Anon. La misma contenía un acrónimo para «Piensa».
P - *¿Se trata de algo bien Pensado?*
I - *¿Se trata de algo Inteligente?*
E - *¿Se trata de algo Esencial?*
N - *¿Se trata de algo Necesario?*
S - *¿Se trata de algo Sincero?*
A - *¿Se trata de algo Afable?*
Si es así, entonces probablemente esté bien que yo lo diga.

Aplicación del Décimo Paso

Proseguimos con nuestro examen de conciencia, admitiendo espontáneamente nuestras faltas, al momento de reconocerlas.

ALGUNOS MIEMBROS consideran que es útil preparar un cuadro que incluya una lista de deficiencias personales y cualidades típicas que puedan verificarse antes de ir a dormir. Un examen cronológico del día o tomar nota de todo acontecimiento que haya causado sentimientos incómodos también ayuda. Las preguntas siguientes pueden ayudar a desarrollar la costumbre de un examen continuo.

* ¿Cuál es el objetivo del Décimo Paso?

* ¿Cómo me siento en cuanto a seguir realizando un examen personal?

* ¿Qué medios para realizar un examen diario me son cómodos?

* ¿Qué me ayudará a seguir aplicando los instrumentos del programa cuando la vida se vuelve difícil?

* ¿Cómo puedo ser paciente conmigo mismo si siento que no estoy progresando con la suficiente rapidez?

* ¿Cuándo podría necesitar una comprobación?

* ¿Qué puedo hacer con el examen de comprobación?

- En un examen diario, puedo preguntarme:
    - ¿Cuáles fueron los acontecimientos más importantes del día?
    - ¿Qué sentimientos experimenté?
    - ¿Cómo los enfrenté?
    - ¿Me involucré en alguna situación hoy que no era asunto mío?
    - ¿Qué puede ayudar a aceptarme al cometer errores una y otra vez?
    - ¿Fue la fe o el temor lo que impulsó mis acciones de hoy?
    - ¿Cómo puedo admitir mis errores pese a mi orgullo y al temor de que podrán ser usados contra mí?
    - ¿Me equivoco al tratar de encontrar la paz a cualquier precio? ¿Cuáles son mis motivos?
    - ¿Cómo sé cuándo reparar el mal y cuándo no?
    - ¿Qué características positivas demostré hoy?
    - ¿Qué características negativas demostré hoy?
    - ¿Cómo traté de solucionar los problemas de otras personas el día de hoy?
    - ¿Cómo puedo «soltar las riendas y entregárselas a Dios»?
    - ¿Dejé de lado mis propias necesidades hoy? ¿Cómo?
    - ¿He sido demasiado flexible, diciendo «sí» cuando quería decir «no»?
    - ¿Tuve miedo de alguna figura de autoridad? ¿De alguien? ¿Por qué o por qué no?
    - ¿Qué cosas pequeñas puedo hacer para practicar el defenderme a mí mismo?
    - ¿De qué manera asumí la responsabilidad de otra persona el día de hoy?

- ¿Qué temo que pueda suceder si no asumo responsabilidades adicionales?
- ¿Si me equivoqué, lo admití con rapidez?
- ¿Qué puedo hacer para cuidar bien de mí mismo?
- ¿Hay algo que tenga que examinar a fondo? ¿Qué?
- ¿He hecho algo difícil o particularmente bien hoy? ¿Cómo me valoro a mí mismo por eso?
- ¿Cómo puede ayudarme el compartir el examen diario del Décimo Paso con otra persona, como mi Padrino?
- ¿Qué características aparecen con más frecuencia en mi examen?
- ¿Por qué me resisto a que sean eliminadas?
- Después de practicar el Décimo Paso, ¿cómo han cambiado mis sentimientos acerca del mismo?

Undécimo Paso

Mediante la oración y la meditación, tratamos de mejorar nuestro contacto consciente con Dios, SEGÚN NUESTRO PROPIO ENTENDIMIENTO DE ÉL, y le pedimos tan sólo la capacidad para reconocer Su voluntad y las fuerzas para cumplirla.

LA RELACIÓN que tenemos con el Dios de nuestro entendimiento, en comparación con lo que era cuando entramos en Al-Anon por primera vez, es ahora más firme como resultado de la aplicación de los Pasos, del Primero al Décimo. En el Segundo Paso «llegamos a creer que un Poder superior a nosotros podría devolvernos el sano juicio». Algunos llamamos Dios a ese Poder. En el Tercer Paso experimentamos el poder de una decisión consciente de «confiar nuestra voluntad y nuestra vida al cuidado de Dios, según nuestro propio entendimiento de Él». En el Quinto Paso nos acercamos más a Dios admitiendo «la naturaleza exacta de nuestras faltas», en el Sexto Paso nos aprestamos a que Dios elimine nuestros «defectos de carácter», y, finalmente, en el Séptimo Paso le «pedimos a Dios que nos librase de nuestras culpas». Cada Paso nos ofrece orientación espiritual nueva. En el Undécimo Paso podemos mantener nuestro crecimiento con nueva energía mediante la oración, la meditación y el conocimiento de Su voluntad.

Aunque se le conoce como el segundo Paso de mantenimiento, el Undécimo Paso introduce una nueva acción: la acción de intentar, mediante la oración y la meditación, mejorar nuestro contacto consciente con Dios. ¿Qué es oración? ¿Qué es meditación? ¿En qué difieren? Es importante recordar que este Paso nos guía con las palabras oración y meditación, no con la oración o meditación.

Para algunos la oración se considera como un acto religioso que consiste en juntar las manos, arrodillarse y hablar con Dios. Otros le piden a su Padrino, a un miembro de Al-Anon o a una persona espiritual que los guíe. En Al-Anon algunos comienzan con oraciones simples, como la Oración de la Serenidad o «hágase tu voluntad, no la mía». Algunos oran todas las mañanas o todas las noches, otros durante el día. Leer las oraciones que se encuentran en la literatura de Al-Anon les abre las puertas a otras personas. Muchos leen a diario extractos de: Un día a la vez en Al-Anon, Valor para cambiar: *Un día a la vez en Al-Anon II* o *Alateen: Un día a la vez*, usando el mensaje del día como una forma de oración. También es una buena idea escribirle cartas a Dios. Aprendemos a orar con el ejemplo y a través de la experiencia personal ajena. Para algunos puede parecer artificial. A veces la oración funciona y nos sentimos encantados, mientras que otras veces nada parece ocurrir. Aceptar la voluntad de Dios y los plazos de Dios puede significar decir una oración y soltar las riendas.

La meditación se ha utilizado en muchas culturas como práctica espiritual durante miles de años. Puede resultar difícil encontrar un momento de paz en nuestra vida diaria. A muchos les sirve fijar una hora determinada en una ubicación determinada para meditar. Al principio quizás no necesitemos mucho tiempo. En realidad el éxito puede producirse intentándolo unos pocos minutos a la vez hasta sentirnos más cómodos con la acción. Casi todos nosotros podemos encontrar esos pocos minutos que necesitamos, si queremos. Al tener éxito disciplinando nuestras mentes, estos breves períodos de meditación se incrementarán.

«¿Qué es la meditación? Al-Anon deja la pregunta abierta para que cada uno de nosotros la conteste a su manera. Aprovechar las experiencias de otros miembros de Al-Anon nos puede ayudar a llegar a nuestras propias conclusiones. Estas son solamente algunas de las contribuciones de los miembros de la hermandad:

Para mí la meditación es una mayor conciencia espiritual. A menudo recuerdo que cada acción puede atender a un propósito espiritual.

Voy a un lugar silencioso, cierro los ojos y repito las palabras de la Oración de la Serenidad para mis adentros con una suave voz.

Necesito trascender mis pensamientos para concentrarme en mi respiración, contando de uno a diez varias veces al aspirar y espirar.

Simplemente me alejo un paso y observo mis pensamientos como si estuviera mirando una obra de teatro. Trato de mantener mi atención en el día de hoy solamente, dejando de lado el pasado y el futuro.

Me concentro en una flor. Cuando los pensamientos se desvían, acepto el hecho de que mi mente está simplemente cumpliendo con su tarea: pensando, y entonces, con suavidad, regreso a mi pensamiento original.

En mi mente me imagino las manos de mi Poder Superior. Uno por uno, pongo mis problemas, mis preocupaciones, mis alegrías y mi gratitud, en esas manos, y finalmente, me pongo yo mismo».

(Valor para cambiar: Un día a la vez en Al-Anon II, página 338).

En la meditación algunas personas experimentan relajación de cuerpo y aun de mente al respirar de manera lenta y profunda. Si bien a algunos se les ocurren nuevas ideas y soluciones a problemas durante la meditación, nuestra intención no es tratar de resolver problemas específicos. Intentamos no perder el tiempo preocupándonos o pensando en un problema; lo que buscamos en la meditación es paz y suficiente silencio para escuchar la voz suave en nuestro interior. Todos deberíamos tener la libertad de meditar de la manera que más nos convenga.

La oración y la meditación son acciones que realizamos de forma consciente para abrir los corazones y las mentes no sólo a la poderosa recuperación en Al-Anon sino también a la experiencia, fortaleza y esperanza de otras personas. Muchos miembros experimentan y aprecian el deseo y la necesidad de sentir la presencia de Dios. Se ha dicho sabiamente en muchas salas de reunión de Al-Anon que la oración significa charlar con Dios, la meditación escucharlo.

Mejorar o establecer contacto consciente con Dios no siempre es simple y a veces el camino puede parecer escarpado o abrupto. Aun después de años de meditación y oración, la mayoría de nosotros, en algún momento, se encuentra en una situación de frustración o insatisfacción. A través del Décimo Paso podemos en general identificar los obstáculos que nos separan del éxito en la oración o la meditación. Podemos percibir que hemos vuelto a ejercer nuestra propia voluntad. Nos ayuda ser afables con nosotros mismos y recordar que somos seres humanos en un camino espiritual con curvas y meandros. Como decimos en la sugerencia para terminar una reunión: «No somos perfectos». Aprendemos a no ser demasiado exigentes con nosotros mismos y descubrimos, con gran alivio, que nuestro Poder Superior espera con paciencia un nuevo contacto.

La segunda parte del Undécimo Paso, «... le pedimos tan sólo la capacidad para reconocer Su voluntad y las fuerzas para cumplirla«, dirige nuestras oraciones hacia un sendero específico, el de Dios, no el nuestro. Pedir sólo la voluntad de Dios quiere decir entregar la nuestra. La aplicación de los Pasos anteriores nos ha ayudado a estar dispuestos. Antes de la recuperación algunos aceptamos el comportamiento inaceptable de otros, creyendo que hacíamos la voluntad de Dios. Pese a esfuerzos sinceros, no siempre podemos separar la voluntad de Dios de la nuestra, pero podemos bregar por un mejoramiento. Cuando experimentamos una nueva alegría, celebramos ahora con gratitud renovada. Cuando nos equivocamos, aprendemos de ello y seguimos creciendo —«Un día a la vez»—.

Al percibir la voluntad de Dios, algunos miembros descubren un nuevo conocimiento y un sentimiento de paz. En otras oportunidades nos arriesgamos a sufrir incomodidad personal para lograr un comportamiento modificado. Le pedimos a nuestro Poder Superior que intensifique nuestro deseo de hacer lo que nos conviene y reduzca el deseo de hacer lo que no nos conviene. Podemos aceptar que el hecho de sentirnos cada vez un poco más cuerdos o afectuosos es una respuesta a nuestras oraciones y meditación. Sentimientos fuertes pueden generar mensajes fuertes. Si recibimos un mensaje fuerte y nos preguntamos si es nuestra voluntad o la palabra de nuestro Poder Superior, entendemos que a menudo es sensato hablarlo con un Padrino u otro miembro de Al-Anon antes de pasar a la acción.

El buscar, la oración, la meditación, el mejorar, el contacto consciente, la comprensión, el conocimiento y Su voluntad y poder son todos dones del Undécimo Paso. Con energía renovada aprendemos a seguir la voluntad de Dios. Nuestra fe y capacidad crecen a diario al orar y meditar. Hay miles de caminos hacia un Poder

Superior y podemos elegir cualquiera. Con gratitud, elegimos uno e intensificamos nuestro compromiso con nuestro viaje continuo hacia la recuperación.

Los miembros comparten experiencia, fortaleza y esperanza

Un milagro

El Undécimo Paso es un Paso muy especial. Me gustó desde el momento en que lo escuché por primera vez. Antes de venir a Al-Anon, me había interesado en religiones orientales. Me pareció interesantísima la idea de la meditación. Pero parecía que todos mis intentos en materia de meditación fracasaban. No podía mantener la mente quieta durante más de treinta segundos. Como no lo había logrado al principio, creí que no había esperanzas y lo abandoné.

Cuando llegué a Al-Anon, conseguí una Madrina de inmediato. Le pregunté si podía comenzar a meditar aunque recién comenzaba con los Pasos. Me dijo que sí, que la oración y la meditación eran instrumentos que siempre podía usar. Una vez más traté de meditar, convencida de que ahora lo lograría, sea lo que fuere. Me sentí muy frustrada cuando me di cuenta de que aún no podía aquietar la mente. Los pensamientos se cruzaban por mi mente a alrededor de cinco mil kilómetros por hora, así que lo dejé.

Seguí utilizando los Pasos. Llegué hasta el Noveno, cambié de Madrina y volví a los Pasos de nuevo hasta que al final llegué al Undécimo. Pese a que había aplicado los Pasos en más o menos cinco o seis meses, cambié mucho. Estaba dispuesta a estar dispuesta. Intenté meditar y orar de la mejor manera posible. No cejé en mis empeños aun si no funcionaba a la perfección al inicio.

Aunque mi panorama de la vida cambió de forma considerable, todavía me resultaba difícil levantarme por la mañana. La mayoría de los días me quedaba en la cama hasta que podía llamar a mi Madrina a una hora apropiada. Después de hablar con ella, sentía que podía comenzar el día. Cuando empecé a practicar el

Undécimo Paso, decidí que esa debía ser la primera acción de la mañana.

Me despertaba con resentimiento por estar viva, no deseando hacer nada. Comencé a pronunciar oraciones breves que sugería mi Madrina. Leía material espiritual y trataba de escuchar a mi Poder Superior. A menudo leía en voz alta porque percibía que me ayudaba a tranquilizar mis pensamientos. Me asombraba al ver que una hora más o menos de tal actividad cambiaba completamente mi actitud. Me sentía feliz y dispuesta a enfrentar el día. Aun decidir qué hacer primero resultaba más fácil. Era sorprendente. Empecé a seguir esta secuencia todos los días. Invariablemente experimentaba un cambio de actitud. Algunos días era rápido y otros llevaba más tiempo. Pero seguía adelante hasta que, por motivos desconocidos, el corazón se me llenaba de alegría y esperanza. Siempre parecía un milagro.

Aunque me dieran ganas de abandonar, continuaba la rutina matutina porque recordaba el milagro del cambio de actitud. Iba a recibir un don aún mayor al practicar el Undécimo Paso. Un día me desperté feliz y llena de energía. No recordaba la última vez que había ocurrido. Durante más de un año casi siempre me he despertado lista para abordar los retos diarios de la vida. No puedo decirles cuán maravilloso ha sido despertarme y anhelar el día —despertarme y sentir que soy parte del universo—.

No me fue fácil hablar sobre el Undécimo Paso. La relación con mi Poder Superior parecía más íntima que una relación sexual. Recuerdo que mi esposo me dijo una vez, poco tiempo después de iniciar la recuperación, que quería que oráramos juntos. La mera idea me aterrorizó. No le contesté. Simulé no haber oído lo que había dicho.

Mi madre era la más religiosa de la familia durante mi niñez. Su relación con Dios era muy privada pero veía yo que se basaba en el temor. La única vez que Papá mencionaba a Dios era cuando nos insultaba. Sé que estas experiencias no me sirvieron para un comienzo positivo con un Poder Superior. Convivir con un alcohólico durante años tampoco me ayudó. Dios no

UN GIRO SIMPLE

contestaba ninguna de mis plegarias en las que le pedía que solucionara los problemas de mi esposo. Empecé a pensar que Dios no se interesaba en mí.

Con la ayuda de Al-Anon y el Segundo, Tercer y Undécimo Pasos, sé hoy que las cosas son diferentes. Sé que Dios me ama y me cuida. Lo único que desea es mi felicidad. Me llevó mucho tiempo aprender esto porque el Dios que conocía era un Dios de juicio y castigo. Vi gente en el programa que tenía la buena relación con su Poder Superior que yo quería pero no sabía cómo obtenerla. En cuanto a la oración y la meditación, aprendí que la oración no era lo mismo que había memorizado cuando era pequeña. La oración podía ser simplemente hablar con Dios, lo que no era tan difícil porque ya lo hacía. La meditación quería decir escuchar a Dios, sólo permanecer tranquila y limpiar la mente de pensamientos preocupantes para poder escuchar lo que Dios me decía. El Undécimo Paso también decía que mi relación con Dios no tenía por qué ser perfecta; sólo debía tratar de mejorarla.

La parte relativa a la voluntad de Dios hacia mí parecía una tarea mucho más ardua hasta que escuché una descripción muy simple de la misma: «¿Cómo conocemos la voluntad de Dios? Es fácil, simplemente levántense, comiencen las actividades y cuando se golpeen contra una pared, giren a la izquierda». Parecía demasiado simple, pero, ¿cuántas veces había tropezado contra esta pared y había permanecido allí, sin hacer nada? ¿Cuántas veces seguí arrojándome contra esa pared, quedando exhausta y no yendo a ninguna parte? ¡Cuán fácil era dar un simple giro y seguir avanzando!

Somos
especiales

Dividí el Undécimo Paso en cuatro partes. La oración es hablar con Dios acerca de Su voluntad hacia mí. La meditación es escuchar quietamente y concentrarme en el poder de Dios que está dentro de mí. El contacto consciente es tomar conciencia de la presencia de Dios. Conocimiento y capacidad es dejar de dar instrucciones y comenzar a escuchar la voluntad de Dios. De esta manera desarrollo una relación más profunda con Dios. Puedo sentir Su fuerza, sabiduría, paz y amor. Recibo el valor de acatar Su voluntad con amor, humildad, dignidad, afabilidad y a veces hasta con humor.

Oro por que todos encuentren el amor, la fuerza, la sabiduría y la comprensión de un Poder Superior. Oro por que todos encuentren el amor incondicional en el camino hacia el amor a sí mismos. Que todos sepan que somos especiales y que somos hijos de Dios.

Aplicación del Undécimo Paso

Mediante la oración y la meditación, tratamos de mejorar nuestro contacto consciente con Dios, según nuestro propio entendimiento de Él, y le pedimos tan sólo la capacidad para reconocer Su voluntad y las fuerzas para cumplirla.

* ¿Cómo defino la diferencia entre oración y meditación? ¿Puedo hablar con mi Padrino, otro amigo de Al-Anon o alguien a quien apadrino acerca de esta diferencia?

* ¿Estoy dispuesto a intentar la oración y la meditación hoy?

* ¿Qué puedo hacer para agregar oración y meditación a mi vida hoy?

* ¿Tengo una hora y un lugar especiales para orar y meditar? ¿Qué puedo hacer para crearlos?

* ¿Cómo he intentado mejorar mi contacto consciente? ¿He buscado ayuda en mi grupo? ¿Ante mi Padrino? ¿Alguna otra persona en Al-Anon?

* ¿Qué experiencias personales puedo aprovechar para ayudarme a mejorar mi contacto consciente con un Poder Superior?

* ¿Qué significa para mí orar para conocer la voluntad de Dios y no la mía? ¿Cómo puedo distinguir entre la voluntad de Dios y la mía?

* ¿Cómo me he equivocado acerca de la voluntad de

Dios? ¿Qué dificultades me ha causado mi propia voluntad?

* ¿De qué manera estoy dispuesto a aceptar una orientación hoy?

* ¿Hay algo que bloquea mi camino en este Paso hoy? ¿Qué es? ¿Qué Pasos puedo volver a examinar que me ayuden a relacionarme otra vez?

* ¿Qué necesito para tener la capacidad de cumplir la voluntad de Dios hacia mí? ¿Le he pedido a Dios esa capacidad?

Duodécimo Paso

Habiendo logrado un despertar espiritual como resultado de estos Pasos, tratamos de llevar este mensaje a otras personas, y practicar estos principios en todas nuestras acciones.

Puede decirse que todo el programa de Al-Anon se resume en el Duodécimo Paso. Reconocemos los resultados de nuestros esfuerzos, un despertar espiritual; nos comprometemos a compartir los dones recibidos y reconocemos que una vida espiritual es un proceso continuo. Encontramos una nueva forma de vida en Al-Anon y, para preservar lo encontrado, debemos seguir apreciando el don y llevárselo a otras personas. Las tres partes del Duodécimo Paso plantean las preguntas siguientes: ¿Qué es un despertar espiritual? ¿Cómo podemos tratar de trasmitir este mensaje? ¿Cuáles son estos principios que practicamos en todas nuestras acciones?

Una de las magníficas experiencias derivadas de la aplicación de los Doce Pasos es el despertar espiritual. ¿Cómo sabemos cuando lo hemos logrado? Algunos hemos tenido experiencias dramáticas vívidas que fueron sin duda despertares espirituales. Nos sentimos distintos en un sentido obvio y permanente y nos damos cuenta de que nunca volveremos a ser los mismos. Sin embargo, la mayoría llega a un despertar espiritual a través de un proceso mucho más lento y sutil, como una flor que se va abriendo pétalo por pétalo en lugar de como un rayo repentino.

Cuando el despertar es lento, interno y tranquilo, a menudo se le pasa por alto. A veces nos preguntamos si de verdad ha ocurrido algo, en especial cuando los problemas habituales siguen surgiendo en nuestra vida. ¿Cómo vemos un despertar espiritual? Es evidente que varía de persona a persona pero muchos tenemos experiencias similares. En lugar de una obsesión o una crisis constante, logramos una mayor paz interior. Podemos tener menos interés en juzgar a otros y a nosotros mismos o actuar espontáneamente en lugar de con control temeroso. Los momentos de valoración por cosas pequeñas suceden con más frecuencia. Algunos experimentamos sentimientos de unión y satisfacción con la naturaleza o nos encontramos distendiéndonos y siguiendo la corriente. Nos hallamos dando y recibiendo amor incondicional. De repente tomamos conciencia de que algunos de estos buenos sentimientos han entrado en nuestra vida pero no sabemos con precisión cuándo tuvo lugar.

Al tomar conciencia de que hemos cambiado espiritualmente, estamos ya listos para tratar de llevarles el mensaje a otras personas. Antes de Al-Anon muchos nos sentíamos solos y aislados. Asistir a reuniones y compartir el programa nos ayudó a romper el aislamiento. Aprendimos a salir y solicitar ayuda a nuestro Poder Superior, a un Padrino y a nuestro grupo. Ahora nos ha llegado el turno de retribuir.

Descubrimos que nos llena de satisfacción compartir con los demás. Apoyamos nuestras reuniones mediante la asistencia porque queremos que estén disponibles cuando alguien las necesite. Cuando respondemos llamadas telefónicas a menudo escuchamos algo que necesitamos escuchar. Cuando aceptamos un cargo de servicio en el grupo, distrito o Zona, vemos que la participación junto a otros miembros activos de Al-Anon amplía nuestra propia comprensión y capacidad. Apadrinar un nuevo miembro nos exige continuar aplicando el programa; trabajar con nuevos miembros que sufren nos recuerda hasta dónde hemos llegado y, posiblemente, el camino que todavía resta por recorrer. Hasta la tarea de aprontar el café y los bizcochos como parte de la bienvenida del grupo es una labor importante del Duodécimo Paso.

A veces descubrimos que nuestros defectos de carácter se agrandan al empeñarnos en estas actividades. En el pasado muchos de nosotros dedicamos demasiado tiempo atendiendo a otros; propiciando al alcohólico; tratando de controlar la bebida. Gran parte de nuestro crecimiento ha sido aprender a ocuparnos de nosotros mismos y a no colocar las necesidades ajenas por delante de las nuestras. Quizás hayamos tenido que aprender a decir «no». La labor del Duodécimo Paso puede tentarnos a dar consejos o a exagerar en el manejo de la situación de otra persona, a menudo con resultados desagradables. Podemos haber irritado a nuestra familia y amigos intentando hacerles ver la luz. Tenemos que aprender a dejar de lado las expectativas sobre resultados y a descubrirnos a nosotros mismos cuando intentamos solucionar una situación ajena. Debemos encontrar un equilibrio entre ocuparnos de nosotros mismos y ayudar a otros; podemos estar a disposición de aquéllos a quienes queremos ayudar sin asumir toda su carga. Compartimos nuestra experiencia, fortaleza y esperanza, ofrecemos amor y aceptación y luego soltamos las riendas. Podemos enorgullecernos de la compasión y el cuidado que brindamos a otros; cada vez que cometemos errores bien intencionados, aprendemos de ellos y seguimos creciendo.

Trasmitir el mensaje puede adoptar diversas formas, desde alentar a un recién llegado hasta participar en el servicio a cualquier nivel, desde el grupo hasta el servicio mundial. Muchos miembros comparten la idea de que siempre parecen recibir mucho más de lo que dan en Al-Anon —a veces precisamente cuando más lo necesitan—. Nuestro mejor mensaje es ser un buen ejemplo de Al-Anon. Es lo mejor que podemos hacer por nosotros y por los demás.

Vivir los principios describe la parte final del Duodécimo Paso que dice: «... practicar estos principios en todas nuestras acciones». Los principios que debemos practicar se aprendieron en el estudio de los Doce Pasos. Sabemos que no estamos a cargo de todo —un Poder Superior lo está— y podemos pedirle orientación de manera continua a ese Poder así como confiarle nuestra vida. En todo momento seguimos haciendo nuestro propio examen y reparando el mal según sea necesario. Mediante la oración, la meditación y la aplicación de los Pasos, hemos logrado un despertar espiritual y se ha incrementado nuestra confianza en Dios y en otra gente. Somos capaces de dar y recibir amor incondicional. El Duodécimo Paso nos invita a permanecer en nuestro sendero de recuperación. Debemos continuar nuestra labor de mantenimiento para no deslizarnos de nuevo hacia pautas antiguas. Para seguir adelante, tenemos que compartir todo lo que se nos ha dado con otros familiares y amigos de los alcohólicos. Para preservarlo, tenemos que transmitirlo.

En las reuniones de Al-Anon, compartimos nuestra experiencia, fortaleza y esperanza con otros en el mismo sendero de recuperación. En reuniones y con nuestros amigos de Al-Anon, practicamos los principios en forma conjunta. Practicar estos principios «en todas nuestras acciones» es la prueba real de la recuperación y el reto que nos hace volver una y otra vez. La vida nos presenta siempre nuevos retos y oportunidades de poner en acción la labor de este Paso.

Tratar con nuestros seres queridos —nuestras relaciones más cercanas, más importantes y a menudo más perturbadoras— puede constituir una prueba de nuestra recuperación. Estas son a menudo las personas responsables en primer lugar de que hayamos recurrido a Al-Anon. Podemos estar vinculados a ellas desde un punto de vista financiero, emocional y jurídico. Debemos practicar nuestro programa de Al-Anon de modo continuo en todos los aspectos de estas relaciones. Aquí están en general los mayores retos y, por eso, lo que tiene el potencial del mayor alivio posible. Aprender a actuar con amor en relaciones íntimas es una meta importante para muchos. Para hacerlo se requiere una práctica continua de todos los Pasos así como los instrumentos que figuran en las Tradiciones y los Conceptos.

Practicar los principios de los Pasos en todos nuestros asuntos —en el trabajo, en la comunidad y en instituciones religiosas, con familiares y amigos— es importante para nuestra recuperación y serenidad. Vemos que la aplicación de estos principios funciona bien tanto con gente que nunca ha oído hablar de nuestro programa de Doce Pasos como con nuestros seres queridos. Son principios espirituales universales que nos ayudan a afrontar la vida con amor y serenidad.

Todos enfrentamos desafíos en la vida —duelo, decepciones y pobreza, para nombrar algunos—. La recuperación no nos protege de la vida. Nos permite vivir con más plenitud y abordar los problemas a medida que van surgiendo. Al-Anon nos da apoyo humano, un Poder Superior que nos orienta y asiste y los Doce Pasos para seguir en la vida.

Realizar las acciones del Duodécimo Paso renueva nuestro espíritu a diario. Pedir una mano a otros nos ayuda a obtener una mejor perspectiva de nuestra vida. Nos sentimos alentados por los ejemplos de otras personas. Las irritaciones diarias se reducen y los grandes problemas de la vida parecen más fáciles de enfrentar. Practicar estos principios en todas nuestras acciones nos demuestra con claridad que los Doce Pasos son una forma de vida sin par.

Los miembros comparten experiencia, fortaleza y esperanza

LENTA pero sin duda, me di cuenta de que Dios estaba en mi vida. Me di cuenta de una relación nueva más estrecha con mi Poder Superior, a quien decidí llamar Dios. Así como en el Segundo Paso, llegué, luego llegué a, y luego llegué a creer.

SÓLO TUVE QUE INTENTARLO

Mi despertar espiritual evolucionó de la misma forma, muy paulatinamente. Admití mi incapacidad, comprendí que Él podría ayudarme, y aprendí a confiar mi voluntad y mi vida a mi bondadoso Poder Superior. Con la fe que me permitió practicar el Cuarto y Quinto Pasos, aprendí a confiar en Él en el Sexto, Séptimo, Octavo y Noveno Pasos. La utilización del Décimo y Undécimo Pasos hizo nacer en mí un nuevo conocimiento de Su amor y atención hacia mí. Al practicar los Pasos, llegué a reconocer los principios comunes de la sinceridad, la compasión, el amor, la confianza, la humildad, la voluntad, el perdón y la libertad.

Vi que mucha gente decidía emparejar ciertos principios con Pasos específicos, pero esto no funcionó en mi caso. Encontré muchos principios que se aplicaban a cada Paso. También aprendí a practicar los Pasos en orden porque cada uno depende de los precedentes. Cuando alcancé el Duodécimo Paso, me ayudó el saber algo acerca del mensaje que se suponía que debía trasmitir a otras personas. Aun así, me alegró saber que sólo tenía que intentar trasmitir el mensaje. No era responsable de la manera en que otra gente lo entendía o lo aceptaba.

La última parte del Duodécimo Paso me recordó practicar estos principios en todas nuestras acciones. Me indicó tomar lo aprendido en Al-Anon y usarlo en mi trato con cualquier persona. No era suficiente sentir compasión, perdón y amor en las reuniones de Al-Anon. Podría ser yo el único ejemplo Al-Anon en la vida de algunas personas. Cada vez que me relaciono con gente, trasmito el mensaje. El Duodécimo Paso me recuerda la pregunta en nuestro *Plan detallado para progresar* con respecto a actitudes: «¿Son las mías dignas de ser imitadas?»

Creo que debo llevar el mensaje de amor, en especial el amor de Dios, a toda la gente. Como apliqué los Pasos en beneficio propio, llegué a comprender que debía amarme a mí misma antes de poder amar a los demás. Tenía que ayudarme a mí misma antes de poder ayudar a otras personas.

Se abre la puerta

Al final de cada reunión, mi grupo lee: «... aunque no todos resultemos del agrado de ustedes, van a apreciarnos igualmente en una forma muy especial, de la misma forma que nosotros ya los apreciamos a ustedes». Durante mi primer año en Al-Anon, había una persona que no sólo no me agradaba sino que no podía tolerar en absoluto.

Ella tenía el terrible defecto de carácter de hablar demasiado durante las reuniones. Cada vez que levantaba la mano para intervenir, yo protestaba en mi interior. Sabía que ella hablaría veinte o veinticinco minutos, a menudo sobre las mismas cosas que había compartido en la última reunión.

Durante sus aportes verbosos, yo utilizaba diversas maneras de expresar mi desagrado. Fijaba la mirada en el vacío con gesto aburrido. Suspiraba. Miraba el reloj con frecuencia. Hojeaba mi libro *Un día a la vez en Al-Anon*. Sabía que ella también irritaba a otros porque algunas personas hicieron sugerencias significativas en el sentido de limitar los aportes. Nada sirvió. Llegué al punto de que si llegaba a una reunión y la veía, casi me iba.

Un día ocurrió algo que sólo puede ocurrir en Al-Anon. Estaba en una reunión, murmurando mentalmente acerca de lo egoísta y desconsiderada que era esa mujer la cual ni siquiera había compartido todavía. Me anticipaba a los hechos. De repente me estalló una idea en la cabeza: «¿Te crees que a través del resentimiento, la vas a cambiar?» Casi me caigo de la silla. ¡Dios mío! Le estaba haciendo a ella lo que le había hecho al alcohólico durante tantos años. Intentaba cambiarla y me enloquecía en este proceso.

Me desembaracé de estos pensamientos de control y sucedió algo que sólo puedo describir como un milagro.

Repentinamente me inundó un amor enorme por esa mujer. Ya no la consideraba un problema de egoísmo y falta de consideración sino una mujer dulce y afable con quien tenía mucho en común.

Hoy la misma mujer es una de las personas que más me agrada en el programa. Cuando entro en la sala y la veo, siento que se me ilumina la cara. Y como si esto fuera poco, también encuentro que sus aportes son interesantísimos. Parece que se le ocurren ideas hermosas, una detrás de la otra.

No quiero decir con esto que está bien que la gente hable sin parar, en especial si la reunión es corta y hay otros que desean compartir. No sé cuál es la solución, aparte de una conciencia de grupo que limite los aportes. Los miembros que se extienden demasiado constituyen aún un problema de envergadura para otras personas en las reuniones. Les digo que es necesario ser pacientes con todos. Por experiencia personal entiendo que ofuscarse por el comportamiento de otra gente es una trampa. Mi mente coloca la trampa para desviar la atención de mi propio comportamiento inaceptable. Si suelto las riendas del control, puedo volver a concentrarme en mí misma, lo que abre la puerta a muchos milagros.

Todos estos tesoros

Comencé a participar en la labor de servicio en Al-Anon por muchos motivos. Quería escaparme de casa. Quería afirmar mi derecho a un programa concebido específicamente para mi alivio. Lo que encontré fue amor incondicional, aceptación, serenidad, sabiduría y valor. Descubrí una oportunidad de invertir mi talento en mi propio crecimiento. Cuando quería sentir que pertenecía a algo, percibía que cada pequeña tarea que realizaba fomentaba un sentimiento de propiedad.

Quería gozar de la camaradería de amigos que comparten objetivos espirituales. Encontré amistad basada en las Doce Tradiciones, una combinación de ideales y límites seguros que tanto necesitaba en mi vida personal. Quería evitar que la mente se descarrilara. Lo que descubrí fue que si me concentraba en un proyecto de servicio, ya no tenía tiempo para obsesionarme por los problemas de los demás. Lo mismo ocurría cuando intentaba resolver los problemas domésticos. Al dejar de concentrarme en mis problemas, mi vida se tranquilizó y los problemas encontraron sus propias soluciones suministradas por Dios.

Cuando dejé de reaccionar ante críticas negativas, examiné cuáles habían sido mis reacciones. Obtuve información útil sobre mí misma que me ayudó a fomentar mi amor propio. Cuando intenté apreciar mi valor como persona, encontré que el servicio agrandaba tanto mis cualidades como mis defectos. Este conocimiento de mí misma posibilitó el convertirme en la persona que quería ser. Al tratar de aprender a tomar decisiones basadas en hechos, descubrí cómo confiar los hechos a mi intuición sin perder mi fuerza ante impulsos y temor. Cuando quise aprender a formar y mantener una opinión, percibí muchas oportunidades. Me di cuenta de que podía tener opiniones firmes, expresarlas y permitir que otros también las tuvieran.

No tenía la intención de dedicar tanto tiempo y esfuerzo a la transmisión del mensaje. Simplemente sucedió así cuando no podía decir no a gente del programa que me ofrecía una forma mejor de vida. Su entusiasmo e invitación me condujeron hacia esta forma de vida emocionante en Al-Anon que tanto nos recompensa.

Lo que es más, quería recibir y mantener la recuperación. Encontré la alegría de transmitir la recuperación, de la misma manera en que otros me daban con tanta generosidad el don del servicio a mí: con amor, respeto y compasión. Encontré todos estos tesoros y mucho más cuando pensaba que buscaba mucho menos. Me refiero a esto como mi despertar espiritual.

Aplicación del Duodécimo Paso

Habiendo logrado un despertar espiritual como resultado de estos Pasos, tratamos de llevar este mensaje a otras personas, y practicar estos principios en todas nuestras acciones.

HAY MUCHOS tipos de despertar espiritual y muchas maneras de llevar el mensaje. Los miembros de Al-Anon nos ofrecen estas ideas y preguntas para ayudarnos a explorar el significado del Duodécimo Paso.

- ¿He experimentado un despertar espiritual? Descríbalo.

- ¿De qué manera disminuyo la importancia de mi crecimiento espiritual? ¿Qué puede ayudarme a reconocerlo?

- ¿Qué es lo que más me gustaría compartir de lo recibido en Al-Anon?

- ¿Cuáles son las distintas formas por medio de las cuales puedo trasmitirles el mensaje a los demás?

- ¿Vi alguna cara amistosa al inicio de mi recuperación? ¿Qué puedo hacer para mostrarle una cara amistosa a otra persona?

- ¿Cuál es la diferencia entre trasmitir el mensaje y dar consejos?

- Al tratar de trasmitir el mensaje, ¿qué he experimentado?

- ¿Cómo reconozco un pedido de ayuda sin interferir en asuntos ajenos?

- ¿Cuál es la mejor manera de llevarles el mensaje a mis familiares, en especial a los que se resisten a las ideas?

- ¿Cómo puedo practicar estos principios en mis asuntos financieros? ¿Es mi empleo un simple medio de ganar dinero o una oportunidad de practicar mi recuperación?

- ¿Qué me dice el Duodécimo Paso acerca de la labor de servicio en Al‑Anon?

- ¿Qué papel ha desempeñado el servicio en Al‑Anon en mi recuperación?

- ¿Qué cambiaría si considerara el servicio como una meta en todos los aspectos de la vida?

- ¿Qué son «estos principios»?

- ¿Cómo puedo aplicarlos en la vida diaria?

- ¿En qué aspectos de mi vida debo comenzar a practicar estos principios? ¿Qué puedo hacer esta semana para darle inicio?

- ¿Cómo vivo el mensaje del programa?

- ¿De qué manera soy un buen ejemplo de la recuperación en Al‑Anon?

Las Doce Tradiciones

Las Doce Tradiciones

Las Tradiciones que citamos a continuación hacen que permanezcamos ligados en unidad. Ellas guían a los grupos en sus relaciones con otros grupos, con A.A. y con el mundo circundante. Las mismas recomiendan actitudes de grupo hacia el liderazgo, los miembros, el dinero, la propiedad, las relaciones públicas y el anonimato.

Las Tradiciones surgieron a partir de las experiencias de grupos A.A. al tratar de resolver el problema de vivir y trabajar juntos. Al-Anon adoptó estos principios de grupo, y al transcurrir los años los miembros de esta hermandad se dieron cuenta de la validez y sabiduría de dichos principios. Aunque son sólo sugerencias, la unidad de Al-Anon y quizá incluso su supervivencia dependen de la fidelidad a estos principios.

1. Nuestro bienestar común debiera tener la preferencia; el progreso individual del mayor número depende de la unión.

2. Existe sólo una autoridad fundamental para regir los propósitos del grupo: un Dios bondadoso que se manifiesta en la conciencia de cada grupo. Nuestros dirigentes son tan sólo fieles servidores y no gobiernan.

3. Cuando los familiares de los alcohólicos se reúnen para prestarse mutua ayuda, pueden llamarse un Grupo de Familia Al-Anon, siempre que, como grupo, no tenga otra afiliación. El único requisito para ser miembro es tener un pariente o amigo con un problema de alcoholismo.

4. Cada grupo debiera ser autónomo, excepto en asuntos que afecten a otros grupos, o a Al-Anon, o AA en su totalidad.

5. Cada Grupo de Familia Al-Anon persigue un solo propósito: prestar ayuda a los familiares de los alcohólicos. Logramos esto, practicando los Doce Pasos de AA *nosotros mismos*, comprendiendo y estimulando a nuestros propios familiares aquejados por el alcoholismo, y dando la bienvenida y brindando alivio a los familiares de los alcohólicos.

6. Nuestros grupos, como tales, jamás debieran apoyar, financiar, ni prestar su nombre a ninguna empresa extraña, para evitar que problemas de dinero, propiedad o prestigio nos desvíen de nuestro objetivo espiritual que es el primordial. Aun siendo una entidad separada, deberíamos cooperar siempre con Alcohólicos Anónimos.

7. Cada grupo ha de ser económicamente autosuficiente y, por lo tanto, debe rehusar contribuciones externas.

8. Las actividades prescritas por el Duodécimo Paso en Al-Anon nunca debieran tener carácter profesional, pero nuestros centros de servicio pueden contratar empleados especializados.

9. Nuestros grupos, como tales, nunca debieran organizarse, pero pueden crear centros de servicios o comisiones directamente responsables ante las personas a quienes sirven.

10. Los Grupos de Familia Al-Anon no deben emitir opiniones acerca de asuntos ajenos a sus actividades. Por consiguiente, su nombre nunca debe mezclarse en polémicas públicas.

11. Nuestra política de relaciones públicas se basa más bien en la atracción que en la promoción. Necesitamos mantener siempre el anonimato personal en la prensa, radio, televisión y el cine. Debemos proteger con gran esmero el anonimato de todos los miembros de AA.

12. El anonimato es la base espiritual de nuestras Tradiciones y siempre nos recuerda que debemos anteponer los principios a las personas.

Introducción a las Doce Tradiciones

Lois W., nuestra cofundadora, escribió: «Al-Anon... se mantiene unido mediante una comprensión bondadosa entre todos sus miembros. Hay unidad en Al-Anon —sin organización, sin administración, sin una cadena de comando o conjunto de normas— gracias a la voluntad de sus miembros de obedecer lo que no se puede imponer». Las Doce Tradiciones constituyen una guía relativa a la conducta y la unidad necesarias para mantener grupos sólidos. Son parte tan integral de nuestros cimientos espirituales como lo son los Pasos. Como Al-Anon no tiene normas o reglamentos, las Tradiciones representan el marco de consentimiento común en el cual podemos, de la mejor manera posible, llevar a cabo nuestras actividades. Las lecciones aprendidas al estudiar las Tradiciones generan un marco para nuestra vida personal así como para los grupos.

Para los miembros de Al-Anon, el estudio de las Tradiciones crea nuevas ideas y metas. El viaje a través de las Tradiciones incluye temas de recuperación, tales como miembros, el propósito de los grupos, el dinero, la propiedad, las relaciones públicas, el liderazgo y el anonimato. Esos y otros principios sugieren las guías espirituales básicas, que son tan valiosas en nuestro crecimiento; y nos guían por los senderos de la recuperación en Al-Anon.

Seguimos voluntariamente las Tradiciones comprendiéndolas de la mejor manera posible porque la experiencia demuestra que, cuando nos desviamos demasiado de las mismas, nuestros grupos pierden efectividad o hasta se desintegran. La salud de nuestros grupos es fundamental para nuestra recuperación y una aplicación bondadosa de las Tradiciones puede resolver casi cualquier problema en los grupos. Sólo debemos aportar nuestra experiencia, fortaleza y esperanza con sinceridad; escucharnos mutuamente con respeto; remitirnos a las Tradiciones y confiar en un Poder Superior en nuestros grupos como aprendimos a confiar en un Poder Superior en nuestra vida personal.

La utilización de las Tradiciones en nuestros grupos revela otro gran don de Al-Anon. Los principios que nos guían a través de conflictos entre opiniones naturalmente divergentes dentro de nuestra tan variada hermandad son útiles como normas personales en cualquier grupo: familias, empleos, casas sociales, iglesias, casi en todas partes. En Al-Anon aprendemos a vivir diversas relaciones sin perdernos o sin imponerles nuestras ideas a otras personas. Al incluir el estudio de las Tradiciones en nuestros senderos de recuperación, aprendemos a gozar de relaciones más sanas que las vividas con anterioridad.

Primera Tradición

Nuestro bienestar común debiera tener la preferencia; el progreso individual del mayor número depende de la unión.

En Al-Anon hemos aprendido que somos muy importantes como individuos y que si no nos ocupamos de nosotros mismos, «¿quién lo hará?» La Primera Tradición se refiere a nuestra necesidad de «bienestar común». Nos habla como individuos que somos, como miembros de un grupo y como grupo. Señala que, al cuidar el bienestar de todos los participantes, podremos discernir la mejor forma de fomentar el crecimiento individual de la mayoría de los miembros y nuestro propio bienestar. En una comunidad espiritual de amor, cada uno de nosotros tiene la mejor oportunidad de alcanzar el progreso personal, y la Primera Tradición cuenta con las bases para crear y mantener esa comunidad.

Recordar nuestro bienestar común nos ayuda a aprender a utilizar nuestras reuniones con eficacia. ¿Qué es bienestar común? Para los miembros de Al-Anon quiere decir conocimiento de nuestro único propósito: ayudar a los familiares y amigos de los alcohólicos. Significa recuperación, compartir en reuniones, crecimiento personal, crecimiento del grupo, participación en la hermandad mundial y comprensión de un problema común: el alcoholismo. Escritos o recitados en varios idiomas, al leer la Bienvenida Sugerida, la Oración de la Serenidad, los Pasos, las Tradiciones y los Conceptos, la Literatura Aprobada por la Conferencia (LAC) y la Clausura Sugerida, se nos garantiza que el mensaje de Al-Anon se difunde por todo el mundo.

Esto no quiere decir que todos los grupos sean exactamente iguales. Los grupos adoptan planes diversos: celebran reuniones de estudio de literatura, tienen coordinadores mensuales o trimestrales, comienzan las reuniones leyendo todos los Pasos y Tradiciones o leyendo los Pasos y una Tradición. En algunos grupos permiten fumar, otros se reúnen en hospitales o se concentran en los hijos o padres de alcohólicos o son grupos de hombres, mujeres, homosexuales o lesbianas o principiantes; pero todos los grupos tienen como marco los principios de Al-Anon e intentan aliviar el dolor de convivir o haber convivido con un alcohólico.

Como miembros nuevos de un grupo, muchos nos reservamos pensamientos y experiencias, ya sea por consideración hacia otros o por temor de sentirnos avergonzados, privando así al grupo de nuestra sabiduría. A través de la unidad y la dirección de los miembros del grupo, aprendemos que al expresarnos compartimos la responsabilidad de mantener la solidez del grupo. Los miembros antiguos a menudo se reservan sus contribuciones en reuniones numerosas creyendo que es esencial que los miembros nuevos se expresen primero. Se olvidan que, al compartir, pueden suministrar sabiduría y aliento a un recién llegado o a otro miembro antiguo con un problema nuevo en su vida. Es fundamental que nos inclinemos con comprensión ante el dolor de un recién llegado, ante un padre que vive con un hijo con altibajos en su recuperación, ante un miembro antiguo que descubre que otro familiar sufre la insidiosa enfermedad del alcoholismo. Compartir nuestras experiencias comunes y las soluciones Al-Anon en reuniones es lo que hace que una reunión sea vigorosa y goce de unidad de propósito.

Practicar las Tradiciones nos ayuda a mantener la unidad y un sentimiento de familiaridad. Como individuos, cada uno de nosotros es libre de encontrar un grupo en el que se sienta como en su casa. Al mismo tiempo, debido a nuestra unidad de propósito, se nos garantiza que encontraremos terreno común en cualquier grupo Al-Anon al que asistamos.

Sin embargo, a veces, los miembros conscientes o inconscientemente dejan de lado las Tradiciones. En tales casos tenemos la responsabilidad de recordarles las Tradiciones con afecto y amor. Al hacer tal sugerencia, nos ayuda recordar que las directrices existen en beneficio de la armonía del grupo. Nuestras Tradiciones son sugerencias que acatamos voluntariamente, usando nuestra mejor comprensión de ellas. Hemos aprendido que a medida que aumenta nuestra recuperación, aumenta también nuestra capacidad de beneficiarnos de las Tradiciones.

A lo largo de los años, muchos grupos han enfrentado problemas comunes. Como miembros nuevos nos resulta mucho más fácil hablar sobre los alcohólicos de nuestra vida que concentrarnos en nosotros mismos. Más adelante aprendemos que dedicar un tiempo excesivo a descargar demasiados detalles en el grupo no es beneficioso ni para el grupo ni para nosotros. Es a menudo en este momento de nuestra recuperación en que aprendemos acerca del papel de un Padrino y las muchas posibilidades del padrinazgo. Un Padrino es una persona con la que un miembro puede compartir y discutir problemas o asuntos personales de modo detallado, que comparte de corazón su experiencia, fortaleza y esperanza de Al-Anon cara a cara. Un Padrino es más útil que un grupo en el caso de charlas extensas. A veces los miembros nuevos desesperados necesitan desahogarse. Permitirles unos minutos para que compartan en la reunión y ofrecerles información para el contacto personal después de la reunión son formas de brindar comprensión afectuosa en esa situación.

Una buena fuente de material unificador es nuestra propia Literatura Aprobada por la Conferencia (LAC). «Aprobada por la Conferencia» quiere decir que el contenido de la literatura que publicamos es producto de miembros de Al-Anon y ha atravesado un proceso estricto de aprobación en la Conferencia de Servicio Mundial (CSM). Es un reflejo preciso de las ideas y experiencia de nuestra hermandad en general. Es apropiado utilizarla en reuniones y acontecimientos de Al-Anon. Lo que leemos fuera de las reuniones es asunto nuestro y es parte de nuestra experiencia personal. En las reuniones compartimos sobre nuestras experiencias personales y la LAC. Debido al volumen de investigación, artículos populares y atención de los medios de comunicación acerca del alcoholismo, en Al-Anon no podemos examinar y discutir todo lo que se publica. Lo mantenemos simple cuando usamos la literatura que sabemos refleja el criterio de Al-Anon ante el alcoholismo. La utilización de LAC tiene también la ventaja de permitirnos el acceso a la experiencia, fortaleza y esperanza de miembros de nuestra grande y variada hermandad mundial. Mediante la LAC compartimos las sugerencias que estamos seguros nos han ayudado.

Algunas personas pueden preguntarse cómo puede sobrevivir una hermandad totalmente voluntaria sin normas de imposición. Nuestro programa es espiritual; una y otra vez debemos confiar en un Dios de nuestro entendimiento que nos conduzca a decisiones que fomenten el bien común y debemos practicar los principios que sabemos han ayudado a otras personas en nuestra hermandad. No somos perfectos; a menudo enfrentamos conflictos fuertes pero logramos solucionarlos con las Tradiciones y nuestra confianza en un Poder Superior. Hasta el momento hemos encontrado que si cada uno de nosotros obtiene la mejor comprensión posible del principio de unidad, acepta nuestros orígenes diversos y mantiene la fe en las normas establecidas por la conciencia de grupo, el programa funciona. Puede ser asombroso que funcione, pero esa es una nueva prueba de la confianza en nuestro Poder Superior.

Muchos grupos de Al‑Anon terminan sus reuniones recitando la Declaración de Al‑Anon: «Cuando alguien, dondequiera que sea, pida ayuda, que nunca falte allí la mano de Al‑Anon y Alateen, y —que empiece por mí». Es un mensaje común y se dirige al bienestar de quienes aún no han encontrado reuniones y a la unidad de los miembros de nuestra hermandad mundial.

Los miembros comparten experiencia, fortaleza y esperanza

VI UN RAYO DE ESPERANZA

¿CÓMO NACIÓ Al‑Anon para mí? No fue a través de los Pasos, como podría ocurrir con la mayoría de los miembros. Para mí tuvo lugar una noche especial en una reunión de la Primera Tradición. Esa noche me sentía receptiva. Escuché cómo Al‑Anon había ayudado a otra gente y comprendí la parte que me correspondía de esta enfermedad. Sentí dolor; me di cuenta de cuán profundamente había afectado el alcoholismo a nuestra familia. Al permanecer en la reunión de estudio de la Tradición, escuché con atención los aportes de cada una de las personas. Me resultó claro que estas Tradiciones podrían aplicarse a mi hogar. Después de todo vi que la Primera Tradición funcionaba en nuestro grupo. Incluso la vi aplicada con éxito a nuestras reuniones de asuntos concernientes al grupo. Vi un rayo de esperanza, una nueva orientación, un verdadero instrumento que podría usar en la recuperación.

La Primera Tradición habla de unidad, algo que anhelaba en mi hogar. Esta Tradición me hizo ver la parte que tenía en esta desunión. En algún momento de la enfermedad familiar del alcoholismo, yo había asumido el control, había asumido la adopción de la mayoría de las decisiones. Después de todo yo no era el alcohólico, así que estaba bien. Las decisiones tomadas y los motivos de las mismas se dirigían a mantener unida a la familia y controlado al alcohólico. Sé hoy que muchas decisiones se tomaron en momentos de ira, resentimiento, profunda desesperación y locura. No gozaba de equilibrio, de serenidad y no tenía un Poder Superior. Había desplazado a Dios muchos años antes y desde entonces había estado impulsada por una obstinación egoísta.

Ahora sé que para que exista unidad en mi familia o en mi grupo, todos debemos tener voz. Ninguna voz es más importante que otras. Tengo la responsabilidad de escuchar, de compartir y de aceptar. La Primera Tradición eliminó la carga de control que descansaba en mis hombros. Ya no tenía que tomar decisiones por otras personas. La gente en mi hogar merecía tomar sus propias decisiones y recibir el mismo respeto que yo deseaba para mí, estuvieran en recuperación o no. Esta nueva libertad para mí y los otros miembros de mi familia fue un milagro Al-Anon. Cuando veo cómo se aplica la Primera Tradición a nivel de grupo, recuerdo una vez más cuán importante es la unidad en mi vida, y este recuerdo me devuelve el equilibrio.

Cuando llegué al programa de Al-Anon, no comprendía los Pasos, mucho menos las Tradiciones. Después de un tiempo empecé a examinar las Tradiciones pero las interpretaba de acuerdo a mi propio comportamiento en ese momento. Siempre colocaba las necesidades del alcohólico y las de mis amigos primero y después las mías. Cuando ellos me pedían algo, lo hacía y seguía pensando que algún día llegará mi turno, pero nunca llegaba. Como resultado de ello mi interpretación de las Tradiciones era que todos en el grupo tenían que sentirse felices porque de otra manera perderíamos la unidad. Si alguien quería prohibir el cigarrillo, pensaba yo

Mi comprensión aumentaba a medida que progresaba en Al-Anon

que había que dejar de fumar. Si un miembro de A.A. quería discutir el Libro Grande en una reunión, pensaba yo que debíamos ser corteses y escuchar. Si un miembro compartía la misma historia semana tras semana sin adoptar ninguna medida para corregir la situación, pensaba yo que mi tarea era estar a su lado aunque esa persona usara el valioso tiempo de la reunión para repetir viejos problemas.

Una semana estudiamos la Primera Tradición. El coordinador dijo que la opinión de todos es importante en Al-Anon y que nadie puede obligar al grupo a hacer algo. Me desconcertó; ¿cómo es posible gozar de unidad y al mismo tiempo dejar expresarse a todos? Cuando me expresaba en casa, siempre se iniciaba una pelea. Y siempre cedía para mantener la paz. En Al-Anon aprendí algo diferente. La Primera Tradición significaba que el grupo podía dedicar un cierto tiempo a discutir asuntos y luego podíamos votar. De esa manera nadie nos obligaba a hacer nada. Durante nuestras reuniones de conciencia de grupo, vi en realidad que se podía no estar de acuerdo sin irritarse. Después de la votación y de la toma de la decisión, nos agarrábamos de la mano y recitábamos la Oración de la Serenidad. Aun la gente que no había ganado estaba satisfecha porque se había podido expresar. Al final todos aceptaban la decisión del grupo.

Aprender sobre las Tradiciones también me ayudó en la vida privada. Comencé a entender que ni siquiera en casa tenía que tomar las cosas de forma personal cuando había opiniones diversas. Podía expresar mi opinión y olvidarme de los resultados. Al comenzar a desprenderme y no forzar soluciones, hasta el alcohólico empezó a cambiar. A veces nos poníamos de acuerdo en que no había acuerdo. Otras veces hablábamos acerca de nuestro problema y llegábamos a una decisión aceptable para ambos. Al-Anon me enseñó que no siempre hay que ganar o perder. A veces podemos simplemente participar.

Empecé a entender que bienestar común quería decir que tenía que desaprobar todo lo que nos dividiera y confundiera en las reuniones. Si alguien dominaba el debate o trataba de introducir asuntos ajenos a la reunión, debía ponerme de pie y decir algo. Al final logré el valor para expresarme cuando los miembros discutían convicciones religiosas o ideas políticas. Les recordaba con cortesía que venimos a Al-Anon a compartir nuestra experiencia, fortaleza y esperanza sobre la convivencia con el alcoholismo. Descubrí que respondían de modo positivo cuando les explicaba mis motivos en lugar de gritarles: «¡Aquí no hacemos eso!» A veces hablaba con distintas personas después de una reunión para explicar una Tradición y luego los escuchaba a ellos. Y de nuevo la gente respondía con aceptación.

La Primera Tradición me ha enseñado que la unidad no significa uniformidad. También me ha demostrado que lo que es bueno para el grupo es quizás bueno para mí también. Si no es bueno para mí, puedo buscar otra reunión o analizar mis propios sentimientos más a fondo. Estoy segura de que la Primera Tradición existe para que yo pueda mantener la reunión de Al-Anon como parte importante de Al-Anon en general. No tenemos que ser una entidad aislada. No tenemos que pasar por alto las Tradiciones ni robustecer nuestro egoísmo tampoco. Así era yo antes de venir a Al-Anon. La Primera Tradición me ha dado los instrumentos para cambiar algunas de las cosas que puedo. Por eso sigo viniendo a buscar más.

LA PRIMERA TRADICIÓN me brinda equilibrio. Por un lado no es bueno que controle o domine el grupo. Por el otro no tengo que convertirme en una flor marchita y ahogar mis necesidades debajo de las de los demás. La verdad es que soy miembro del grupo, en un pie de igualdad con el resto.

> NUESTRO BIENSTAR COMÚN DEBIERA TENER LA PREFERENCIA

No dedico tanto tiempo a compartir porque la Tradición me dice que todos tienen el derecho de compartir. Cuando comparto intento atenerme al tema porque de esta manera se beneficiarán muchos. Es mejor que aplique el tema a mi vida en lugar de extenderme acerca de mis problemas. Trato de compartir mi experiencia, fortaleza y esperanza por el bien del grupo. Aun en momentos de dolor, puedo compartir lo que aprendo de ese dolor porque eso es parte de mi experiencia.

Asumo responsabilidades en el grupo y realizo varias tareas. Busco oradores, arreglo la sala, coordino reuniones. No asumo demasiadas responsabilidades porque es nuestro grupo, no mi grupo. Nuestro bienestar común significa que todos tienen que contribuir y hacer lo que les corresponde.

Todo esto lleva a la unidad. Unidad quiere decir que trabajamos en forma conjunta en pos del objetivo común. En la recuperación de los efectos de la bebida de otra persona, el objetivo es el progreso personal para el mayor número. Trabajamos juntos mejor cuando aplicamos las Tradiciones porque las Tradiciones nos unen, no nos separan.

Intento recordar la primera Tradición fuera de Al-Anon. En el trabajo, al recordar nuestro bienestar común y unidad, es posible que trabaje bien y lo disfrute. Es menos probable que me sienta deprimida, deseando que las cosas fueran distintas. En casa trato de recordar que no soy la jefa. Todas las opiniones y maneras de hacer las cosas son tan aceptables como las mías.

Hace poco viajé con dos amigas de los Estados Unidos, una madre con su hija, que visitaban Inglaterra. Las llevé en auto a ver una región hermosísima de mi país. La hija se ponía de mal humor y yo comencé a sentirme infeliz. Me parecía que la madre y su hija se prestaban demasiada atención entre sí y se olvidaban de mí. ¡Cómo osaba la joven quejarse de estar cansada cuando yo era la que hacía el trabajo pesado! Conducía por senderos traicioneros sin saber con seguridad a dónde me dirigía. ¿Dónde estaba la gratitud?

Decidí dejar de pensar así. Mis amigas habían viajado miles de kilómetros para estar conmigo y visitar Inglaterra. Quizás nunca volvieran. ¿Qué sentido tenía estar tan divididas? Ellas dos se irritaban entre sí y yo me compadecía de mí misma. Pensé: «Nuestro bienestar común debiera tener la preferencia», y mi actitud cambió. Eran mis amigas y estábamos de vacaciones. Me correspondía a mí ser parte de este pequeño grupo. Era la conductora pero no era responsable de su humor. Sugerí visitar algunos pueblitos más y luego detenernos para el té. Creo que todavía estaban irritadas pero nos dimos tiempo para refrescarnos. Cambié el centro de atención de mí misma a nuestro viaje.

Tuve tiempo para maravillarme ante la simple sabiduría de las Tradiciones e intentar, mediante la atracción, trasmitírsela a otras personas.

Aplicación de la Primera Tradición

Nuestro bienestar común debiera tener la preferencia; el progreso individual del mayor número depende de la unión.

* ¿Cómo puedo practicar esta Tradición a mi vida diaria?
* ¿Cómo uso esta Tradición en mi reunión?
* ¿Cómo me permite esta Tradición ofrecer mi opinión? ¿Cómo puedo hacerlo sin dominar o tener que «ganar»?
* ¿Qué quiere decir «bienestar común» para mí? ¿Para mi grupo? ¿En otros sectores de servicio dentro de Al-Anon?
* ¿Me considero que mantengo la mente receptiva? ¿Siempre?
* ¿Estoy dispuesto a respetar las opiniones ajenas? ¿Cómo?
* ¿Estoy dispuesto a aceptar y valorar lo que otros puedan dar?
* ¿Me expreso por la unidad o por el control y la manipulación?
* ¿Cómo tengo presente la unidad de Al-Anon cuando expreso mis opiniones?
* ¿De qué manera soy flexible?
* ¿Doy algo positivo al grupo? ¿A mi familia? ¿A mis relaciones personales?

- ¿Obstaculizan los aportes interminables la unidad del grupo? Si es así, ¿cómo se puede enfrentar esta situación?
- ¿De qué otras formas sufren los grupos cuando hay miembros que dominan las reuniones?
- ¿Cómo puedo ser parte de la solución a los problemas del grupo y no parte del problema?
- ¿Doy con amor? ¿Cómo?
- ¿Escucho con amor a aquéllos que no me gustan o con quienes no estoy de acuerdo?
- ¿Soy un miembro de Al-Anon bien informado que apoya al grupo, al distrito, a la Zona y a la Oficina de Servicio Mundial en todos sus asuntos? ¿Cómo puedo informarme?
- ¿Doy la bienvenida a nuevos miembros de la misma manera que lo hago con viejos amigos en Al-Anon? ¿Estoy dispuesto a cambiar?
- Cuando comparto, ¿soy sincero al compartir lo bueno y también lo malo? ¿Escucho la sabiduría de miembros antiguos? ¿De mi Padrino?
- ¿Entiendo que no hay reglas sino sugerencias creadas para el bienestar común de los grupos Al-Anon en todo el mundo? ¿Cómo cambiará esto mi participación en Al-Anon? ¿En mi familia? ¿Con otras personas?

Segunda Tradición

La Segunda Tradición trata tanto de la autoridad como de la unidad, del respeto y la integridad de nuestros grupos. Es natural que para que un grupo esté a disposición de todos, semana tras semana, deben realizarse algunas tareas y tomar algunas decisiones sobre estructura. La Segunda Tradición nos demuestra cómo practicar los tres primeros Pasos como grupo. Admitimos nuestras limitaciones, llegamos a confiar en que un Poder Superior nos guiará y luego entregamos la conciencia de grupo a ese Poder.

Cada uno de nosotros es parte integral de la conciencia de grupo y aprendemos a compartir nuestros pensamientos sobre asuntos que afectan al grupo. Mediante pruebas repetidas, aprendemos que es mejor no imponer decisiones particulares o seguir repitiendo nuestras opiniones. Eso sería control. Cuando no se expresa la conciencia de grupo, vemos que facciones, grupos, un individuo dominante o la falta de alguien que asuma la responsabilidad puede crear el caos. Al ser parte de una conciencia de grupo informada, recopilar la información necesaria, dejar que nuestro Dios bondadoso nos guíe y seguir siendo fieles servidores, todos nosotros somos parte del grupo y apoyamos sus decisiones.

Cuando un grupo o familia se encuentra en dificultades, confiar la autoridad a un Poder superior a nosotros es crítico para lograr una mente clara. Cuando estalla el temperamento, escuchar orientaciones es difícil pero importante. ¿Cómo sabemos cuándo es un mensaje de un Dios bondadoso, de nuestra propia voluntad o la voz de otro miembro? Comenzamos confiando en un Poder Superior y continuamos aprendiendo a confiar en los demás. En este proceso aprendemos que podemos participar aun a través de un desacuerdo honesto con integridad y flexibilidad pese a que las cosas no sean lo que queremos. Para algunos de nosotros es la primera experiencia de una solución positiva de conflictos de nuestra vida.

En Al-Anon aprendemos que muchas de nuestras reacciones ante el comportamiento del alcohólico eran provocadas por el temor. Es fácil trasladar las mismas respuestas a nuestras salas de reunión si no comprendemos

Existe sólo una autoridad fundamental para regir los propósitos del grupo: un Dios bondadoso, que se manifiesta en la conciencia de cada grupo. Nuestros dirigentes son tan sólo fieles servidores y no gobiernan.

la Segunda Tradición. Si confiamos en que nos empeñaremos de la mejor manera posible, pidiendo orientación a lo largo del camino, no nos desviaremos demasiado del camino. Aprendemos a orar para pedir una guía antes de pronunciarnos en una polémica. Aprender a escuchar con respeto a otros, en especial a aquéllos que no están de acuerdo con nosotros o que no nos gustan, nos ayuda a incrementar la tolerancia. Escuchar es también útil para descubrir la sabiduría oculta en fuentes inesperadas. Los miembros que no están de acuerdo o que no comprenden deben ser escuchados y respetados. A veces las opiniones minoritarias pueden generar nuevas informaciones. Del debate, el grupo puede extraer posiciones de conciliación que satisfagan a todos; a veces puede procederse a una votación para llegar a una decisión.

Si nuestro punto de vista no es el del grupo en general, aprendemos a apoyar la decisión tomada. Con el tiempo llegamos a reconocer y aceptar que a largo plazo es la sabiduría del grupo, informada por una discusión a fondo y orientada por un Poder Superior, la que en última instancia será lo mejor para el grupo y sus miembros. Lleva tiempo confiar en el proceso de la conciencia de grupo. Cuando todos buscamos la voluntad de Dios, no hay ganadores ni perdedores, sólo un viaje hacia una mayor comprensión.

Todos, desde la persona que prepara el café hasta los Representantes de Grupo y de Distrito, los Delegados de Zona, los Custodios y miembros de la Oficina de Servicio Mundial (OSM), son fieles servidores. Cada uno de ellos depende de la orientación de un Poder Superior y de una conciencia de grupo, lo que es muy efectivo, tanto personal como colectivamente. Ser fiel es humildad y elevación al mismo tiempo. Que nuestro grupo nos confíe el servicio es un honor y una responsabilidad seria. Nuestro amor propio crece al cumplir con nuestras funciones de la mejor manera posible.

Establecer el sistema de turno en los dirigentes y recordar que nuestra única autoridad es un Dios bondadoso puede ayudarnos con nuestros defectos de carácter. Los miembros acostumbrados a dominar pueden sentirse molestos al recordarles que hay que turnar a nuestros dirigentes y que debemos servir, no gobernar. Los miembros antiguos aprenden a soltar las riendas y permitir que los demás sirvan. El sistema de turno de los dirigentes también atrae a quienes contamos con poca autoestima o tenemos poca experiencia en la dirección de cargos de confianza y autoridad. Aunque podríamos preferir que otros lo hagan, no siempre nos gustarán los resultados. Al practicar la Segunda Tradición, no podemos simplemente ser observadores y refunfuñar si no contribuimos a la conciencia de grupo o nos ofrecemos para ocupar un cargo.

Muchos principiantes en Al-Anon se maravillan ante cómo funciona un grupo con una estructura tan poco compacta. Consideramos que esta estructura es muy práctica debido a su base tan amplia. Cuando todos hacemos lo que nos corresponde, nadie se gasta. Cuando compartimos las decisiones, todos participamos en las soluciones logradas. Cuando atendemos con cuidado a las necesidades ajenas, nuestros grupos nos sirven y deseamos volver.

El servicio a nuestros grupos va más allá de un cargo en el grupo, arreglar las sillas o encontrar oradores. Puede significar ayudar a tomar decisiones y elevar la voz cuando creemos que se están violando nuestras Tradiciones. Es orientación, pero no gobierno. ¿Cuál es entonces la diferencia entre dirigir y gobernar en Al-Anon? En general los gobiernos tienen reglas y leyes y medios para imponerlas. Al-Anon ofrece sugerencias, experiencia y nuestras Tradiciones sin normas o reglamentaciones absolutas. Se nos pide que practiquemos la obediencia ante lo que no se puede imponer. Permitimos que los miembros nuevos conozcan la estructura de la reunión y las decisiones importantes de la conciencia de grupo para que no se sientan confundidos por su desconocimiento; compartimos nuestra experiencia cuando pensamos que nuestro grupo puede descarrilarse. En última instancia dirigimos a través del ejemplo, confiando en que nuestro Poder Superior nos guíe por el sendero correcto.

Los miembros comparten experiencia, fortaleza y esperanza

TODOS
PUEDEN
ACEPTAR

CUANDO empecé a reconocer que mi grupo de Al-Anon tenía su propia estructura, me preguntaba cómo podría tomar decisiones la organización y aún mantener la congruencia entre los grupos. Observaba cómo un grupo elegía a sus servidores por votación, otros levantando la mano y otros pidiendo voluntarios. Al principio no prestaba mucha atención a estas diferencias.

Muchas veces cuando surgía un problema acerca de cómo hacer algo que no hacíamos con regularidad, miembros antiguos citaban el *Manual de Servicio de Al-Anon y Alateen*. En general el grupo aceptaba lo que decía el *Manual*. Una vez un recién llegado, afligido por el humo en la sala, planteó el tema de si debía permitirse fumar en nuestras reuniones. La secretaria de la reunión dijo: «Levanten la mano los que prefieran que no se fume en las reuniones». Ni siquiera sugirió que se examinara el *Manual* o se discutiera el asunto.

El Representante del Grupo pidió a la secretaria con calma que retirara la sugerencia para que pudiera formarse una conciencia de grupo informada. Todos preguntamos: «¿Qué es eso?» Nos explicó que cambiar el carácter de una reunión no era algo que debía hacerse a la ligera. También sugirió que se podía decidir no fumar esa noche para ayudar al recién llegado. Antes de tomarse una decisión permanente, dijo que era necesario tener en cuenta los sentimientos de los miembros habituales que no estaban presentes. Ya que el propósito de la reunión era la recuperación, no había tiempo suficiente para permitir que todos los miembros se pronunciaran antes de una votación en una reunión determinada. El grupo decidió entonces hablar sobre el tema unos minutos antes de la reunión durante varias semanas. Después de que todos tuvieran la oportunidad de intervenir, se votaría.

A lo largo de los años usé esta historia como ejemplo de cómo tomar una conciencia de grupo informada.

Descubrí por experiencia que hay por lo menos seis respuestas posibles a una pregunta formulada a un grupo. Conocía «sí» y «no». También reconocí otras dos: «No sé» y «No me importa». Más adelante encontré otras posibilidades: «No quiero discutirlo» y «No quiero que lo discutas». Pude identificar diversos sentimientos en torno a estas seis respuestas: acuerdo, desacuerdo, desconocimiento, confusión, resentimiento e ira.

Percibí que en cada asunto que se presentaba al grupo, al distrito o a la Zona, primero tenía que reconocer cómo me sentía al respecto. Luego debía postergar una decisión personal hasta haber escuchado a toda la gente que deseaba compartir. En la mayoría de las decisiones en Al-Anon, creo que es más importante permitirnos compartir nuestras opiniones que permitir que la falta de tiempo domine un asunto. Hoy me parece que el proceso de discusión, consultar nuestra literatura y una votación constituyen medios idóneos para que los grupos tomen decisiones que casi todos puedan aceptar.

ESTAMOS TODOS AL MISMO NIVEL

A MENUDO me siento como si fuera una persona extraña en la escuela. Los chicos más populares tienen mucho que decir sobre cosas que me afectan. Dicen qué tipo de ropa está de moda y qué grupos musicales son los preferidos.

En Alateen veo que estamos todos al mismo nivel. Confiamos en que nuestro Poder Superior nos ayude en el grupo. Ningún miembro en particular toma decisiones en nombre de los demás. Todos tenemos la oportunidad de compartir y expresar nuestras opiniones al tomar una conciencia de grupo. Cada uno de nosotros tiene voz.

UN SANO RECORDATORIO

La Segunda Tradición cumple una función crucial para mí, similar a la manera en que el Segundo Paso me ayudó a comprender y practicar todos los otros Pasos enseñándome humildad. La Segunda Tradición me ayuda a aprender a aplicar esta humildad al practicar las Tradiciones en mis relaciones con otra gente. Aprendí mediante la dirección a aceptar una responsabilidad, a rendir cuentas por la misma y a ser suficientemente responsable para cumplirla con la ayuda de mi Poder Superior, sin el estímulo de otra persona. La Segunda Tradición también me enseña a compartir mis responsabilidades con otros miembros del grupo. Me recuerda que soy una fiel servidora de mis compañeros de Al-Anon y de mi Poder Superior.

Aprendí que en esta Tradición no hablamos de servidores como serviles sino como personas muy estimadas a quienes confiamos una tarea vital.

En un grupo diversos miembros tienen diversas funciones y responsabilidades hacia y por el grupo. Sin embargo el grupo tiene ciertas responsabilidades también. Por ejemplo, los miembros del grupo son necesarios para formar una conciencia de grupo. Se debe respetar al tesorero permitiéndole presentar un informe con regularidad.

Establecer turnarse en el servicio en el grupo es muy importante por dos motivos: 1) le da a todos la oportunidad de servir, 2) impide que el servidor se sienta demasiado importante.

A veces una persona asume una función en Al-Anon y todos están dispuestos a permitir que esa persona siga sirviendo año tras año. Esta situación no es buena ni para la persona que ocupa un cargo durante demasiado tiempo ni para los que se ven privados del crecimiento que brinda el servicio. Cuando termina un periodo, debemos cambiar hacia otras formas de servicio. En nuestro *Manual de Servicio* hay sugerencias relativas a la duración de los mandatos para diversas responsabilidades.

En casa soy una fiel servidora de mi Poder Superior trasmitiendo Su mensaje de amor. Nuestros hijos no son posesiones sino que son un préstamo de Dios para que los guiemos y amemos. No podemos ser los dueños de otra persona. Si intento mantener prisionera a otra persona, entonces yo misma me convierto en prisionera.

Al pensar en mi Poder Superior, reconozco que me brinda el libre albedrío mediante Su amor y me permite tomar mis propias decisiones, aunque me equivoque con frecuencia. Además me da el privilegio de sufrir por las consecuencias de mi comportamiento o gozar de las mismas.

Esta Tradición me enseña la importancia de las discusiones de grupo. Aprendemos a mantener el contacto con nuestro Poder Superior y a escuchar a los demás. Aprendemos que necesitamos tratarnos con respeto y no hablar o decir impertinencias cuando otra persona interviene. En casa también podemos escuchar a otros, lo que no quiere decir que tengamos que seguirlos. Así como el Representante de Grupo (RG) escucha todas las ideas del grupo y recoge toda la información pertinente disponible antes de decidir cómo votar en la asamblea, yo también tengo que aprender a escuchar a otros en casa y recoger toda la información disponible antes de decidir qué hacer. Lo que otros digan puede o no influir en lo que hago pero ellos se sentirán mejor por haber tenido la oportunidad de expresar sus sentimientos.

Esto no quiere decir que tengamos que ceder siempre ante lo que otros creen o piensan, ni que nos resistamos a algo que es bueno simplemente porque es idea de otra persona. Quiere decir que yo tengo que decidir lo que es mejor para mí. Debo aprender que ser «buena conmigo misma» significa también «bueno para mí». Debo considerar todos los hechos y examinar las consecuencias posibles. Tengo que aprender a tomarme el tiempo necesario y pensar en las cosas a fondo. Sin embargo tengo que ser cautelosa cuando me dan consejos. ¿Es esta persona una autoridad en la materia? Si el asunto es jurídico, necesitaré un abogado, no un albañil. Si quiero construir una pared, entonces sí necesitaré un albañil. Dar consejos no es de Al-Anon. Si te doy un consejo y las cosas salen mal, entonces me culparás. Si no sigues mi consejo, podría estar yo tan enferma que me irritaría por no haber sido escuchada.

La práctica de la Segunda Tradición requiere tiempo y paciencia. Como nuestra recuperación, avanzará con lentitud. Esta Tradición me ayuda a poner orden en mis prioridades: en Dios, en mí misma, en mi familia y en otras personas. También me recuerda que cada persona en mi vida tiene un Dios, el cual no soy yo.

Aplicación de la Segunda Tradición

Existe sólo una autoridad fundamental para regir los propósitos del grupo: un Dios bondadoso, que se manifiesta en la conciencia de cada grupo. Nuestros dirigentes son tan sólo fieles servidores y no gobiernan.

- ¿Estoy dispuesto a tomarme el tiempo necesario para discutir todos los puntos de vista antes de tomar una decisión? ¿Constituye un obstáculo mi necesidad de tener razón? ¿Cómo?
- ¿Cómo participo en las actividades de mi grupo?
- ¿Escucho a otros en las discusiones de grupo con la mente receptiva?
- ¿Qué estoy dispuesto a hacer para trabajar en el servicio?
- ¿Practica mi grupo turnar los servidores de grupo?
- ¿Qué puedo hacer para contribuir al servicio en mi grupo y en otros lados?
- ¿Ha formado mi grupo alguna vez una conciencia de grupo?
- ¿Participan todos en el grupo en el proceso de conciencia de grupo?
- ¿Qué puedo hacer si un miembro empieza a dominar un grupo?
- ¿Cuál es la diferencia entre dirección Al-Anon y gobierno?

- ¿De qué manera estoy dispuesto a apoyar la conciencia de grupo aun sin estar de acuerdo con ella?
- ¿Contribuyo a la solidez de mi grupo? ¿Cómo?
- ¿Presento mis inquietudes a nivel del grupo con amor? ¿Cómo?
- ¿Cómo soy dirigente y fiel servidor? ¿Cómo puedo ser dirigente sin «estar a cargo»?
- ¿Soy honesto conmigo mismo y con otros?
- ¿Trato de controlar? ¿De convencer a otros de que tengo razón?
- ¿Abandono mis responsabilidades y luego culpo a otros si las cosas no salen bien?
- ¿Trato de escuchar las palabras de Dios a través de las palabras de otros? ¿Qué es lo que entiendo?

Tercera Tradición

Cuando los familiares de los alcohólicos se reúnen para prestarse mutua ayuda, pueden llamarse un Grupo de Familia Al-Anon, siempre que, como grupo, no tenga otra afiliación. El único requisito para ser miembro es tener un pariente o amigo con un problema de alcoholismo.

PARA ENTERARSE de cómo ser miembro de Al-Anon o cómo formar un grupo, recurran a la Tercera Tradición que nos dice que cualquier persona puede ser miembro de Al-Anon decidiendo simplemente que su vida se encuentra afectada por el alcoholismo de otra persona. Puede formarse un grupo cada vez que dos o más personas se reúnen para usar los principios Al-Anon para ayudarse a sí mismas. La única condición es que el grupo no tenga afiliación con otros programas, religión o causa. Esta estipulación es simple y amplia a propósito. Garantiza que cuando alguien, donde quiera que sea, pida ayuda para enfrentar los efectos del alcoholismo de otra persona, Al-Anon esté presente.

La mayoría de las organizaciones tiene requisitos específicos para ser miembro y algún sistema para verificar que sólo los que cumplan dichos requisitos sean admitidos. Se crean solicitudes y se explican las obligaciones. Al-Anon es diferente. Si una persona piensa que se encuentra perturbada por un alcohólico, es bienvenida. La no afiliación de Al-Anon a ninguna otra causa u organización preserva con claridad nuestro propósito y nos ayuda a evitar controversias que podrían perjudicar nuestra unidad. Pese a que hay muchas buenas actividades del mismo tipo, nuestra experiencia indica que perdemos vitalidad y eficacia en nuestro programa de Al-Anon cuando nos esforzamos demasiado en ser todo para toda la gente.

La práctica de esta Tradición nos brinda crecimiento personal y una recuperación mayor. A todos los que pasan por nuestras puertas y dicen con su presencia que tienen un problema, les damos la mano de la hermandad. Les ofrecemos amor y aceptación incondicionales. Es simple. Si dicen que necesitan ayuda, son bienvenidos a nuestras reuniones.

Una vez que hemos logrado una cierta recuperación personal, es tentador pregonarlo al mundo y salir a ayudar a otras personas. Hemos descubierto que la mejor manera de ayudarnos a nosotros mismos y a otros es mantenerlo simple y concentrarnos como grupo en el enfoque Al-Anon para enfrentar la enfermedad de alcoholismo que afecta a la familia. En la recuperación surgen a menudo otros problemas que pueden abordarse mejor mediante terapia o en otra organización. Cuando el centro de atención es claro y cuando preservamos a Al-Anon en nuestro grupo en todo momento, nosotros como individuos podemos entonces con confianza pedir cualquier ayuda además de la de Al-Anon.

¿Quiere decir esto que rehusamos participar si un hospital local tiene un tratamiento para alcohólicos y sus familiares? No. Quiere decir que no nos afiliamos a su programa. Cuando se nos pide, podemos organizar reuniones para principiantes en instituciones y apoyar dichas reuniones a través de miembros voluntarios experimentados que se ofrecen para asistir y compartir. Sin embargo, una reunión de grupo en instituciones sigue siendo una creación Al-Anon y cualquier miembro de Al-Anon puede asistir con sujeción a las reglas de la institución. Trasmitir el mensaje es importante para nuestra propia recuperación. Los interesados pueden recibir literatura, una lista de reuniones o ayuda para comenzar una reunión.

Debido a nuestra amplia red de grupos, se considera a veces a Al-Anon como un lugar atractivo para anunciar productos y servicios o para ofrecer terapias o filosofías relacionadas con el alcoholismo. La discusión o el anuncio de tales cosas puede interpretarse como afiliación, desviándonos de nuestro único propósito espiritual relacionado con la recuperación.

Siempre tenemos la libertad como individuos de pedir ayuda y consuelo espiritual cuando lo deseamos. Al-Anon es una forma de vida espiritual que se combina de modo positivo con diversas creencias. Hay miembros que pertenecen a iglesias, sinagogas, templos y grupos religiosos de su elección. Algunos participan en terapias, tratamientos, otros programas de Doce Pasos o acontecimientos comunitarios que consideran útiles. Lo hacen como individuos libres, no como el Grupo de Familia Al-Anon del Viernes por la Noche. De la misma manera un grupo selecciona un nombre que no constituya afiliación a otra entidad, como la iglesia o institución en la cual se reúne el grupo.

El único requisito para ser miembro es un problema de alcoholismo en un amigo o ser querido. Nos corresponde a nosotros decidir a dónde pertenecemos. En nuestros grupos de Al-Anon descubrimos —a veces por primera vez— cuánto tenemos en común con gente que parece muy distinta a nosotros. En poco tiempo queremos asegurarnos de que todo recién llegado, por más distinto que parezca, se sienta bienvenido y pueda decidir por sí mismo si se siente parte de la hermandad.

Dentro de la hermandad tenemos varios grupos con intereses especiales. Como individuos tenemos opiniones, políticas, valores y conceptos de espiritualidad muy diversos. Se preserva la unidad al recordar que cualquiera en Al-Anon puede asistir a cualquier reunión de Al-Anon. El concentrarse en un sector particular de recuperación no modifica el hecho de que nuestras similitudes tienen más peso que nuestras diferencias. Todos hemos sido afectados por la bebida de otra persona. Al enfrentar la enfermedad del alcoholismo, aprendemos a unirnos, a amar sin condiciones y a practicar a diario los principios de la mejor manera posible.

En Al-Anon hablamos sobre cómo la enfermedad del alcoholismo en un ser querido ha afectado nuestra manera de pensar y nuestro comportamiento. Al compartir la recuperación en Al-Anon, les ofrecemos a otras personas el valor y la sabiduría que descubrimos, desde la perspectiva de la convivencia con un alcohólico. Al concentrarnos en el mensaje Al-Anon, nos encontramos ante un desafío: buscar en nosotros mismos la determinación de cómo aplicar los principios Al-Anon a nuestra recuperación personal de la mejor manera posible. «Compartir» se torna beneficioso tanto para el recién llegado como para el mensajero.

Además, si bien es importante que los recién llegados se den cuenta de que el alcoholismo es una enfermedad, es mucho más importante que encuentren seguridad en nuestras reuniones. Muchos vienen a Al-Anon como último recurso y tienen poca o ninguna confianza en nadie, en especial en los alcohólicos de su vida. Con frecuencia una reunión de Al-Anon o Alateen es el lugar más seguro al que puede ir un miembro durante su convivencia con el alcohólico. Muchos miembros de Al-Anon pertenecen a otros programas de Doce Pasos también; en las reuniones de Al-Anon dejamos las otras afiliaciones afuera y nos enfocamos en el mensaje de recuperación de Al-Anon.

No usamos nuestro grupo para otros propósitos ni lo vinculamos con otras causas, programas de tratamiento o empresas externas, por más valiosos que puedan ser, porque queremos estar seguros de que Al-Anon esté siempre disponible para nosotros y para otros que necesiten la ayuda que consideramos tan útil. Al-Anon ha crecido desde un puñado de personas dedicadas hasta convertirse en una fuente respetada de ayuda a nivel mundial para los familiares y amigos de los alcohólicos. Nuestra experiencia es un don valioso para mucha gente que sufre y que quiere aprender a ayudarse a sí misma en una hermandad afectuosa y solícita. La Tercera Tradición garantiza que Al-Anon se conserve como Al-Anon.

Los miembros comparten experiencia, fortaleza y esperanza

Nos perjudicaríamos a nosotros mismos si divagáramos sobre un asunto u otro durante nuestras reuniones. Lo que nos trajo a Al-Anon en primer lugar fue una cosa: el alcoholismo. Al concentrarnos en el problema, encontraremos una solución siguiendo la orientación de nuestro Poder Superior y los Doce Pasos. No hay cura instantánea como prometen algunas personas o programas. Debido a que no nos convertimos en lo que somos de la noche a la mañana, llevará tiempo volver a una manera de pensar sana.

No me corresponde a mí decirles a las personas si deben estar en una reunión de Al-Anon. A medida que leemos las Tradiciones, ellas se darán cuenta por sí mismas. Pronto verán que cumplimos con el requisito para estar en Al-Anon cuando la bebida de otra persona nos molesta. Cada uno de nosotros debe decidir por sí mismo si cumple con los requisitos del programa según se indica en la Tercera Tradición.

Cada uno de nosotros debe decidir por sí mismo

Me siento agradecida al asistir a una reunión en la que las experiencias de otras personas con el alcoholismo son similares a las mías. Me ayuda escuchar a gente que ha estado donde yo estoy. Comparten su experiencia, fortaleza y esperanza de forma totalmente distinta. Como el tiempo de reunión es muy breve, beneficia a todos dejar de lado otros asuntos. Atenerme a los principios del programa me permite soltar las riendas y entregárselas a Dios. Al enfrentar los problemas del alcoholismo, el poder que tiene la enfermedad sobre mí disminuye. Cuando me libero de sus garras, se hace más fácil proseguir con mi vida.

Al-Anon es un programa espiritual. Al mantener un enfoque espiritual en las reuniones, puedo utilizar los principios del programa para que me ayuden con los problemas causados por la bebida de otra persona. En Al-Anon encuentro una salida espiritual a mi propio tormento.

Quiero que Al-Anon esté disponible para todos los que se vean afectados por el alcoholismo en el futuro. Es muy importante no permitir que nuestro programa se convierta en una mescolanza de ideas que no funcionan. Si intentamos ser una panacea para todos, nos desviaremos de nuestro objetivo principal. «Mantengámoslo simple». Al-Anon funcionará para nosotros si nos atenemos a la guía «que no se puede imponer» que encontramos en las Tradiciones.

A veces estamos tan atrapados en la enfermedad que nos obsesionamos con la idea de cómo impedir que otros beban. Aceptar que el alcoholismo es una enfermedad nos mantiene bien encarrilados en cuanto a nuestra meta principal: aprender a vivir una vida plena pese a los efectos de la bebida de otra persona. Como miembro en particular, puedo apoyar cualquier causa que decida pero si valoro mi recuperación, me aferraré a los principios de Al-Anon en las reuniones de Al-Anon y ante aquéllos a quienes apadrine. Nuestro programa funciona de verdad cuando nosotros lo hacemos funcionar.

Sentí que pertenecía

Experimenté un sentimiento de calidez en mi primera reunión de Alateen. Sentí que pertenecía. Estaba con gente que conocía mis problemas porque comprendía mis sentimientos. Me alegraba que no importara la ropa que llevaba, la escuela a la que iba, las notas que tenía. Ni siquiera tenía que pagar para ser parte de eso, como en un club. Todos me aceptaban y me sentía parte integral del grupo.

Lo que importaba era que mi mamá era alcohólica. Podía participar en Alateen por eso. Aprendí que todos nos reunimos en nuestras reuniones de Alateen para ayudarnos mutuamente a vivir con gente cuyo alcoholismo nos afecta. Nuestros Padrinos y los miembros del grupo siempre nos recuerdan que compartamos acerca de cómo abordamos el alcoholismo. De esta forma siempre podemos dar la bienvenida a nuevos miembros al grupo. Nuestro único propósito es ayudar a otros adolescentes de alcohólicos.

No siempre tengo la razón

Cuando llegué a Al-Anon y encontré la ayuda que necesitaba, pensaba que todos en el mundo necesitaban a Al-Anon. Luego aprendí varias cosas. Una fue que cuando trato de que la gente se adapte a Al-Anon, estoy juzgando a esa gente y sus necesidades. Otra cosa que aprendí fue que nuestra singularidad radica en nuestras similitudes. Nos relacionamos entre nosotros porque sabemos de dónde viene la otra persona. Aprendí que Al-Anon no es para quienes lo necesitan sino para quienes lo quieren.

Creo que casi todos los alcohólicos tienen una u otra compulsión más la enfermedad de alcoholismo. Alcohol y juego, alcohol y exceso de comida, alcohol y drogas u otros problemas como maltrato a la mujer o a los hijos, etc. Estos asuntos paralelos son diferentes pero nos relacionamos a través de la enfermedad del alcoholismo y mantenemos el programa concentrado en los efectos del alcoholismo en nuestra vida.

La Tercera Tradición nos enseña la importancia de fijar un propósito y atenerse al mismo en lugar de disgregarnos por senderos dispersos. Como individuos podemos hacer lo que creamos nos ayuda pero cuando venimos a Al-Anon, dejamos todas esas actividades en la puerta.

¿Quién puede pertenecer a Al-Anon? Cualquiera

que piense que su vida se ha visto afectada por el alcoholismo. No importa cuánto o con qué frecuencia bebía el alcohólico o qué otros asuntos paralelos existen. Si la vida de una persona se ha visto afectada por el alcoholismo de un amigo o familiar, entonces esa persona puede ser miembro de Al-Anon.

El programa de Al-Anon ha funcionado para mucha gente y hay muchas imitaciones del mismo. No tenemos que incorporar estas cosas a Al-Anon; el programa se ha probado y no necesita modificaciones. Aceptar a Al-Anon tal como es me ayuda a aceptarme a mí misma donde estoy y a reconocer que tengo ventajas y deficiencias.

Aprender a encontrar singularidad de propósito en la hermandad de Al-Anon me ha enseñado a encontrar la singularidad de propósito en otros aspectos de mi vida. Aprendí que no puedo ser todo para todos en todo momento y que debo aprender a obtener equilibrio. También aprendí que puedo perjudicarme a mí misma y a otros tratando de hacer cosas en las que no tengo experiencia.

Uso nuestro *Manual de Servicio de Al-Anon y Alateen,* así como los Doce Pasos y las Doce Tradiciones de Al-Anon para recordarme el motivo de hacer lo que hacemos. Al volver a estudiar este material, recordé la importancia de ser parte de una familia o grupo y de aprender que no tengo que intentar resolver los problemas de toda la familia o grupo. Estudiar la Tercera Tradición me ayudó a convertirme en un miembro activo del grupo. No siempre tengo la razón; debo ser considerada con los demás. Mis familiares pueden tener sus propios intereses y yo no tengo que ser parte de todos los aspectos de sus vidas. Esta Tradición me recuerda el lema «Vive y deja vivir».

Aplicación de la Tercera Tradición

Cuando los familiares de los alcohólicos se reúnen para prestarse mutua ayuda, pueden llamarse un Grupo de Familia Al-Anon, siempre que, como grupo, no tenga otra afiliación. El único requisito para ser miembro es tener un pariente o amigo con un problema de alcoholismo.

- ¿Le doy a todo recién llegado una bienvenida cálida y afectuosa?

- ¿Les doy la bienvenida a todos los que asisten a nuestra reunión aunque sean de edades diferentes? ¿De sexo diferente? ¿De orientación sexual diferente? ¿De antecedentes socioeconómicos diferentes? ¿Cómo puede mi grupo ser más cálido hacia aquéllos que son diferentes de nosotros?

- ¿Hay miembros a quienes no les he ofrecido ayuda?

- ¿Trato a todo miembro y posible miembro con amor incondicional?

- ¿Cómo anima mi grupo a todos los miembros a compartir? ¿Animo a todos los miembros a compartir?

- ¿Cómo puede mi grupo darles la bienvenida a miembros de otros programas y mantener el centro de atención en Al-Anon? ¿Qué puedo hacer para que se sientan bienvenidos?

- ¿He alejado a alguien que podía haber necesitado a Al-Anon pensando que otra reunión podía ser mejor para esa persona?

- ¿Cómo puedo ayudar a que mi grupo sea flexible ante nuevas ideas garantizando al mismo tiempo que no haya afiliación a otra causa o grupo?

- ¿Dejo mis otras afiliaciones e intereses fuera de Al-Anon?

- ¿Soy comprensivo y alentador?

- ¿Cómo puedo tratar a otros con aceptación, tolerancia y amor?
- ¿Me acepto a mí mismo y a otros tal como somos? ¿Cómo?
- ¿Cómo puedo aplicar la Tercera Tradición a otros aspectos de mi vida?

Cuarta Tradición

Cada grupo debiera ser autónomo, excepto en asuntos que afecten a otros grupos, o a Al-Anon, o AA en su totalidad.

La AUTONOMÍA que se describe en la Cuarta Tradición permite que cada grupo decida lo que mejor funciona para sus miembros teniendo en cuenta las guías y los principios de Al-Anon. Sin tal autonomía a nivel del grupo, toda reunión sería exactamente igual. La autonomía facilita las respuestas a las necesidades de los miembros y nos da margen para cometer errores y aprender a corregirlos. La hermandad mundial de Al-Anon se nutre de las experiencias de los diversos grupos a medida que éstas se comparten con todos a través de reuniones de distrito y de Zona y en la Conferencia de Servicio Mundial (CSM). Sin embargo la Tradición nos advierte sobre la necesidad de asegurarnos de que las decisiones de nuestro grupo no afecten de modo negativo a otros grupos o presenten un cuadro desfavorable o impreciso de Al-Anon o A.A. en general.

Cuando comenzó Al-Anon, los miembros traían artículos y buenas ideas a los grupos desde fuera de Al-Anon. Estos instrumentos eran útiles a menudo y algunas se distribuían ampliamente. A medida que crecía, Al-Anon incrementó su literatura. Nuestros fieles servidores querían garantizar que lo que usáramos se ajustara a nuestros principios. La CSM decidió a comienzos de los años 60 crear un procedimiento para revisar y publicar nuestra propia literatura y abstenerse así de respaldar o utilizar otros materiales. Se concibieron las guías para redactar y aprobar literatura de Al-Anon y se adoptó el término Literatura Aprobada por la Conferencia (LAC). La LAC se identifica por el logotipo de Al-Anon, con las letras «GFA» en el círculo y las palabras «Conferencia de Servicio Mundial» dentro del triángulo. Se alienta a los miembros a usar sólo literatura de Al-Anon en las reuniones. Mediante la LAC se unifica toda la hermandad a través de la lectura de material desarrollado y aprobado por la CSM de Al-Anon. Tal acción tuvo repercusiones positivas en Al-Anon en general estimulando la unidad.

La unidad mediante la literatura también nos ha ayudado a comunicarnos con expresiones que representan a la hermandad en general. A veces los miembros pueden referirse brevemente a ideas provenientes de literatura externa que consideren útiles como parte de sus aportes personales, pero el uso exclusivo de LAC en las reuniones evita la confusión y fomenta la unidad en la hermandad.

Al-Anon adaptó los Doce Pasos y las Doce Tradiciones de Alcohólicos Anónimos. Estos dos Legados (con el tercer Legado: nuestros Doce Conceptos) crean nuestro sendero de recuperación y proporcionan la estructura para Al-Anon en todo el mundo. La Conferencia de Servicio Mundial les ha dado una categoría especial y no pueden modificarse con facilidad. El cambio de una sola palabra en cualquiera de los tres Legados exigiría una consideración y una discusión a fondo y una votación en la CSM y el voto afirmativo de tres cuartos de todos los grupos de Al-Anon en todo el mundo. Aunque nuestros Legados «que no se pueden imponer» ofrecen una cierta flexibilidad en su interpretación, es importante mantener la solidez de las bases de Al-Anon. Cuando los miembros o los grupos se arrogan el derecho de desviarse de estas guías o no las usan en absoluto, se genera la confusión que puede afectar a nuestra hermandad como un todo. Cuando alguien en algún lugar asiste a una reunión de Al-Anon, es importante que la reunión se base en estos principios bien establecidos.

Los grupos de Al-Anon tienen la libertad de decidir cómo estructurar sus reuniones, qué temas debatir, a quién invitar como orador, cómo consignar fondos y qué enfoque tendrá una reunión. La lectura de extractos puede variar de grupo a grupo y cada grupo tiene su atmósfera y matiz propios. La Cuarta Tradición garantiza que cuando alguien, dondequiera que sea busquemos una reunión de Al-Anon, los principios de la recuperación sean los mismos.

Venimos a Al-Anon en busca de una mayor comprensión de la enfermedad del alcoholismo y de cómo nos ha afectado. Asistimos a reuniones debido a este único denominador común. Se nos pide obediencia a lo que no se puede imponer. Nuestras Tradiciones son orientaciones, no reglas; nadie está obligado a seguirlas. Ningún miembro o grupo puede excluir a otro miembro debido a la autonomía del miembro o del grupo.

A veces los grupos no siguen los principios consagrados en las Tradiciones, a menudo porque los miembros no conocen la historia y la experiencia anterior. Un miembro familiarizado con las Tradiciones entonces tiene la responsabilidad de expresarse e informar al grupo acerca de sus opciones; la autonomía es una de ellas. Si se procede a una discusión, los miembros con más conocimientos pueden compartir su experiencia y comprensión y alentar a todos los otros miembros a participar. El grupo probablemente tome mayor conciencia de los principios de Al-Anon por medio de la discusión mediante la cual podrá resolverse cualquier asunto. Si aún persiste un problema, es posible que el grupo se beneficie del estudio y una comprensión más profunda de las Tradiciones. Nuestras Tradiciones provienen de las experiencias de los grupos y suministran orientación en caso de dificultades en los grupos.

Como en la vida, la libertad en Al-Anon conlleva responsabilidad. Deseamos preservar los principios básicos de la hermandad que nos han sido útiles y nos han ayudado en la recuperación. Cada miembro de un grupo es responsable de ayudar a lograr esa meta. Como grupo y como individuos, necesitamos tanto unidad como independencia para florecer. ¿Cómo podemos mantener el equilibrio entre estos conceptos aparentemente opuestos? Cuando nos demos cuenta de que insistimos con demasiada vehemencia o determinación en uno o en el otro, demos un paso atrás y consideremos si estamos tratando de dominar al grupo. Por otro lado, si pasamos por alto la incomodidad que sentimos cuando nuestro grupo parece desviarse demasiado de las Tradiciones, nos preguntamos si estamos buscando paz a cualquier precio como podemos haberlo hecho en nuestros hogares alcohólicos.

Ciertamente cometemos errores, y, de vez en cuando, los grupos dejan de funcionar debido a demasiada rigidez o a la negligencia de las guías sugeridas; pero, sobre todo, aprendemos a confiar en que nosotros mismos y nuestros grupos seguiremos voluntariamente la Cuarta Tradición. Recurriendo en forma constante a la orientación de un Poder superior a nosotros, encontramos seguridad aun en el proceso de prueba. Aprendemos de nuestros errores cómo lograr armonía con los demás. Gracias a estas lecciones un grupo a menudo se fortalece.

¿Significa esto que en Al-Anon todo se acepta mientras el grupo esté de acuerdo? Ciertamente no. Hay un principio importante que debe observarse para evitar dificultades serias: la autonomía es necesaria «excepto en asuntos que afecten a otros grupos, o a Al-Anon o AA en su totalidad». Cada uno de nosotros asume la responsabilidad de pensar en los efectos posibles de nuestras decisiones en Al-Anon. Como individuos y como grupos, somos el rostro de Al-Anon. La gente que viene a requerir ayuda con frecuencia ve sólo nuestro grupo en lugar de la hermandad mundial de Al-Anon durante meses o aun años. Si no presentamos un panorama positivo de Al-Anon, no sólo podríamos desalentar a un recién llegado sino que también muchos otros que todavía sufren podrían no encontrar nunca la ayuda que podemos brindar. Actuar de manera cuidadosa, responsable y afable hace que Al-Anon, así como nosotros, pueda continuar floreciendo.

La Cuarta Tradición mantiene a Al-Anon flexible pero firme. Aprender a actuar con autonomía vigilando al mismo tiempo la armonía con otros es una pericia vital. Al intentar su uso en los grupos de Al-Anon, llevándola a cada nivel de la hermandad, descubrimos que es un principio útil en todos los aspectos de nuestra vida. Aprendemos la importancia de ser nosotros mismos pero no necesitamos imponer nuestras percepciones a todos los demás para que esas percepciones sean válidas. La Cuarta Tradición es democracia en acción. Con ella podemos salir al mundo con un buen equilibrio entre la libertad y la responsabilidad.

Los miembros comparten experiencia, fortaleza y esperanza

MI PRIMER recuerdo de la Cuarta Tradición en acción en mi grupo fue en nuestra reunión mensual de asuntos concernientes al grupo. Un miembro expresó su inquietud sobre la oración que decíamos al final de la reunión. Agregó que por medio de Al-Anon buscaba a su Poder Superior y su propia definición de espiritualidad. También observó que nuestra reunión tenía lugar a unos pocos kilómetros de una universidad importante y que teníamos una gran diversidad de miembros nuevos con ideas religiosas variadas.

LA CUARTA TRADICIÓN AYUDÓ A MI GRUPO

Otra miembro nos señaló que era agnóstica y que la plegaria en el grupo era el único motivo por el que había considerado con seriedad no volver. El grupo subrayó que no quería perder ningún miembro y que era esencial una resolución. La Representante de Grupo sugirió que leyéramos las Tradiciones para decidir cuáles se aplicaban a este asunto. También sugirió que examináramos el *Manual de Servicio* y celebráramos una reunión especial la semana siguiente para discutir las opciones.

La Representante de Grupo inició la reunión de discusión leyendo la Cuarta Tradición. Explicó que cada grupo era autónomo y que grupos distintos terminaban sus reuniones con plegarias y declaraciones distintas. Hizo hincapié en la segunda mitad de la Cuarta Tradición: «... excepto en asuntos que afecten a otros grupos, o a Al-Anon o A.A. en su totalidad». Subrayó que nuestra decisión debía tomarse para el bien del grupo. Después de prolongadas deliberaciones, se procedió a una votación silenciosa. Más de tres cuartos de los miembros votaron a favor de terminar la reunión con la Oración de la Serenidad.

Unos años más tarde, discutiendo en la sala con mi esposo acerca de otra crisis, me di cuenta de lo bien que se aplicaba la Cuarta Tradición a situaciones familiares. En forma específica comprendí que lo que hace mi vecino o mi esposo no es de mi incumbencia, excepto en asuntos que me afecten a mí o a mi familia.

Un vecino derribó un árbol que cayó en nuestro jardín, rompió nuestra cerca y partió en dos nuestro duraznero. Me sentí indignada. Mi esposo alcohólico, aunque sobrio, explotó y se enfureció tanto que no podía enfrentar el problema de manera eficiente. Nuestro vecino se disculpó mucho, pero aún había conflicto en materia de tiempo y de responsabilidad. El vecino quería esperar que su compañía de seguros se encargara de todo el asunto, pero nosotros necesitábamos una cerca con rapidez debido a nuestros perros. Si no actuábamos rápidamente, la situación podría afectar a todo el vecindario.

La Cuarta Tradición me ayudó a poner en orden los asuntos difíciles. Sobre el asunto de la autonomía, nos pusimos en contacto con nuestra compañía de seguros y obtuvimos nuestras propuestas. Separamos los asuntos que afectaban al vecino y a su compañía de seguros de los que afectaban a todo el vecindario. Incluso encerramos rápidamente a nuestros perros. La Cuarta Tradición me ayudó a no perder la cabeza ni el centro de atención en la solución de estos problemas. Eso nos permitió ocuparnos de nosotros mismos de manera autónoma en pocos días. Los efectos en el vecindario fueron mínimos considerando lo que podría haber pasado si nuestros perros hubieran andado sueltos. Las relaciones con mi esposo y con mi vecino volvieron a lo que era antes de la caída del árbol.

Si el grupo lo decide

Recuerdo cuando algunos miembros de mi grupo quisieron cambiar el plan de nuestra reunión. Querían leer un extracto específico de literatura Alateen. Otros miembros se disgustaron porque podría cambiar la reunión. Si cambiaba no sería como las otras reuniones en nuestra Zona.

Nuestra Madrina de Grupo de Alateen nos explicó que la palabra autónomo en la Cuarta Tradición significa que se puede cambiar el plan si el grupo lo decide. Dijo que no todas las reuniones de Alateen tienen que ser iguales. Sugirió formar una conciencia de grupo para que todos pudieran participar en la decisión expresando sus opiniones. Mientras utilizáramos Literatura Aprobada por la Conferencia, siguiéramos las Tradiciones e introdujéramos modificaciones de acuerdo con los principios de Alateen, nuestra Madrina dijo que no había problemas en cambiar el plan de la reunión para ajustarla a las necesidades y los deseos del grupo. La decisión nos correspondía a nosotros.

Invitación a la recuperación

Si bien las Tradiciones se consideran en general parte del aspecto práctico del programa, oí decir que cuando se aplican a nivel personal, ayudan a la recuperación. Estas mismas ideas pueden utilizarse para resolver problemas personales, familiares o laborales.

Un pasaje del folleto *Cuando estoy ocupado me siento mejor* se relaciona con la autonomía del grupo. Dice que «Nos tenían la confianza de manejar al grupo de la manera que consideráramos que era apropiada, excepto cuando nuestras decisiones o nuestras acciones afectaran la unidad de la hermandad o de A.A.». A nivel personal, podemos administrar nuestra vida como mejor nos parezca, excepto cuando nuestras acciones o decisiones repercutan injustamente en otra persona. Si bien esta Tradición nos da libertad, la misma implica que existen límites. Podemos aprender cuáles son esos límites utilizando cortesía básica, anteponiendo principios a las personas y la orientación de un Poder Superior. Escuchar en las reuniones, participar en el servicio y leer literatura de Al-Anon son medios para conocer limitaciones concretas. También aprendemos lo que es sensato en comparación con el comportamiento extremo que experimentamos viviendo con una enfermedad mental, física y espiritual.

La autonomía se relaciona con el derecho a regirse a sí mismos. Proviene de dos palabras griegas: autos que quiere decir propio, y nomos que quiere decir ley. En la enfermedad a menudo aprendemos maneras de reaccionar que no requieren autonomía en absoluto. Cuando surge una situación, pensamos, decimos o hacemos lo que siempre hemos hecho. Se presiona el botón y se oyen las antiguas grabaciones. Actuamos como autómatas, máquinas que actúan mecánica y automáticamente. No se piensa, se ven sólo acciones rutinarias ante lo que está ocurriendo.

Al-Anon dice que debemos concentrarnos en nosotros mismos y actuar en beneficio propio. La autonomía es la actitud que indica que mis acciones son mis decisiones propias. Me coloca en el centro de mi vida y a cargo de lo que está sucediendo en ese momento. Elegir autonomía significa dejar de lado la seguridad; puede haber consecuencias de mis acciones: ¿Qué pasaría si se enojara, no me quiere, o soy demasiado viejo para cambiar? También quiere decir que no debo esperar hasta que otro cambie antes que yo. Esperar que otro cambie es como ofrecerse como víctima. Uno de los beneficios de depender de otras personas en cuanto a orientaciones relativas a cómo vivir mi vida es que puedo culparlas cuando algo no funciona. Nunca tengo que ser responsable de la situación en que me encuentro.

Considerarme como un individuo separado es con frecuencia difícil. Tengo a menudo ideas firmes sobre cómo debería ser la vida pero otra gente con la que vivo o trabajo quiere que viva o trabaje a su manera. Digo «sí» cuando lo que quiero decir es «no». Retengo información e intento convencer a la gente de que me acepte y no se irrite. Me convierto en alguien que quiere agradar a todos. Me encargo de la gente con la esperanza de que algún día se encarguen de mí pero casi nunca se concreta tal pacto. En lugar de comprender que este pacto es un mal negocio, creo que si trato con más fuerza todo saldrá bien la próxima vez. Y nunca sale bien. Me preocupo tanto por lo que hacen o dejan de hacer los demás que no me doy cuenta de que debo examinar mis propias actitudes y comportamientos.

El temor que siento ante la autonomía es que no necesite a nadie, aunque para mí es más fácil adoptar una actitud muy independiente que enfrentar la devastación o la decepción cuando los demás mienten, me desilusionan o me desconciertan. Pero es una simple actitud. En mi interior todavía anhelo ese sentimiento cálido, ese apego a otro ser humano. Mediante la recuperación aprendo la forma en que esta enfermedad afecta mi juicio acerca de otras personas. Con frecuencia he reconocido el potencial de los demás sin darme cuenta de lo lejos que estaba de ese potencial su comportamiento diario.

Al desarrollar mi individualidad, puedo ayudar mejor a otros a hacer lo mismo. Entre más responsabilidad asuma, mejores serán mis decisiones. No tengo que esperar que otro me facilite la vida, puedo tomar mis propias decisiones. Esto es útil para aprender a practicar el desprendimiento emocional.

Me convierto en más real ante mí misma y también lo hace mi percepción. En lugar de depender por completo o ser independiente por completo, busco relaciones interdependientes. La interdependencia puede observarse en reuniones donde cada uno hace lo que le corresponde por el bien del grupo. Se desarrolla un sentimiento de valor de uno mismo. Tengo la oportunidad de reconocer mis necesidades y capacidad. Puedo compartir con otra gente y aceptar sus aportes. Vemos la integridad del programa en acción cuando todos son tratados a través del mismo conjunto de principios.

Los buenos sentimientos me invitan a asumir un compromiso, no sólo con el programa sino con la recuperación personal. Comienzo a ver que puedo tomar decisiones que me beneficien y que la recuperación personal es lo mejor para mí. Por fin puedo abordar el problema, no tratar sólo los síntomas. Participar en el programa robustece ese compromiso. Recibo en la misma medida que doy.

Aprender el significado de libertad

En esta Tradición encuentro equilibrio, independencia con consideración. En esta Tradición es importante ver la coma después de la palabra autónomo; no es un punto sino una coma. A menudo escuchamos a gente inmadura decir: «Tengo derecho a hacer lo que quiera», sin recordar que esa es su decisión siempre y cuando no afecte a otras personas. Una vez escuché esta idea expresada por un miembro de Al-Anon de la manera siguiente: «El derecho de tu puño termina donde comienza mi nariz».

Los derechos de una persona no son superiores a los de otra. Esto es importante al aprender a trabajar junto a otros de forma madura. La vida es una toma y daca continua. Aprendemos en Al-Anon a deshacernos de actitudes férreas y adquirimos una cierta flexibilidad. Aprendemos a reflexionar sobre una situación y a examinar nuestros motivos.

Como lo explicó un padre a su hijo: «Sí, tienes derecho a hacer lo que quieras en tu habitación, excepto cuando ello afecta al resto de la casa o sus miembros. Si decides coleccionar restos de manzanas en tu habitación, los gusanos que aparecerán como resultado de tu acción se dispersarán por toda la casa y así estarás infringiendo mi derecho a vivir en una casa sin gusanos».

Otra cosa que aprendo en esta Tradición es que la libertad y la responsabilidad deben ir de la mano. Cuanta más libertad tenga, más dispuesta debo estar a asumir la responsabilidad de mí misma y de mi comportamiento y de cómo afectará éste a los demás en el grupo como un todo.

Los grupos tienen muchas libertades: no hay jefes. Por eso es importante que comprendamos nuestra responsabilidad de obedecer lo no imponible.

Al examinar nuestra literatura, encontramos la importancia de atenernos a la Literatura Aprobada por la Conferencia (LAC). Nuestra literatura incluye un mensaje unificado, congruente en principios y textos, y se tiene mucho cuidado en que esta literatura respete nuestros principios antes de ser aprobada por la Conferencia. ¿Cómo sabemos si algo ha sido aprobado por la Conferencia? Busquen el símbolo: un triángulo con un círculo dentro del mismo. Este símbolo puede verse en nuestro *Manual de Servicio*. Cuando vine a Al-Anon por primera vez, se me dijo que no leyera sino LAC durante el primer año. Si necesitaba algo más, se me dijo que buscara una buena novela de misterio o un buen libro de tipo sexual. Fue un consejo positivo porque había leído toda clase de libros de esfuerzo propio con innumerables teorías y me sentía confundida.

Entonces alguien preguntó: «¿Qué pasa con la literatura de A.A.?, ¿tiene aprobación de la Conferencia?» Es aprobada por la Conferencia de Servicio General para A.A. —pero no para Al-Anon—. En casa puedo leer lo que quiera, pero cuando vengo a las reuniones dejo todo eso afuera. Cuando leí literatura de A.A. por primera vez, traté de ver si él hacía las cosas bien. Después de haber estado en el programa durante un tiempo y pudiendo concentrarme en mí misma y recordar que leo para mí, no para él, comprendí que podía leer literatura de A.A.

Oí decir que Al-Anon es un programa egoísta. Eso no quiere decir que nos transformemos en gente egoísta —en realidad ocurre lo contrario— sino que nuestro programa debe tener prioridad. Cuando doy prioridad a mi programa, doy prioridad a Dios, a mí y a mi familia. Mi crecimiento ha sido resultado de Al-Anon y mi crecimiento en Al-Anon ha beneficiado a los que me rodean.

En nuestros grupos vemos que si bien somos autónomos, aprendemos a pensar en cómo una decisión puede afectar al grupo o a la hermandad. En casa esta Tradición me ha sido de mucha utilidad. Me recuerda que si quiero tener libertad e independencia, debo dar esa libertad a los que me rodean. Debo respetar a otros pero primero debo aprender a respetarme a mí misma. He aprendido que, en el grupo así como en casa, lo que más me beneficia a menudo es lo que más beneficia al grupo o a mi casa porque soy parte de ellos.

Supongo que lo que mejor he aprendido de la Cuarta Tradición es la utilización del lema «Piensa» al examinar cualquier acción antes de realizarla. Por ejemplo, puedo darme cuenta de que la falta temporal de algo me beneficiará a largo plazo.

Aplicación de la Cuarta Tradición

Cada grupo debiera ser autónomo, excepto en asuntos que afecten a otros grupos, o a Al-Anon o AA en su totalidad.

* ¿Cómo asumo la responsabilidad por mis acciones y pensamientos? ¿Asume mi grupo responsabilidad por sus acciones y pensamientos? ¿Cómo?

* ¿Cómo permito a otros la libertad de asumir responsabilidad por sus acciones y pensamientos?

* ¿Acepto las consecuencias de mis acciones con afabilidad? ¿Le doy a otros la misma oportunidad?

* ¿Pienso sólo en mí y soy egoísta en nombre de la autonomía o me ocupo verdaderamente de mí mismo pidiendo la orientación de mi Poder Superior?

* ¿Cómo considera mi grupo las repercusiones de sus decisiones en Al-Anon y Alateen en general? ¿Piensa el grupo en miembros solitarios, reclusos, grupos en todo el mundo? ¿En A.A.? ¿En recién llegados? ¿En miembros antiguos?

* ¿Cómo eran mis sentimientos cuando era un recién llegado? ¿Me sentí bienvenido? ¿Puedo compartir mis ideas con el grupo? ¿Con otros?

* ¿Recuerdo el propósito primordial de Al-Anon: ayudar a los familiares y amigos de los alcohólicos, en mis actividades de servicio? ¿Cómo afecta esto mis acciones?

* ¿Soy dogmático en mi razonamiento o soy flexible en la interpretación de las directrices sugeridas? ¿Cómo puedo ser más flexible?

* ¿Al visitar a un nuevo grupo, me siento irritado si no es exactamente como mi grupo local? ¿Quiero corregirlo? ¿Qué puedo aprender de estas visitas a otros grupos?

* En mi vida personal, ¿cómo puedo aplicar esta Tradición a mi familia? ¿Somos autónomos? ¿Afectan nuestras acciones a otras familias? ¿A nuestra comunidad?

* La Cuarta Tradición nos pide obediencia a lo que no se puede imponer. ¿Qué significa esto para mí?

Quinta Tradición

Cada Grupo de Familia Al-Anon persigue un sólo propósito: prestar ayuda a los familiares de los alcohólicos. Logramos esto, practicando los Doce Pasos de AA NOSOTROS MISMOS, *comprendiendo y estimulando a nuestros propios familiares aquejados por el alcoholismo, y dando la bienvenida y brindando alivio a los familiares de los alcohólicos.*

LA QUINTA TRADICIÓN define el propósito primordial de Al-Anon. Ayudar a familiares de alcohólicos es la única razón de ser de Al-Anon. Esta Tradición ofrece tres directrices para mantenernos encarrilados y claros acerca del por qué estamos aquí: practicar nuestro programa de Doce Pasos, comprender y estimular a los seres queridos alcohólicos y brindar alivio a las personas afectadas por el alcoholismo de otra persona.

Muchos estábamos acostumbrados a culpar al alcohólico de todos nuestros problemas; muchos pasamos años tratando de mejorar a otro enfermándonos nosotros cada vez más. La idea de examinar nuestras propias vidas, de practicar los Doce Pasos como solución puede parecer incomprensible. Miembros experimentados lo comprenden y con suavidad nos dirigen una y otra vez hacia nosotros mismos hasta que comenzamos a mejorar y a anhelar la recuperación de Al-Anon para nosotros. Practicar los Pasos tiene la ventaja de mantenernos ocupados y no interferir así en la vida del alcohólico. La experiencia demuestra que ayudamos mejor a otros ocupándonos de nosotros mismos primero. Se parece a las instrucciones de seguridad que da una azafata en un avión: «Colóquense la máscara de oxígeno primero y luego ayuden a sus niños o a los que necesiten ayuda». En una situación alcohólica, es también importante recordar que debemos encargarnos de nuestro bienestar primero.

Quizás la parte más difícil de la Quinta Tradición sea: «comprendiendo y estimulando a nuestros propios familiares aquejados por el alcoholismo». Pese a que muchos llegamos a Al-Anon para ayudar a un alcohólico, a menudo llegamos llenos de ira, decepción y resentimiento. Para brindar compasión a la persona que motivó nuestra entrada a Al-Anon es necesario remitirnos una y otra vez a la práctica de los Doce Pasos. Por fortuna no estamos solos. Otros miembros, en especial un Padrino, y nuestro Poder Superior nos ayudan a comprender de verdad que el alcoholismo es una enfermedad. Aprendemos a desprendernos con amor, a odiar a la enfermedad pero no a la persona y a alentar al alcohólico a probar un nuevo camino. Podemos darnos cuenta de que, con el deseo de ayudar al alcohólico a alcanzar la sobriedad, nuestra «ayuda» en realidad le impide experimentar las consecuencias del alcoholismo y, quizás, desear la sobriedad de manera suficiente para modificar su comportamiento autodestructivo. Aquéllos que tenemos la tendencia de aconsejar, dirigir o controlar debemos aprender a ayudar sin facilitar.

Una vez que nos encontramos en el sendero de la recuperación, contamos con la experiencia, fortaleza y esperanza para dar la bienvenida y brindar alivio a los que necesitan nuestra ayuda: otros familiares y amigos de los alcohólicos. La bienvenida exige más que una mera declaración al comienzo de una reunión. Aprendemos a encontrar el tiempo para miembros nuevos que pueden ser demasiado tímidos para compartir a menos que se los invite específicamente. Cuando pensamos en lo que podría ayudar a alguien, nos preguntamos: ¿Qué me ayudó a mí? Si lo discutimos, tal vez usando la Quinta Tradición como tema de reunión, vemos que la variedad en las respuestas le da al grupo orientación y nuevas ideas para aplicarlas en nuestra vida.

La bienvenida no debería reservarse sólo para miembros nuevos. Todos los miembros de Al-Anon deben sentirse bienvenidos y parte del grupo. Algunos nos sentimos como intrusos durante mucho tiempo, en especial en grupos en los cuales los miembros parecen charlar sólo con sus amigos. Compartir la experiencia de sentirse intrusos puede ayudar a la reunión a aprender a desalentar estas actividades sociales exclusivistas, sin detener la muy necesaria calidez y camaradería que hacen de Al-Anon una verdadera hermandad. A veces tenemos que recordar concentrarnos en la recuperación e incluir a toda persona en el círculo o invitarlos a tomar café después de la reunión, si así se procede en el grupo. Un miembro puede alejarse de las reuniones; una llamada amistosa de alguien en el grupo, diciendo que se le extraña, puede ser positiva. El sentido común y la presencia de nuestro Poder Superior nos ayudan a dar la bienvenida y a brindar alivio sin decirle a la gente lo que tiene que hacer. En general vemos que esta ayuda fortalece nuestra propia recuperación.

Podemos también ayudar poniendo a disposición de la comunidad información de bienvenida sobre Al-Anon. Para eso debe haber un fácil acceso a Al-Anon cada vez que alguien trata de encontrarnos. Los Servicios de Información, los distritos, las Zonas y la Oficina de Servicio Mundial (OSM) están presentes para poner a Al-Anon a disposición de quien lo necesite cuando y donde se oiga un grito de ayuda. Como grupos y también como miembros, apoyamos estos servicios con donaciones y horas de trabajo voluntario para garantizar que haya alguien que conteste el teléfono y oriente a la persona a la reunión más cercana. La literatura y los comunicados hacen saber a la gente que hay ayuda disponible. El suministro de estos servicios es parte de la bienvenida a los familiares y amigos de los alcohólicos.

Dar la bienvenida a familiares de alcohólicos nos recuerda nuestro propósito primordial. Todo recién llegado que golpea a nuestra puerta nos recuerda claramente cuánto consuelo necesitábamos (y aún necesitamos). Para brindar alivio, debemos conocer el alivio. Aprendemos el significado de bondad y el valor de escuchar sin juzgar de aquéllos que nos los dieron a nosotros. Trasmitirlo a otros robustece nuestra propia recuperación. Escuchar a gente que ha experimentado los mismos sentimientos, y que a veces actuó de la misma manera insensata al enfrentar la locura del alcoholismo, nos ayuda a desarrollar la aceptación de nosotros mismos y de los demás.

Al-Anon no es una panacea para cualquier problema humano. Aunque la práctica de un programa espiritual puede ayudarnos en todos los aspectos de la vida, en Al-Anon nos enfocarnos en un solo propósito: ayudar a los familiares y amigos de los alcohólicos. Nos ayudamos mutuamente a abordar la enfermedad del alcoholismo que afecta la familia y, al hacerlo, nosotros nos ayudamos mucho más.

Los miembros comparten experiencia, fortaleza y esperanza

HAY ALIVIO   La Quinta Tradición me presenta tres retos: practicar los Doce Pasos, comprender y estimular al alcohólico y ayudar a los familiares de los alcohólicos.

Los Doce Pasos que escucho en cada reunión son las orientaciones básicas para la vida. No es una simple repetición de los mismos sino que puedo remitirme a un Paso específico cuando surge la necesidad. ¿Me siento indefensa, queriendo controlar? Si es así, puedo usar el Primer, Segundo y Tercer Pasos. Los otros Pasos nos ofrecen orientación sobre posibles acciones o pueden indicarme que no realice ninguna acción. Si sigo los Pasos, puedo experimentar serenidad, aunque quizás no con la rapidez deseada, pero la serenidad llegará.

Estimular y comprender al alcohólico puede ser la parte más difícil de la Quinta Tradición para mí. Es útil tener presente los elementos básicos de la enfermedad. Sí, es una enfermedad. No es un ataque deliberado contra mí. Mediante las reuniones de Al-Anon, me he dado cuenta de que no estoy sola. Aunque soy un ser humano individual, las historias de otra gente se parecen mucho a las mías. Con frecuencia existe la posibilidad de que la infelicidad que se comparte en una reunión de Al-Anon termine en risas en lugar de en lágrimas.

Soy un ser individual. También lo es el alcohólico. Puedo respetar a los dos como seres humanos valiosos, lo que no significa que deba aceptar un comportamiento inaceptable, pese a que yo no he recorrido el sendero del alcohólico. No sé cómo es y me alegro de que así sea. Los alcohólicos que conozco no son los mejores ni los peores. ¿Puedo tratarlos como a mí me gustaría ser tratada? Lo que desearía hacer es alentar y reconocer sus buenas acciones sin pasar por alto las malas. Para que esto funcione, debo ser congruente. Debo ser responsable de mis acciones y permitir que el alcohólico sea responsable de las suyas.

Para ayudar a familiares de alcohólicos, puedo ofrecer una bienvenida cálida y consuelo. Puedo sonreír.

Puedo hacerles saber que es bueno llorar. Puedo comprender su confusión y su asombro. Puedo entender sus expectativas perdidas. Puedo escuchar, escuchar, escuchar. No doy consejos. No prometo plazos para mejoras. Creo que el paraíso es un estado mental que todos podemos experimentar cuando menos lo esperamos.

Puedo escuchar el dolor de la gente. Puedo compartir mi propio dolor. Me consuela saber que no estoy sola y que hay otros que se preocupan y entienden. Puedo trasmitir el alivio que alguien me dio alguna vez. A través de palabras y acciones, hago saber a otros que en Al-Anon estamos seguros y que tenemos la libertad de compartir nuestros sentimientos. No tenemos que temer las críticas; nada de lo que se diga se repetirá jamás.

No me sentí bienvenida al principio

¿Limita el atenernos a nuestro único propósito, ayudar a los familiares de alcohólicos, nuestra capacidad de dar la bienvenida a nuevos miembros? No lo creo, pero eso fue exactamente lo que me sucedió. Llamé al Servicio de Información de Al-Anon (SIA) en mi ciudad para pedir horarios de reuniones de Al-Anon. Expliqué que mi jefe consumía drogas y que yo había asistido a otra hermandad por el mismo motivo. Me enteré de que Al-Anon tenía una recuperación a más largo plazo que la otra hermandad, por lo que preferí a Al-Anon. La mujer que contestó el teléfono me dijo que no podía asistir porque Al-Anon era para gente preocupada por el alcoholismo de otra persona. Fue cortés pero inflexible. Me sentí rechazada, alienada y devastada.

Seis meses después leí en un libro que el alcoholismo de mis abuelos me permitiría asistir a Al-Anon. Aunque nunca conocí a mis abuelos, ellos habían criado a mi madre. Mi madre me crió a mí y yo me encontraba profundamente afectada por el alcoholismo enfermedad que afecta la familia. Por una coincidencia descubrí que mi jefe también consumía alcohol aparte de las drogas. Llamé al Servicio de Información Al-Anon otra vez para pedir un horario de reuniones y esta vez lo logré.

Ahora soy voluntaria que contesta los mismos teléfonos del SIA. Cuando alguien llama y no tiene el alcohol como centro de atención, le hago saber que Al-Anon es para gente que ha sido afectada por la bebida de otra persona. Agrego que pueden asistir a cualquier reunión de Al-Anon antes de decidir si se han visto afectados por el alcoholismo la enfermedad que afecta la familia. Sé por experiencia personal que el desconocimiento y la negación pueden estar muy arraigados. A veces la gente se concentra en una cosa mientras que el problema real está en otro lado. Describo en pocas palabras mi experiencia a la persona que llama y agrego que al final mi papá abstemio admitió que tenía un problema de alcoholismo cuando conoció a mi madre. Desde entonces supongo que mi papá era un bebedor secreto durante su matrimonio con mi mamá. Después de la muerte de mi mamá, se volvió a casar. Su nueva esposa dice que es alcohólico activo.

En última instancia son sólo los posibles miembros los que pueden decidir si pertenecen a Al-Anon. Intento seguir concentrándome en dar la bienvenida a los recién llegados y dejo en sus manos la decisión de si desean pertenecer a Al-Anon.

Trasmitiendo el mensaje

Esta Tradición nos recuerda fijar metas y no desviarnos por causa de otros o por nuestra compulsión de solucionar asuntos ajenos. Nuestro único objetivo en Al-Anon es ayudar a familiares de alcohólicos a encontrar fuerza y esperanza en sus vidas compartiendo su propia experiencia, fortaleza y esperanza.

Esta Tradición señala que ayudamos a los familiares y amigos de los alcohólicos de tres maneras:

1. Practicando los Doce Pasos de A.A. Los Doce Pasos de Al-Anon son iguales a los Doce Pasos de A.A. excepto por una palabra en el Duodécimo Paso. Antes de ayudar a otros, debemos ayudarnos a nosotros mismos practicando los Doce Pasos.

2. Estimulando y comprendiendo a nuestros parientes alcohólicos. Al lograr mayor serenidad mediante la espiritualidad de los Pasos, comenzamos a entender mejor que el alcoholismo es una enfermedad y aprendemos a separar a la persona de la enfermedad. Al sentir menos ira y resentimiento, es posible aprender más sobre la enfermedad y adquirir una mayor comprensión.

Por ejemplo, puede resultar necesario que el alcohólico asista a reuniones con frecuencia y que se relacione con otros alcohólicos aunque no convenga a nuestros planes. Aprendemos que el alcohólico no puede curar la enfermedad como tampoco podemos nosotros. Comprender su confusión, culpa y derrota nos ayuda a ser más compasivos.

3. Dando la bienvenida y brindando alivio a familiares de alcohólicos. Aquí vemos que nuestra labor con el Duodécimo Paso es importante para el crecimiento continuo.

Aprendí al inicio de mi recuperación a dar una cálida bienvenida a recién llegados a Al-Anon, por lo que pensaba que estaba aplicando esta Tradición, hasta que un día me di cuenta de que la Quinta Tradición dice: «dando la bienvenida y brindando alivio a los familiares de los alcohólicos». No dice dando la bienvenida y brindando alivio sólo en reuniones de Al-Anon. Entonces comprendí que todos mis parientes políticos o consanguíneos son familiares de un alcohólico. Luego entendí que como yo había sido afectada por la enfermedad del alcoholismo, las personas relacionadas conmigo también se veían afectadas por la enfermedad a través de mí. Esto me ayudó a ser más comprensiva y paciente con el prójimo. También me di cuenta de que soy familiar de alcohólico y de que tengo que dejar de ser tan estricta conmigo misma y permitirme ser más buena conmigo misma y comprender mejor mis errores y defectos de carácter. Aprender a aceptarme como soy en este momento me ha ayudado a aprender a aceptar a otros tal como son en la actualidad.

Creo que esta Tradición me ayudó en realidad a crecer modificando mis actitudes hacia los que me rodeaban. Me ha dado una mayor comprensión de sus sentimientos y me ha hecho más tolerante y más capaz de abordar nuestras relaciones de manera armoniosa.

Aplicación de la Quinta Tradición

Cada Grupo de Familia Al-Anon persigue un sólo propósito: prestar ayuda a los familiares de los alcohólicos. Logramos esto, practicando los Doce Pasos de AA nosotros mismos, comprendiendo y estimulando a nuestros propios familiares aquejados por el alcoholismo, y dando la bienvenida y brindando alivio a los familiares de los alcohólicos.

- ¿Cómo describo nuestro propósito primordial en una reunión? ¿A recién llegados?

- ¿Coloco primero mi recuperación, por delante de las necesidades ajenas? ¿Cuándo? ¿Cómo?

- ¿Me doy cuenta de que dar la bienvenida y brindar alivio no se limita a recién llegados? ¿Por qué?

- ¿Les doy la bienvenida a todos los recién llegados, sin tener en cuenta sus problemas? ¿Cómo puedo orientarlos para que se concentren en el aspecto de dichos problemas relacionados con el alcohol?

- ¿Cómo puedo ser más «cordial hacia el recién llegado»?

- ¿Cómo doy la bienvenida a miembros que han estado en el programa un tiempo o a aquéllos que vuelven después de una ausencia prolongada?

- ¿Cómo puede prestar mi grupo una atención individual a recién llegados?

- ¿Llamo alguna vez a recién llegados o a alguien que ha estado ausente de las reuniones?

- Como grupo, ¿cómo usamos los Pasos y las Tradiciones para ayudar a los familiares de los alcohólicos?

- ¿Qué podemos hacer como grupo para hacer conocer nuestra hermandad a gente fuera de Al-Anon?

- ¿Cómo puedo ayudar a otros a comprender que el alcoholismo es una enfermedad?
- ¿Qué significa para mí «alivio»? ¿Cómo puedo brindarlo a otra persona?
- ¿Qué entiende por «estimular al alcohólico»? ¿De qué modo reaccionaría si la persona que amo tuviera diabetes o cáncer?

Sexta Tradición

Nuestros grupos, como tales, jamás debieran apoyar, financiar, ni prestar su nombre a ninguna empresa extraña, para evitar que problemas de dinero, propiedad o prestigio nos desvíen de nuestro objetivo espiritual que es el primordial. Aun siendo una entidad separada, deberíamos cooperar siempre con Alcohólicos Anónimos.

La Sexta Tradición hace énfasis una vez más en nuestro objetivo espiritual primordial definido en la Quinta Tradición: ayudar a los familiares y amigos de los alcohólicos. Al concentrarse en las actividades de los grupos, la Sexta Tradición nos recuerda dos lemas: «Mantenlo simple» y «Hazlo con calma». Aplicamos estos lemas utilizando los Pasos, las Tradiciones y los Conceptos sin desviarnos. Nuestros grupos se mantienen encarrilados al no apoyar, financiar ni prestar su nombre a empresas extrañas, por más valiosas y dignas que sean. Los miembros tienen la libertad de tomar decisiones personales acerca de cualquier asunto, pero esas decisiones deben quedar fuera de las salas de Al-Anon.

Los fondos de un grupo se usan para alquilar locales de reuniones, dar refrigerios, compartir los costos de los Servicios de Información, adquirir Literatura Aprobada por la Conferencia (LAC) y sufragar los gastos de fieles servidores que asisten a eventos de Servicios de Información/Intergrupos, de distrito o de Zona. La utilización de los fondos del grupo se examina con minuciosidad en la Séptima Tradición. Algunos grupos consideran que es importante mantener una reserva amplia, tal como una cantidad equivalente a los gastos de uno o dos meses. Sin embargo, la experiencia ha demostrado que podemos desviarnos de nuestro objetivo espiritual primordial si se reservan fondos en demasía. Al concentrarnos en la meta espiritual, podemos suministrar el máximo acceso a Al-Anon desviándonos muy poco de nuestra propia recuperación.

¿Deberían poseer propiedades los grupos Al-Anon? La posesión de literatura, cafeteras, canastas y otros elementos básicos es todo lo que se necesita en un grupo de familia Al-Anon. Los Centros de Distribución de Publicaciones (CDP), los Servicios de Información de Al-Anon (SIA) y la Oficina de Servicio Mundial (OSM) son propietarios de los equipos de oficina que necesitan para funcionar. Nuestras cofundadoras, Lois W. y Anne B., consideraron que una máquina de escribir era esencial en los albores de la correspondencia con los grupos registrados. Hoy la OSM utiliza la tecnología del siglo XXI para comunicarse con la hermandad en todo el mundo mediante computadoras, sistemas telefónicos y máquinas de fax.

La posesión de propiedades por parte de grupos y ramas de servicio ha sido objeto de muchos debates a lo largo de los años. Como se observó antes, estas entidades no poseen propiedades; mientras no «apoyemos, financiemos o prestemos nuestro nombre a ninguna empresa externa», tales transacciones son congruentes con nuestras Tradiciones.*

Un ejemplo de prestar el nombre o desviarnos de nuestro propósito primordial podría tener lugar si apoyáramos películas, actividades de recuperación externas, filosofías políticas o religiones. Cooperamos con diversas entidades en nuestra labor de Difusión Pública y de Cooperación con la Comunidad Profesional. Sin embargo, no recomendamos o apoyamos estas cosas. Por ejemplo, después de un prolongado debate, en 1995 la Conferencia de Servicio Mundial decidió que, aunque haya muchas buenas películas que presentan nuestra filosofía y podamos convertirnos en un recurso para aquéllos que desean producir tales películas, la confección de listas de recomendación representaría apoyo.

Al-Anon es un programa espiritual y nuestro objetivo espiritual primordial es ayudar a los familiares y amigos de los alcohólicos. Al-Anon no está afiliada a ninguna religión. Muchos nos confiesan en las reuniones que se atemorizan cuando escuchan la palabra Dios al leer los Pasos. Se les garantiza a los miembros nuevos que la utilización de Dios no implica religión ni apoyo a ninguna. Con el propósito de recuperarnos en Al-Anon, Dios quiere decir un Poder superior a nosotros, nuestro Poder Superior. Por el bien de nuestra confianza en

---

En 1994, la Conferencia de Servicio Mundial (CSM) autorizó a la entidad incorporada, Al-Anon Family Group Headquarters, Inc., a adquirir inmuebles por un período de prueba para alojar a nuestra Oficina de Servicio Mundial (OSM). Nuestros fieles servidores se orientaron durante los debates sobre esta decisión por el principio espiritual de ayudar a los familiares y amigos de los alcohólicos. El período de prueba de quince años relativo a la propiedad comenzó en 1996.

Al-Anon, necesitamos saber que Al-Anon es un programa espiritual sin condiciones.

Una reunión de Al-Anon no es el lugar para apoyar programas de tratamiento u otros servicios. Pese a que podemos reunirnos en alguna institución o iglesia, sólo alquilamos el local y dejamos en claro que todos los familiares y amigos de los alcohólicos son bienvenidos, incluso los relacionados con esa iglesia, instalación o programa de tratamiento. Una excepción puede ser la reunión en alguna institución sólo a residentes por motivos de seguridad o confidencialidad. Estos grupos Al-Anon no están afiliados de ninguna manera a la institución. No existe nada parecido a una clínica Al-Anon o un hospital Al-Anon.

¿Qué sucede con los retiros o anuncios y la literatura de otros programas de Doce Pasos? Estas son «empresas extrañas». Al-Anon no patrocina tales reuniones ni apoya ninguna terapia u organización religiosa aunque éstas utilicen muchos de nuestros principios y algunos de nuestros miembros participen en sus actividades. Queremos que todos nuestros miembros se sientan bienvenidos y parte de la hermandad. Un miembro agnóstico o no religioso podría con facilidad sentirse excluido de un retiro religioso, por mínimas que sean las alusiones a la iglesia que apadrine; anunciar tales encuentros en reuniones de Al-Anon podría interpretarse como apoyo a los mismos. Anunciar eventos de A.A. con la participación de Al-Anon sería un ejemplo de cooperación con Alcohólicos Anónimos.

Como individuos podemos apoyar o respaldar cualquier cosa, cualquier persona o cualquier actividad mientras no lo hagamos como miembros de Al-Anon o como grupo de Al-Anon. Fuera de las reuniones tenemos la libertad de discutir cualquier cosa que nos haya ayudado y podemos defender cualquier causa que nos guste. Simplemente no lo hacemos como representantes de Al-Anon.

Preservar a Al-Anon como un lugar seguro donde podemos obtener consuelo y soluciones quiere decir que no debe convertirse en un lugar donde se nos ejerza presión para que compremos algo o se nos obligue a hacerlo.

La Literatura de Al-Anon Aprobada por la Conferencia (LAC) se vende en reuniones sólo para sufragar los costos de la misma en los grupos. Se alienta a los miembros a suscribirse a *The Forum* y a leerla; es nuestra revista mensual, la «voz de la hermandad» por escrito, también a suscribirse al boletín *Al-Anon y Alateen en acción*. La venta de baratijas y objetos externos nos desviaría de nuestro propósito primordial. Para adquirir una comprensión más profunda de estos asuntos, se alienta a los miembros a leer el capítulo titulado «Al-Anon: Cómo se relaciona con otros» en el Compendio de Guías de Al-Anon y Alateen del *Manual de Servicio de Al-Anon y Alateen*.

Algunos de nosotros pertenecemos a otros programas de Doce Pasos que satisfacen necesidades específicas que tenemos fuera de la esfera de Al-Anon. Contar con una base en los Doce Pasos posibilita y facilita el paso a otro programa, pero para beneficiarnos plenamente de la experiencia que ofrece Al-Anon, es importante que dejemos nuestras otras ideas afuera y nos concentremos en soluciones Al-Anon en reuniones de Al-Anon. Un alcohólico que viene a pedir asistencia a Al-Anon para otra persona alcohólica no encontraría gran ayuda si la reunión de Al-Anon se convirtiera en un debate acerca de cómo mantenerse sobrio.

No debe olvidarse que estamos en una hermandad separada de A.A., con un centro de atención distinto, pero a menudo cooperamos para llevar la recuperación a los que la necesiten. La Sexta Tradición de Al-Anon reconoce la influencia de A.A. en nuestro programa de recuperación e indica que «deberíamos cooperar siempre con Alcohólicos Anónimos». A lo largo de los años, las Zonas y aun la OSM han cooperado con A.A. Ejemplo de este espíritu de cooperación a escala mundial es la participación de Al-Anon con A.A. en nuestros congresos internacionales. En nuestros distritos y Zonas, hay proyectos de envergadura como congresos y conferencias que constituyen ejemplos excelentes de cooperación en beneficio tanto de A.A. como de Al-Anon. La planificación de sesiones puede incluir a miembros de ambas hermandades, aunque en general un grupo asume la dirección mientras que el otro participa. Hay planes prácticos como locales de reunión, fechas y normas básicas que pueden ser decididos por el grupo organizador convenidos por ambos grupos en forma conjunta. Cada grupo fija su propio calendario y temario y es responsable de su propia labor del Duodécimo Paso.

Otro sector de cooperación es el compartir locales o instalaciones para llevar la recuperación a Zonas donde los grupos son pequeños y los fondos limitados. En estos casos es mejor tratar de lograr la plena independencia financiera de las dos hermandades. Los llamamientos del Duodécimo Paso deben ser presentados sólo por miembros del grupo apropiado. A veces se invita a oradores de A.A. a intervenir en reuniones de Al-Anon y miembros de Al-Anon intervienen en reuniones de A.A. La comprensión en cada hermandad de los diversos aspectos del alcoholismo y las reacciones al mismo puede ampliarse a través de esta cooperación siempre y cuando ambas hermandades permanezcan separadas y disponibles para sus propios miembros.

Nuestro objetivo espiritual primordial de ayudar a familiares y amigos de los alcohólicos se logra con mayor facilidad cuando nos atenemos a los principios Al-Anon, concentrándonos solamente en la recuperación en Al-Anon.

Los miembros comparten experiencia, fortaleza y esperanza

Nos QUEDAMOS BOQUIABIERTOS

Mi grupo de los sábados por la noche decidió invitar a todos a tomar café después de las reuniones. Fue una gran idea. Nos permitió conocernos mejor y nos dio la posibilidad de compartir entre amigos. También le dio a los recién llegados un lugar neutral, más familiar para ellos que una reunión de Al-Anon, en el cual pudieran hablar con miembros de Al-Anon.

La primera vez que anunciamos nuestra invitación permanente en la reunión, dimos el nombre del café para que la gente supiera a dónde dirigirse. Después de la reunión alguien dijo: «Me pregunto si la gente va a pensar que estamos apoyando a ese café o designándolo como el café oficial de nuestro grupo». Quedamos boquiabiertos. No se nos había ocurrido esa posibilidad.

Después de una semana de oración y meditación y una discusión de grupo, cambiamos las palabras del anuncio. Invitamos a todos a «un café cercano». Si la gente quería saber cuál era, nos preguntaba en la reunión. Este arreglo ha funcionado muy bien para nosotros.

ANTES DE AL-ANON ciertamente apoyaba, financiaba y prestaba mi nombre, propiedad y prestigio a más de una persona, tuvieran o no un problema de alcoholismo. Mi objetivo primordial era egoísta, por no decir algo peor: recompensar mi ego.

YA NO TENGO QUE EXAGERAR EN MI APOYO

Nuestra Sexta Tradición me ha enseñado a preservar mi integridad y proteger mi identidad. Ya no tengo que exagerar en mi apoyo a alguien, sea desde un ángulo espiritual, emocional, físico o financiero. Aprendí a darle a la gente la dignidad de ser ellos mismos y de descubrir ciertas cosas sin ayuda. Mi propio propósito primordial es practicar y practicar los principios del programa de Al-Anon en todos los aspectos de mi vida. Los Doce Pasos, las Doce Tradiciones y los Doce Conceptos me liberan de la desesperación y me dan verdadera esperanza. Ya no tengo que cargar con otra persona para demostrar mi valor.

LAS PALABRAS cooperación y afiliación se definen en nuestro *Manual de Servicio de Al-Anon y Alateen* de la manera siguiente: «Cooperación: acción conjunta (implica unión de dos o más personas para trabajar juntas por un fin o beneficio común o sobre un problema común)». «Afiliación: asociación o conexión estrecha; unión (implica prestar el nombre de uno, apoyar, asociarse legal o financieramente)».

EN QUÉ DEBO ENFOCARME

Era importante que entendiera esta diferencia. Antes de Al-Anon pensaba que cooperación significaba que si yo cooperaba contigo, entonces lo haría a tu manera. Si tú cooperabas conmigo, lo harías a mi manera. Alguien me señaló que co- significa unión o compañía. Por eso hacer algo con otra persona es cooperar. Quiere decir trabajar juntos con una toma y daca de ambas partes en beneficio común. La sección «La relación de Al-Anon con otras entidades» de nuestro *Manual de Servicio* explica diversos sectores en los que podemos cooperar sin afiliación.

Aunque haya muchas causas valiosas en las cuales podemos estar interesados como individuos, no las traemos a nuestras reuniones. Entre ellas incluimos literatura externa y su terminología particular. La utilización de otra literatura podría representar apoyo. Como grupo o hermandad, no podemos financiar nada ni a nadie que no sea Al-Anon. No prestamos nuestro nombre a ninguna empresa extraña. No existe una causa social de Al-Anon como tampoco existe una causa social de A.A. Sé que casa social se usa de modo flexible, pero las casas sociales son propiedad de un grupo de personas que puede pertenecer a la hermandad. Los que allí se reúnen deben pagar alquiler a la instalación. No podemos formar grupos combinados de Al-Anon y de A.A., los grupos deben ser de Al-Anon o de A.A., no de los dos.

Esta Tradición nos recuerda concentrarnos en nuestro crecimiento espiritual. En mi vida diaria esta Tradición me resulta muy útil porque resume «ocúpate de tus propios asuntos». Como familia aprendemos a cooperar, a trabajar de consuno por un bien común. Aprendemos que cada uno de nosotros puede tener sus intereses y actividades fuera de la familia, los que, sin embargo, no deben suplantar a la familia como un todo. La Tradición indica que la espiritualidad de nuestro programa debe tener primacía y no podemos permitir que asuntos ajenos nos desvíen de nuestro propósito real.

Otra parte de la Tradición que me ha ayudado en el hogar es la última parte: «Aun siendo una entidad separada, deberíamos cooperar siempre con Alcohólicos Anónimos». Puedo aplicar esto reemplazando las palabras Alcohólicos Anónimos por alcohólico, ahora que entiendo mejor la palabra cooperar. Me recuerda que podemos trabajar juntos y aún mantener nuestra individualidad.

Aplicación de la Sexta Tradición

Nuestros grupos, como tales, jamás debieran apoyar, financiar, ni prestar su nombre a ninguna empresa extraña, para evitar que problemas de dinero, propiedad o prestigio nos desvíen de nuestro objetivo espiritual que es el primordial. Aun siendo una entidad separada, deberíamos cooperar siempre con Alcohólicos Anónimos.

- ¿Por qué no «apoyamos, financiamos o prestamos nuestro nombre a ninguna empresa extraña»? ¿Cómo se usa el principio en nuestras reuniones de asuntos del grupo?

- ¿Ha tenido mi grupo problemas con dinero o propiedades? ¿Cómo se resolvieron?

- ¿Hemos los miembros de mi grupo y yo permitido que el prestigio nos desvíe de nuestro objetivo espiritual primordial? ¿Cuándo? ¿Por qué? ¿Qué modificamos?

- ¿Cómo coopera mi grupo con A.A.? ¿Cuándo?

- ¿Al planificar una actividad de recaudación de fondos en el grupo, considera el grupo esta Tradición?

- ¿Tiene mi grupo Literatura Aprobada por la Conferencia (LAC) expuesta en lugar prominente? ¿Uso Literatura Aprobada por la Conferencia (LAC) en mi recuperación personal?

- ¿Vende o promueve literatura externa mi grupo? ¿Cómo viola esto la Sexta Tradición? ¿Tengo el valor de discutir la utilización de literatura en una reunión?

- ¿Cómo considero la cooperación con A.A. en mi labor de servicio?

- ¿Por qué deberían los fondos de los grupos respaldar sólo programas Al-Anon?

- ¿Ha sido utilizada nuestra lista de teléfonos de grupos para propósitos de promoción? ¿Cómo?

* ¿Cómo puedo desalentar a los miembros, sin avergonzarlos, de utilizar las reuniones para promover empresas extrañas?

* ¿Permito que preocupaciones materiales o financieras tengan prioridad sobre mis necesidades espirituales personales y mi serenidad?

* ¿Permito que problemas o éxitos personales me abrumen? ¿Permito que influyan en la manera en que trato a otros?

* ¿Cómo puedo aplicar el lema «Vive y deja vivir» a esta Tradición?

* ¿Cómo puedo aplicar el lema «Suelta las riendas y entrégaselas a Dios»?

* ¿Cómo ayudo a mi grupo a realizar nuestro objetivo espiritual primordial?

* Al participar en un congreso o reunión de A.A., ¿tienen los miembros de Al-Anon emblemas o el nombre de Al-Anon en sus distintivos?

Séptima Tradición

Cada grupo ha de ser económicamente autosuficiente y, por lo tanto, debe rehusar contribuciones externas.

Nosotros, como miembros de Al-Anon, constituimos el solo apoyo financiero de los grupos de Al-Anon. El único requisito para ser miembro de Al-Anon es haber sido afectado por la enfermedad del alcoholismo de un familiar o amigo. El único requisito para una contribución a Al-Anon es ser miembro. Con contribuciones suficientes, Al-Anon estará siempre presente para los familiares y amigos de los alcohólicos. Esta Tradición, pese a que se dirige directamente a individuos y grupos, en realidad se dirige a toda la hermandad.

Como miembros recién llegados se nos pide muy poco. Somos bienvenidos en un grupo sin obligaciones, sin cuotas u honorarios. Cuando el tesorero del grupo pasa la canasta, se explica que las contribuciones son voluntarias. Se nos alienta a dedicarnos tiempo a nosotros mismos antes de tratar de asumir parte de las funciones del grupo. Más adelante necesitamos participar, practicar los Pasos y sumar nuestra voz y recursos al grupo con el objetivo de continuar nuestra recuperación. Como individuos llegamos a creer que, para que Al-Anon siga funcionando y esté siempre disponible, nuestro grupo tiene que satisfacer sus propias necesidades.

Cuando nos ocupamos de nuestras necesidades financieras, tenemos la libertad de administrar nuestra hermandad como deseamos. No hay benefactores que nos den órdenes o influyan en nuestras guías con la amenaza de privarnos de recursos. No hay cuotas ni honorarios, pero hay responsabilidades financieras. Decidimos aceptar la responsabilidad de sufragar nuestros gastos a través de contribuciones voluntarias; por eso la independencia y la disponibilidad continua de Al-Anon dependen de nosotros.

Cada grupo tiene gastos como alquiler, literatura para el grupo, una casilla de correos o el envío de su Representante de Grupo (RG) a reuniones de distrito y de Zona. Algunos piensan que sufragar estos gastos del grupo equivale a ser autosuficientes por completo. Contribuimos a mantener una reunión disponible, lo que es significativo. Sin embargo, como miembros de una hermandad mundial, descubrimos con el tiempo cuán vasta es en realidad nuestra comunidad y cuán importantes son los servicios que a veces damos por sentado. Los grupos son los cimientos de Al-Anon y tienen la última palabra en la hermandad, pero un grupo no puede tener voz a menos que participe y envíe esa voz a través de un Representante de Grupo elegido.

Como en cualquier familia, apoyo quiere decir más que traer un cheque a casa todos los meses. Hay platos que lavar y camas que tender. Apoyamos a nuestros grupos ofreciéndonos como coordinadores de mesa o secretarios, preparando café, arreglando las sillas, actuando como Representante de Grupo o asumiendo alguna otra función. También trasmitimos el mensaje ofreciéndonos como voluntarios en las oficinas de los Servicios de Información o hablando sobre Al-Anon en otras organizaciones o instituciones. Apadrinamos miembros y practicamos el Duodécimo Paso cada vez que se presenta la oportunidad. Si no tenemos mucho dinero, podemos aportar ayuda en tiempo y energía. Los grupos pueden marchitarse con gran rapidez si no se cubren todos los cargos o falta el dinero. Por otro lado no es beneficioso para el grupo dejar que unos pocos miembros se encarguen de todo. Es posible que los voluntarios se sientan abrumados y no valorados mientras que los que no participan se sienten aislados y rechazados. Al ofrecernos como voluntarios, mejoramos nuestro programa, nos vinculamos al grupo e incrementamos nuestro amor propio mediante trabajo útil. El equilibrio es la clave.

Los grupos se benefician de la red de comunicaciones que mantiene unida a nuestra hermandad. Los Servicios de Información/Intergrupos, los Centros de Distribución de Publicaciones, los distritos y las Zonas cuentan con líneas telefónicas para que los que todavía sufren puedan encontrar una reunión. Nuestros centros de servicios también producen y distribuyen listas de reuniones, boletines y circulares que nos ayudan a encontrarnos y a enterarnos de acontecimientos interesantes. Las reuniones de distrito y de Zona mantienen informados a los grupos y llevan nuestra voz a la Conferencia de Servicio Mundial (CSM). Sin estos recursos, muchos de nosotros no habríamos encontrado a Al-Anon o nos habríamos perdido acontecimientos que ayudan a la recuperación. Nuestras contribuciones voluntarias y la adquisición de Literatura Aprobada por la Conferencia (LAC) son las únicas fuentes de apoyo a estas actividades necesarias.

Somos una hermandad mundial con la enriquecedora experiencia de miles de miembros. La Oficina de Servicio Mundial (OSM) es nuestro centro de actividades. Podemos viajar por todo el mundo y seguir vinculados a Al-Anon debido a su estructura de servicios. Nuestra literatura y nuestra revista, *The Forum*, se conciben y publican con cuidado para que reflejen toda la hermandad. Aportamos nuestras contribuciones cuya compilación, redacción, edición, publicación y distribución se realiza a través de la OSM. Se crean y planifican boletines de Zona, fines de semana y conferencias a nivel de distrito y de Zona.

Anualmente cada Zona, en nombre de sus grupos, contribuye con los gastos igualados para enviar Delegados a la Conferencia de Servicio Mundial (CSM). Esta reunión anual es un foro para una amplia conciencia de grupo que unifica a nuestra hermandad. En la Conferencia, los grupos se pronuncian sobre cómo Al-Anon puede servir mejor a la hermandad con sus recursos. Los miembros de la Conferencia aprueban el presupuesto anual para las actividades de la OSM. Si bien la OSM es responsable desde un ángulo administrativo de ejecutar el presupuesto anual, es responsabilidad de los miembros y los grupos apoyar las actividades que han encomendado.

La OSM se hace cargo de las comunicaciones diarias con los grupos y con profesionales interesados en nuestros grupos. La OSM contesta preguntas, registra grupos, mantiene datos actualizados acerca de la hermandad y suministra literatura. Tanto las ramas de servicio como la OSM ayudan a difundir la voz de la recuperación en círculos cada vez mayores y dependen de los miembros de Al-Anon para obtener ideas, orientaciones y recursos.

Aunque se han recibido en Al-Anon muchos ofrecimientos de contribuciones externas, las rehusamos con el mayor respeto. Ante todos estos gastos y necesidades, podríamos preguntarnos: «¿Por qué rechazamos contribuciones externas? ¿No podríamos usar el dinero para actividades útiles?» Ciertamente podríamos utilizar mucho dinero para actividades útiles, pero la experiencia nos ha enseñado que el dinero conlleva dos peligros: tener demasiado, y endeudarse. Sería tentador complacer a quienes nos benefician. Podemos reírnos de la improbable perspectiva de tener demasiado dinero, pero en realidad parte del valor de nuestra independencia es que la OSM y las Zonas dependen de los grupos, y por eso deben escuchar con atención la conciencia de grupo con el objeto de servir mejor a la hermandad. Sin la participación de los grupos, podría ocurrir que nuestros centros de servicios pierdan el contacto y sigan su propio camino y que al final surja una gran disensión. A veces los debates prolongados sobre cómo gastar fondos nos han desviado de nuestro objetivo espiritual que es el primordial. Es mejor tener suficiente, más una reserva amplia, y no preocuparse acerca de generar o gastar superávit.

Aun dentro de Al-Anon no se permite a nadie aportar grandes sumas. Cuando un individuo o un pequeño grupo de personas contribuye demasiado, es posible que surjan problemas de celos o dominación. Nuestra hermandad espiritual se basa en la igualdad y, aunque todos no aportemos exactamente la misma cantidad, al difundir ampliamente la responsabilidad, aseguramos la mutualidad de nuestro esfuerzo propio. Cuando no contribuimos al grupo, vimos que nuestra participación disminuía y, con el tiempo, se veía amenazada nuestra recuperación. La Séptima Tradición nos hace autosuficientes.

Tres veces por año la Oficina de Servicio Mundial envía por correo cartas de petición de la Séptima Tradición a cada grupo inscrito en los Estados Unidos y el Canadá. Esta carta hace un llamamiento personal a miembros individuales de Al-Anon para que aporten una contribución especial de gratitud. En esta petición se pide a los miembros del grupo (en lugar de al grupo) que ayuden a Al-Anon a sufragar los gastos de nuestros servicios en todo el mundo, incluidos los gastos de la Conferencia de Servicio Mundial. Los representantes de grupo o los tesoreros de los grupos actúan como agentes de los miembros enviando estas contribuciones cuatrimestrales especiales a la OSM.

Al-Anon es autosuficiente. Esta Tradición nos enseña, como individuos, como grupos y como parte de la hermandad mundial, la importancia del concepto de autosuficiencia. También podemos usar la Séptima Tradición como modelo de relaciones sólidas en muchos otros grupos en todas partes como familias, empleos, comunidad. Si compartimos la responsabilidad por el bienestar de Al-Anon, podemos estar seguros de que Al-Anon estará siempre al lado de quien necesite ayuda. Basándonos en nuestros principios espirituales, dejamos en manos de Dios nuestra seguridad y la seguridad de nuestros grupos. Al aprender a ocuparnos de nosotros mismos material y emocionalmente, la Séptima Tradición nos guía.

Los miembros comparten experiencia, fortaleza y esperanza

La Sexta Tradición señala que el dinero de Al-Anon sólo puede gastarse para propósitos de Al-Anon. La Séptima Tradición es muy similar. Al-Anon no puede aceptar fondos de fuera de la hermandad. La OSM sufraga sus propias actividades gracias a miembros individuales y grupos de Al-Anon generosos que donan dinero. Otra fuente es la venta de literatura.

Nada es gratis

Al-Anon no puede aceptar dinero de alguien que no sea miembro aunque la persona done el dinero en memoria de uno de nosotros. Como miembros, podemos hacer donaciones en memoria de alguien. También podemos legar dinero de nuestro patrimonio. En nuestro *Manual de Servicio* hay límites específicos para las sumas que pueden donar los miembros de Al-Anon.

Como dijo Lois W., nuestra cofundadora: «Los cordones de nuestra cartera pueden transformarse en sogas que nos ahorquen». Es humano que una persona que da dinero a alguien tenga expectativas sobre cómo gastarlo. En la Séptima Tradición aprendemos que nada es gratis en la vida. Cuando no somos autosuficientes, podemos convertirnos con facilidad en víctimas de quienes nos apoyan. Inevitablemente deberíamos aprender a no luchar contra aquéllos que nos controlaran. Una vez más no me corresponde a mí ocuparme de ellos, me ocupo de mí misma. Debo poder depender de mí misma y ser autosuficiente para ser independiente.

En general cuando hablamos de ser autosuficiente, pensamos en dinero. El dinero es una parte de la historia. En mi vida personal debo ser autosuficiente desde un ángulo social, espiritual, emocional, mental y físico. No puedo hacer depender mi felicidad de otra persona. No tengo por qué adoptar el talante o las actitudes de los que me rodean. Si otra persona se irrita, no tengo por qué irritarme o sentirme triste o temerosa. Mi talante y mis actitudes son algo que sólo yo puedo controlar. Como aprendí en el Primer Paso, no puedo controlar a otra persona, ni tampoco me pueden controlar a mí, a menos que les dé la facultad de hacerlo. A menos que les alquile un lugar en mi cabeza, no pueden entrar en ella.

Al aprender a ser autosuficientes en nuestra vida personal, aprendemos a pensar por nosotros mismos. Cuando se plantea un asunto, sabemos cómo escuchar a otras personas. También sabemos cómo realizar nuestra propia investigación y cómo tomar nuestras propias decisiones.

PROTECCIÓN PARA MI CRECIMIENTO ESPIRITUAL

ÚLTIMAMENTE LA Tradición que más me ha afectado es la Séptima. Parecía que siempre era mi turno leer esa tradición semana tras semana. Comenzaba a sentir resentimiento por eso. ¿Acaso mi Poder Superior me insinuaba algo? Una semana de julio, el tema era la Séptima Tradición. Me ofrecí para conducir la reunión.

Al leer con atención la LAC, empecé a ver que la Séptima Tradición es algo más que equilibrar el presupuesto y no depender de gente del exterior para obtener oradores o para labores de servicio. Esta oración existe para proteger mi crecimiento espiritual. Nadie puede comprar o poseer el grupo con dinero, prestigio o poder. Es necesario que las influencias externas queden fuera de la sala, voluntariamente o no. No son parte del mensaje Al-Anon.

Pensar en la Séptima Tradición meramente como dinero me irrita. Pensar en la Séptima Tradición como protección para mi crecimiento espiritual es prueba de humildad y nos libera. Esta Tradición fue escrita pensando en mí y en Al-Anon en su totalidad. Ahora sé que no sólo puedo dar dinero y servicios sino que también puedo recibir milagros en abundancia.

LLEGUÉ a Al-Anon dependiendo por completo de contribuciones externas. El alcoholismo me había incapacitado hasta el punto de que no era responsable de mí misma y de mi vida. Era una madre soltera de diecinueve años que recibía asistencia social y ayuda financiera escolar. Agotaba a los miembros de mi familia pidiéndoles de manera continua que cuidaran a mi hijo y me llevaran de un lado a otro. Con rapidez desgastaba a todos a mi alrededor, en especial a quienes me amaban.

COMENCÉ A AFERRARME A LA ESPERANZA Y LA FE

Como estaba convencida de que el mundo me debía, me llené de resentimiento y excusas. El alcoholismo me había quitado gran parte de mi vida y aborrecía lo que me había quedado. Traté de desquitarme de los alcohólicos ganando todo lo posible. Vendí mi alma, abandoné mi independencia y puse en peligro mi dignidad dependiendo demasiado de otras personas. Al final empecé a sentir que le debía tanto al mundo que no podría pagarlo. Sentía que no valdría nada jamás. Como resultado de ello, me encontré en un estado de sometimiento total.

Sin embargo, al seguir viniendo a Al-Anon, la Séptima Tradición despertó un reto dentro de mí. Leí la Tradición una y otra vez. La practiqué en mis reuniones contribuyendo con lo que podía cuando se pasaba la canasta. También practiqué la Tradición contrayendo compromisos para hacer cosas diversas para mi grupo. Al final intenté aplicar la Séptima Tradición en casa con el trabajo doméstico. Hablé con mi Madrina acerca de eso. Con lentitud comencé a aferrarme a la esperanza y la fe pensando en que podría llegar a ser financieramente autosuficiente.

Aprendí y crecí aplicando los Doce Pasos de Al-Anon. Mis temores comenzaron a disiparse al realizar acciones que me harían autosuficiente. Me di cuenta de que mi necesidad de contribuciones externas disminuía. Encaré el riesgo de practicar los principios en todos mis asuntos y funcionó. Descubrí que tengo todo lo que necesito para ser exactamente lo que Dios quiere que sea. Escuché en reuniones que si pongo voluntad, Dios me concederá la fuerza. Al final pude comenzar a ver el camino hacia la independencia.

Hoy los únicos vínculos o deudas que tengo son con este programa. Todavía debo algún dinero pero he hecho los arreglos para devolverlo. No me siento atada a nadie por la culpa. Soy útil hoy, un buen miembro de Al-Anon, madre, esposa, hija, hermana y empleada. Me siento bien en mi vida porque sé que hago lo que debo. La Séptima Tradición me ha enseñado a dar en lugar de tomar. Le pido a mi Poder Superior que me muestre qué contribuciones puedo hacerle a la vida todos los días. Se satisfacen todas mis necesidades. Hago lo que me corresponde y me siento tranquila cuando ese es mi centro de atención.

Tengo muchos alcohólicos en mi vida. Sobrios o no, no tienen motivo para preocuparse de que yo me desquite con ellos. Le dejo eso a Dios. Así como no puedo vivir la vida de otra persona, nadie puede vivir la mía. La diferencia es que ahora no quiero que vivan mi vida por mí. Quiero más de esos buenos sentimientos que se originan cuando me ocupo de mí misma. A veces mi Madrina y otros amigos de Al-Anon me recuerdan que he contraído un compromiso con la Séptima Tradición. Ese compromiso exige fe en lugar de tratar con frenesí que otra gente me dé respuestas.

Mis respuestas reales me llegan de mi Poder Superior que encontré en Al-Anon. Recuerdo que cuando escuché por primera vez que las Doce Tradiciones podrían aplicarse a mi vida personal y familiar, no lo entendí. La Séptima Tradición me alcanzaba en el lugar en que viviera. El temor, la vergüenza y la culpa que me habían acosado en forma continua fueron reemplazados por el valor, la aceptación y la libertad que me permiten vivir en lugar de simplemente sobrevivir. Le doy las gracias a Al-Anon por demostrarme cómo crecer. Experimento lo que se siente al ser una señora con dignidad. Me encantan los Pasos y las Tradiciones. Me encanta todo lo relacionado con Al-Anon y hoy me encanta mi vida.

Aplicación de la Séptima Tradición

Cada grupo ha de ser económicamente autosuficiente y, por lo tanto, debe rehusar contribuciones externas.

- ¿Qué significa para mí «completamente autosuficiente»?
- ¿Cómo apoyo a mi grupo?
- ¿Qué puedo hacer esta semana para contribuir a mi propio apoyo y al de mi grupo?
- ¿Considero costos y lo que necesita mi grupo al decidir cuánto aportar, o sigo poniendo un dólar en la canasta? ¿Puedo poner un poco más en la canasta en nombre de la persona que no puede hacerlo?
- ¿Contribuyo personalmente a la petición cuatrimestral de la Oficina de Servicio Mundial?
- ¿Si los miembros de mi grupo no entienden la carta de petición cuatrimestral, estoy dispuesto a explicarles el propósito de la misma?
- ¿Paga mi grupo una suma justa en concepto de alquiler, copias, refrescos? ¿Tiene literatura suficiente?
- ¿Aliento las reuniones de asuntos del grupo?
- ¿De qué manera, además de la financiera, apoyo a mi grupo?
- ¿Qué beneficios he recibido al ofrecerme como voluntario?
- ¿Con qué frecuencia turnamos los cargos de servicio? ¿Esperamos que unos pocos sostengan al resto?

- ¿Qué puedo hacer para estimular a los miembros menos activos a participar? ¿Soy todo lo activo que podría ser?

- ¿Esperamos que los miembros en cargos de servicio compren el café en persona o impriman listas en sus oficinas?

- ¿Apoyo nuestros comités de servicio, tales como a nivel de distrito, Servicio de Información, Centro de Distribución de Publicaciones, Intergrupos, Zona, OSM? ¿Cómo? ¿Con dinero o tiempo?

- ¿Qué hace mi grupo para apoyar nuestros comités de servicio?

- ¿Cómo apoyamos nuestro distrito?

- ¿Cómo apoyamos a nuestra Zona?

- ¿Cómo apoyamos a la OSM?

- ¿Contribuimos a la conciencia de grupo global enviando a nuestro Representante de Grupo (RG) como nuestra voz y voto a reuniones de distrito o de Zona?

- ¿Qué beneficios obtenemos al ser parte de la hermandad mundial?

- ¿Soy suscriptor a Al-Anon y Alateen en acción? ¿Compro suscripciones de regalo?

- ¿Tiene mi grupo un tesorero? ¿Presenta el tesorero informes regulares?

- ¿Ha sido mi grupo lo suficientemente prudente para establecer una reserva amplia aunque no excesiva, o acumulamos dinero sin motivo específico?

- ¿Entiendo los aspectos espirituales de las contribuciones?

- ¿Se basa el valor de mí mismo en cuánto me necesitan otros?

* ¿Tengo miedo de soltar las riendas?
* ¿Me doy cuenta de que no puedo obtener el respeto de otros si no soy independiente?
* ¿Contribuyo a mi propio bienestar? ¿Soy completamente autosuficiente? ¿Estoy dispuesto a seguir siéndolo?
* ¿Puedo aceptar y expresar mis propios sentimientos sin sentir que me equivoco o sin tratar de justificarlos ante otros?
* ¿Asumo la responsabilidad por mis propios sentimientos o les echo la culpa por las acciones de otros?
* ¿Depende mi felicidad de las circunstancias o busco mi realización dentro de mí mismo? Explique.

Octava Tradición

Las actividades prescritas por el Duodécimo Paso de Al-Anon nunca debieran tener carácter profesional, pero nuestros centros de servicio pueden contratar empleados especializados.

La Octava Tradición nos recuerda qué somos: una hermandad de pares que comparten experiencia mutua, fortaleza y esperanza con el objeto de recuperarnos y ayudarnos a lo largo del camino. La Octava Tradición establece una diferencia entre la labor del Duodécimo Paso y toda otra labor en Al-Anon. La labor del Duodécimo Paso adopta muchas formas, dentro de las que están darle la bienvenida a los recién llegados, apadrinar a otro miembro, compartir en una reunión, servir en un Comité de Difusión Pública y ofrecer tiempo como voluntario para contestar llamadas telefónicas. La labor del Duodécimo Paso constituye la tarea especial de trasmitir el mensaje de Al-Anon a otras personas.

Todos llegamos a Al-Anon en circunstancias distintas; sin embargo, se nos dan con generosidad los dones de la experiencia, fortaleza y esperanza adquiridos por los que nos han precedido. Lo único que se nos pide es que los trasmitamos a los demás. Como los miembros lo han hecho así, nuestra hermandad ha crecido. Actualmente hay miles de grupos que comparten la recuperación en todo el mundo.

El conjunto de miembros de Al-Anon es de carácter no profesional. Somos una hermandad de apoyo mutuo que se recupera utilizando los Doce Pasos adaptados de Alcohólicos Anónimos y compartiendo nuestras experiencias. No nos damos orientación profesional del uno al otro en Al-Anon, ni actuamos como profesionales en nuestra labor de Difusión Pública y Cooperación con la Comunidad Profesional.

El compartir nuestras experiencias personales no profesionales le da a los grupos una fuente de fortaleza que crece a medida que crecemos nosotros. La labor del Duodécimo Paso también funciona para nosotros como individuos porque la recuperación se intensifica cuando la trasmitimos. Muchos hemos respondido la llamada de un recién llegado descubriendo que decimos lo que necesitamos escuchar, pero que habíamos olvidado practicar hasta entonces.

Como somos tantos, las oportunidades de aprender y crear nuevas soluciones son infinitas. Aunque muchos hayamos solicitado ayuda profesional que nos ha resultado útil, en Al-Anon encontramos algo que no está a nuestra disposición en ningún otro lado: una comunidad de personas que comparten las mismas experiencias de la vida y que comprenden como ninguna otra persona. También encontramos gente con la que podemos identificarnos y que tiene soluciones que funcionaron para ellos y que podemos probar. Si ellos pudieron hacerlo, creemos que nosotros también podremos; nos sentimos optimistas. En el proceso, experimentamos relaciones de afecto que no hemos tenido antes, lo que no se puede comprar, sólo se puede compartir. Nuestro intercambio afectuoso mediante contactos personales es valiosísimo y es posible sólo debido a nuestro compromiso de realizar la labor del Duodécimo Paso de manera no profesional.

Otra ventaja de mantener a Al-Anon no profesional es que facilita la asistencia a Al-Anon de profesionales de nuestra comunidad que desean la recuperación debido a dificultades con familiares y amigos alcohólicos. En Al-Anon, profesionales a quienes otros recurren en busca de ayuda (clero, orientadores, doctores, trabajadores sociales) pueden encontrar el consuelo y el apoyo que necesitan. Cuando comparten en una reunión, lo hacen como miembros del grupo teniendo como preocupación principal su propia recuperación y experiencia. Como nosotros, tienen muchas ideas y experiencias que llevan consigo. Y como nosotros, son incapaces ante el alcohol y los alcohólicos. Cada uno de nosotros posee parte de los conocimientos que todos necesitamos para nuestra recuperación, y nuestra participación es necesaria para esa recuperación. Aprendemos conjuntamente.

En los primeros años de Al-Anon, el trabajo práctico de oficina —escribir cartas, ayudar a los grupos a ponerse en contacto entre sí, atender llamadas telefónicas— lo realizaban algunos maravillosos voluntarios, un grupo de gente muy dedicada, trabajadora y abnegada. Fijaron un nivel de servicio muy alto. Tuvieron tanto éxito en difundir la voz de Al-Anon que en poco tiempo se requirió más que el amor y la dedicación de algunos voluntarios para servir a una hermandad en rápido crecimiento. Se tuvo que contratar gente para afrontar la carga de trabajo cada vez mayor.

Muchas oficinas locales comenzaron como operaciones voluntarias pero descubrieron que no había gente suficiente con el tiempo libre suficiente para mantener abiertas las oficinas en horarios regulares o para contestar correspondencia. Aun los voluntarios más dedicados no siempre pueden trabajar para Al-Anon cuarenta horas a la semana sin remuneración. ¿Cómo podrían entonces las oficinas de Al-Anon ser autosuficientes?

Cualquiera que haya tratado de pedir literatura o encontrar reuniones mediante una llamada telefónica no contestada sabe lo frustrante que puede ser esa experiencia. No queremos perder oportunidades de ayudar a quienes aún sufren. Cuando podemos afrontarlo, le pagamos a uno de nuestros miembros, o no miembro, para que mantenga abiertas las puertas. Además nos ofrecemos como voluntarios para reducir costos y estar disponibles cuando entra una llamada del Duodécimo Paso.

Al contratar gente para llevar a cabo el trabajo práctico de comunicación de Al-Anon, nos ayuda recordar la Séptima Tradición. Si somos completamente autosuficientes, entonces podemos pagar remuneraciones razonables a quienes nos sirven. De otra manera le pedimos a la gente que sacrifique su bienestar financiero, que deje de ocuparse de sí misma, para trabajar en Al-Anon.

Hoy Al-Anon es una gran hermandad con grupos en más de cien países. Nuestra OSM necesita gente con conocimientos de oficina y profesionales. Necesitamos conocimientos jurídicos y contables con el objeto de estar actualizados en materia de leyes. Necesitamos conocimientos de edición, redacción y publicación para que nuestra literatura, si bien creada por los miembros, tenga la calidad debida, tanto desde el punto de vista de la lectura como de la traducción. Nuestros empleados especiales incluyen personal remunerado de gestión y apoyo así como especialistas contratados para proyectos específicos. Los que ocupan cargos de adopción de decisiones que pueden afectar a la hermandad (como el director ejecutivo y los directores de los diversos departamentos) deben ser miembros de Al-Anon. Otros pueden ser seleccionados debido a alguna pericia especial (como contadores o secretarios) y no es necesario que sean miembros. Todas nuestras operaciones son supervisadas por la Junta de Administradores (Custodios), un órgano de miembros de Al-Anon elegidos; son voluntarios no remunerados pero a quienes se les reembolsan los gastos contraídos en el servicio (viajes, llamadas telefónicas, fotocopias, etc.).

La Octava Tradición nos guía en la tarea de cómo trasmitirles el mensaje de Al-Anon a otras personas. El sentido común nos sugiere que contratemos los empleados especializados que se necesitan para coordinar nuestros esfuerzos y mantener horarios regulares para permanecer así en contacto con los miembros y estar disponibles para los recién llegados. La mayor parte del trabajo de Al-Anon la realizan miembros voluntarios que comprenden que el servicio profundiza y mejora su propia recuperación y les da la oportunidad de traducir su gratitud en acciones. Mediante el servicio voluntario, nuestras conferencias, los Servicios de Información/Intergrupos, las reuniones de instituciones y los grupos continúan funcionando. Nuestros empleados remunerados y los voluntarios posibilitan una red de difusión pública a nivel local y nacional así como la difusión de información sobre reuniones y la coordinación de importantes eventos como los congresos de Zona y la Conferencia de Servicio Mundial (CSM).

Cuando nos ofrecemos como voluntarios, seguimos los pasos de aquellas voluntarias amables y dedicadas como Lois W. y Anne B., que crearon la primera oficina de Al-Anon: la Comisión Directiva Central, bajo el sofocante calor del verano en la Ciudad de Nueva York. A lo largo de los años, los esfuerzos conjuntos de voluntarios y empleados especiales remunerados han hecho de Al-Anon lo que es hoy.

Los miembros comparten experiencia, fortaleza y esperanza

ELLA
MANTIENE
LÍMITES
CLAROS

Soy voluntaria en la oficina del Servicio de Información de Al-Anon y en el Centro de Distribución de Publicaciones local. Contesto el teléfono, escucho los mensajes en el contestador, envío literatura por correo y me encargo de cualquier trabajo de oficina como doblar la lista de horarios de reuniones. Ningún voluntario de Al-Anon recibe remuneración por esta tarea.

El gerente de nuestra oficina, miembro de Al-Anon, recibe una remuneración por hora justa. Tiene la responsabilidad importante de supervisar a los voluntarios, distribuir literatura y mantener métodos prácticos de trabajo en la oficina para esta pequeña operación. Con frecuencia nos recuerda que cuantas más horas ofrezcamos los voluntarios en apoyo a la oficina, menos horas pagadas deben dedicarse a trabajos de oficina. Si los voluntarios no terminan el trabajo de oficina que debe hacerse, él se encarga. Si no hay voluntarios disponibles para enviar Literatura Aprobada por la Conferencia (LAC) pedida por grupos, él se encarga. De esta manera nuestro Centro de Distribución de Publicaciones cumple su misión y mantiene su reputación de un servicio rápido y eficiente.

Nuestro gerente fija límites cuando se trata de llamadas del Duodécimo Paso. Espera hasta que haya un voluntario disponible. En las pocas oportunidades en que debe contestar una llamada de este tipo, porque de otra manera esa llamada no obtendría respuesta, concienzudamente deja a un lado su cargo de gerente y asume el papel de miembro de Al-Anon. Fija límites claros entre la transmisión del mensaje como miembro de Al-Anon y el trabajo de gerente de la oficina.

Es cuestión de sentido común evitar que nuestros empleados remunerados lleven el mensaje del Duodécimo Paso. Todos nosotros debemos hacerlo para preservar nuestro propio programa espiritual. Es cuestión de sentido común también que las operaciones se desarrollen sin dificultades para que los que quieran ponerse en contacto con nosotros no se sientan frustrados y abandonen el intento. La Octava Tradición trata los dos aspectos de la labor del Duodécimo Paso mediante soluciones prácticas. Este modelo me ayuda en la vida diaria a mantener el equilibrio entre el dar espiritualmente y el atender mis asuntos.

Nunca presté demasiada atención a la Octava Tradición hasta que afronté dificultades en mi propia recuperación. Desarrollé la tendencia inconsciente a deslizarme hacia mi función profesional. Cuando vine a Al-Anon por primera vez, me sentía deprimida, agotada y desesperada. Había tratado de resolver los problemas de casi todos los miembros de mi familia con resultados deprimentes. Ellos me dejaron hacer lo que quería y luego me evitaban o desaparecían cuando recurría a ellos esperando una retribución. No entendía en qué me había equivocado. Era una terapeuta capacitada en el tratamiento del alcohol y estaba segura de tener razón. A veces tenía razón pero eso no importaba.

Mi desesperación comenzó a disiparse

Si bien era una supuesta experta en esta esfera, eso no me ayudaba a tratar a mi hijo alcohólico. Me sentí perturbada al tener que recurrir a mis colegas por este problema. Me había olvidado del proverbio que dice que un doctor que se trata a sí mismo tiene a un tonto de paciente. Me aterraba pensar que si solicitaba ayuda me encontraría con mis propios clientes en la puerta. Pensaba que perdería su confianza si me veían. Al final la desesperación se hizo más fuerte y fui a una reunión de Al-Anon en una ciudad vecina. Y entonces comenzó a disiparse mi desesperación.

Después de un tiempo en Al-Anon, empecé a contarle a la gente acerca de mis conocimientos. Me sentí bien al ser valorada por mi profesión para variar. En poco tiempo tenía todo el día ocupado con citas para terapia y todas las noches con llamadas pidiendo consejo. Mi asesoría profesional y mis conocimientos Al-Anon se entremezclaron de manera lamentable. Pronto ninguna de las dos cosas servía más. Me agoté y desesperé más que en ningún otro momento de mi vida. Comencé a pensar que, si yo era la experta, no podía llamar a quienes me llamaban para solicitar ayuda. Me aislé más y más.

Por fortuna tenía una Madrina maravillosa que me sugirió leer con minuciosidad la Octava Tradición. Empecé a ver que ser experta ponía en peligro mi sano juicio. Decidí dejar de lado mi función de terapeuta. Admití ante Dios, ante mí misma y ante mi Madrina que tenía exactamente la misma experiencia, fortaleza y esperanza que la persona sentada a mi lado en la reunión o tal vez menos. ¡Qué alivio fue compartir la compasión, el amor y la búsqueda espiritual sin condiciones! Hasta me deshice de la tentación de recompensar a mi ego. Hoy no soy experta en la recuperación. Soy una asociada; como resultado de ello, me siento un poquito menos admirable y muchísimo menos sola.

Aplicación de la Octava Tradición

Las actividades prescritas por el Duodécimo Paso de Al-Anon nunca debieran tener carácter profesional, pero nuestros centros de servicio pueden contratar empleados especializados.

- ¿Comparto voluntariamente mi experiencia, fortaleza y esperanza con los que sufren la enfermedad familiar del alcoholismo?

¿Tengo a veces la tendencia a ser un sabelotodo?

¿Cómo puedo compartir con los demás sin tratar de solucionar sus problemas?

¿En las reuniones hablo como experto o como otro miembro?

¿Considero en algún momento a otras personas como expertas, quizás por ser miembros muy antiguos, carismáticos o profesionales fuera de Al-Anon?

¿Me resisto a compartir a veces porque creo no saber tanto como los demás?

¿Cuál es la diferencia entre la labor del Duodécimo Paso y ser un empleado especializado?

¿Estoy comprometido a remunerar a nuestros empleados especializados de manera justa o espero que me den todo de manera gratuita por ser miembros de Al-Anon?

¿Entiendo lo que hacen nuestros empleados locales y de la OSM?

¿Siento la necesidad de parecer bueno o ser un modelo perfecto de recuperación? ¿Me impide eso tener la humildad suficiente para obtener la ayuda que necesito?

¿Es la opinión de otra persona más importante que la mía? ¿Por qué?

¿Me comporto como el Señor o la Señora Al-Anon?

¿Emito juicios?

¿Realizo el examen de otras personas? ¿Es eso apropiado?

Novena Tradición

Nuestros grupos, como tales, nunca debieran organizarse, pero pueden crear centros de servicios o comisiones, directamente responsables ante las personas a quienes sirven.

La Novena Tradición señala que nuestra hermandad, compuesta por grupos de familiares y amigos de los alcohólicos que se reúnen para compartir su experiencia, fortaleza y esperanza, no debe organizarse. En nuestra hermandad los grupos Al-Anon son iguales y no se considera a nadie como una persona encargada de asumir la dirección. En Al-Anon tenemos guías a seguir sugeridas pero no hay reglas para la celebración de reuniones ni para nuestras actividades de servicio. El Manual de Servicio de Al-Anon y Alateen se ha preparado para darnos mayor orientación en nuestras actividades de servicio. Cada miembro sabe que su recuperación es suya y sólo suya y que Al-Anon no tiene mandatos ni mandatarios.

«Esperen un minuto —dijeron algunos. «¿Acaso significa eso que se espera que Al-Anon no tenga organización?» Si gozamos de libertad total, ¿no nos convertiremos en irresponsables no pagando el alquiler del grupo, pasando por alto las llamadas de ayuda y no ayudando a un recién llegado? Por fortuna, en la historia de Al-Anon, el sentido común, la experiencia y un Poder Superior bondadoso en general han podido remitirnos a los principios Al-Anon antes de causarnos demasiado daño a nosotros mismos.

Tenemos una estructura común y los grupos como tales deben decidir con precisión lo que quiere decir organización para ellos. Las experiencias de otros grupos en nuestros distritos y Zonas pueden constituir sugerencias de utilidad. Mantener la estructura simple y turnar los líderes son las metas.

En cada grupo los miembros deciden cuánta organización se necesita. Si lo que deciden no funciona, lo pueden cambiar. La mayoría de los grupos celebran reuniones regulares de servicio o de asuntos del grupo en las cuales se alienta a participar a todos los miembros. En las reuniones de asuntos del grupo, se establecen las políticas del grupo y se informa a los miembros sobre las novedades de Al-Anon a nivel de grupos, distritos, Zonas y en todo el mundo. Tales debates ayudan a mantener la unidad de Al-Anon. Los temas que se discutirán se anuncian en la reunión habitual de Al-Anon para que todos los interesados tengan la oportunidad de asistir a la reunión de asuntos del grupo. Algunos grupos usan estas reuniones para deliberar acerca de recomendaciones y luego llevar a cabo la votación de la conciencia de grupo en su reunión habitual. Este es un asunto relativo a la autonomía del grupo.

Todos tenemos voz y voto en Al-Anon. Así funciona la hermandad. Si hay divergencias, un Representante de Grupo puede llevar el asunto al distrito para su discusión. Si no se resuelve a nivel de distrito, se les puede presentar a los fieles servidores de la Zona para discutirlo en una reunión de comité o Asamblea de Servicio Mundial de Zona. Algunos prefieren en última instancia escribir a su administrador regional o a la Oficina de Servicio Mundial (OSM) pidiendo recomendaciones. Una respuesta en general no representa una directiva o consejo, sino que puede indicar «nuestra experiencia sugiere», seguida por ejemplos de cómo una Tradición o un Concepto podría ser útil en la creación de una conciencia de grupo informada.

La segunda parte de la Tradición dice: «podemos crear centros de servicio o comisiones, directamente responsables ante las personas a quienes sirven». ¿No es esto una contradicción? No se organicen, pero organicen centros de servicio y comisiones.

El sentido común nos dice que si queremos lograr algo, como preparar un seminario o reunión de aniversario, alguien debe encontrar un lugar, alquilarlo, fijar la fecha, y encontrar oradores. Así que organizamos un comité para que se encargue. Para difundir el mensaje Al-Anon al público o planificar una convención, organizamos Comités de Difusión Pública y de Congresos, los que se transforman en nuestros centros y comités de servicio. Nos son de gran utilidad durante la planificación y la organización, pero la autoridad final sigue en manos de los grupos.

Sin embargo, ¿cómo puede un número tan grande de grupos organizados con tanta flexibilidad dirigir estos centros? La respuesta está en los comités y en la voz democrática de nuestros representantes elegidos. Por ejemplo, los grupos eligen un representante que habla en nombre del grupo en las reuniones de distrito y Asambleas de Zona. Los distritos eligen representantes que hablan en nombre de esos distritos en las reuniones del Comité de Zona. Las Zonas eligen Delegados que llevan la voz y el voto de las Zonas a la Conferencia de Servicio Mundial (CSM) donde se toman decisiones de guías y se eligen Custodios. Entre una Conferencia y otra los Administradores (Custodios) supervisan las operaciones de la OSM, que tiene ejecutivos y directores miembros de Al-Anon que a su vez supervisan las actividades diarias. A todo nivel, sea Representantes de Grupo, de Distrito, Delegados, Administradores o empleados, somos todos fieles servidores con responsabilidades y el derecho a utilizar nuestro raciocinio de la mejor manera posible después de consultar con un Poder superior a nosotros.

Como uno de nuestros mayores defectos es una tendencia a controlar para estar seguros, la Novena Tradición constituye una excelente orientadora. Aplicarla nos permite confiar nuestros grupos a un Poder Superior y confiar en otras personas con limitaciones mínimas y sin la capacidad de imponer obediencia. Vemos que la Novena Tradición es una manera espléndida de ampliar nuestra fe que comenzó en el Segundo Paso cuando «llegamos a creer que un Poder superior a nosotros podría devolvernos el sano juicio». La aplicación de la Novena Tradición también nos ayuda como grupo a practicar el Tercer Paso decidiendo confiar nuestra voluntad y nuestra vida al cuidado de un Dios según nuestro propio entendimiento de Él, quien nos guía con gentileza sin dirigir nuestras acciones.

Aunque no está organizada en el sentido estricto de la palabra, Al-Anon tiene una estructura de servicio. Nuestros grupos delegan responsabilidad a fieles servidores que son responsables de sus obligaciones mínimas. Los miembros de los grupos son responsables de garantizar turnarse en el servicio y de hacer que los fieles servidores respondan a los grupos. Al-Anon funciona con un mínimo de servicios, unida en una hermandad mundial cada vez mayor.

Los miembros comparten experiencia, fortaleza y esperanza

LA NOVENA TRADICIÓN tiene una gran importancia para mí. Por experiencia personal me he dado cuenta de que un grupo no puede sobrevivir a menos que siga las Tradiciones. Mi grupo es un buen ejemplo de ello.

SOBREVIVIMOS

Poco a poco nuestro grupo se fue organizando. Se convocaba a reuniones mensuales de asuntos del grupo media hora antes de las reuniones habituales. Los miembros tomaban decisiones en las reuniones de asuntos del grupo sin el beneficio de una plena conciencia de grupo. Las reuniones generaban actas y se registraban los nombres de los asistentes. Cinco o seis de los miembros nuevos parecían controlar al grupo. Los miembros antiguos trataban de ser comprensivos porque veían que los miembros nuevos no habían tenido tiempo de desarrollar un programa firme. Al final los miembros experimentados tuvieron que dejar de lado su deseo de ser comprensivos y enfrentar la preocupación real de todo el grupo.

Los miembros antiguos que querían darle a los nuevos el beneficio de la duda pidieron consejo a alguien que tenía un programa bien firme: nuestra Delegada a la CSM. Después de un debate a fondo, ella opinó que definitivamente teníamos un problema en el grupo. Hizo varias sugerencias. Entre las sugerencias se encontraba un estudio de la Novena Tradición. Al hacerlo nos resultó claro que la organización rígida del grupo afectaba adversamente al grupo en su totalidad. Generamos una conciencia de grupo y decidimos cambiar nuestras reuniones de asuntos del grupo. En lugar de celebrar una reunión de asuntos separada, decidimos dedicar un período breve a los asuntos del grupo durante las reuniones habituales. De esta manera podíamos tomar conciencia de grupo en cosas relativas a los asuntos del grupo. Los miembros que no aceptaron esta decisión se fueron del grupo y comenzaron otro. Sobrevivimos sin ellos, pero los extrañamos. Pensamos con mucha firmeza que las Doce Tradiciones son fundamentales para la unidad de nuestro Grupo de Familia Al-Anon.

Defino mi responsabilidad

Somos una hermandad, no una organización. Organización implica que algunos miembros tengan poder o autoridad sobre otros. En Al-Anon cada miembro es igual y todos sirven al grupo como fieles servidores. Un motivo por el que es tan importante turnarse en el grupo es que les da a todos la misma oportunidad de ser responsables. Turnarse también ayuda a impedir que una persona asuma autoridad en el cargo. A través del sistema de turno cada persona realizará la misma función de modo diferente. En un grupo los diversos miembros pueden asumir responsabilidad por las acciones necesarias para que el grupo funcione. Si alguien realiza una tarea durante demasiado tiempo, otras personas podrían llegar a esperar que esa persona realice esa tarea siempre y darlo por sentado.

Al crecer en el programa, nos involucramos más y más y participamos en partes más estructuradas del programa. Sin embargo, por más involucrados que estemos en el programa, la Segunda Tradición sigue indicando que no hay jefes, que los que sirven son nuestros fieles servidores.

En cualquier grupo al que asistamos tenemos que hacer lo que nos corresponde. ¿Cómo se arregló la sala? ¿Quién organizó la literatura y la guardó? No es una buena idea que alguien monopolice una o más responsabilidades. En el servicio comenzamos a aprender a delegarles responsabilidad a los demás, lo que es importante porque nos ayuda a superar esa característica de creer que «sólo yo puedo hacer todo». Al permitir que todos ayuden a mostrar la literatura y luego guardarla, más gente se familiariza con esa actividad. Es importante que se permita al tesorero presentar un informe sobre los fondos del grupo. Un grupo puede participar activamente de muchas formas, por ejemplo llevando a cabo tareas de difusión pública, y puede formar comités para ello.

Un grupo puede contar con una secretaria activa que haga todos los anuncios. Cuanta más gente participe en una reunión, mejor será esa reunión. Un grupo activo e involucrado es más entusiasta. Cada persona debe saber cómo presidir una reunión, cómo encontrar literatura, cómo arreglar la sala, cómo limpiar la sala después de la reunión, cómo dar la bienvenida a nuevos miembros y cómo cumplir todas las otras funciones. Luego si alguien está ausente, la reunión no se derrumba. Nunca sabemos cuándo nuestro Poder Superior nos va a hacer asumir un cargo de responsabilidad.

Encuentro que esta Tradición es muy útil en casa. Al principio pensaba que las cosas debían estructurarse y que siempre teníamos que realizar tareas específicas, pero me di cuenta de que no es así.

También aprendí que no debo encargarme de decidir qué tareas debe hacer cada uno. Puedo querer que mi esposo se encargue de lavar los platos pero él puede querer pasar la aspiradora. Tuve que aprender que él también vive aquí. Puedo pedirle a otra persona que asuma una cierta responsabilidad pero esto no significa que esa persona deba hacerlo.

La Novena Tradición me ayuda a aprender a equilibrar responsabilidades, a definir mis responsabilidades y las de los demás y a hacer lo que me corresponde en cualquier tarea.

Aplicación de la Novena Tradición

Nuestros grupos, como tales, nunca debieran organizarse, pero pueden crear centros de servicios o comisiones, directamente responsables ante las personas a quienes sirven.

- ¿Con qué frecuencia se turnan los servidores en mi grupo? ¿Se alienta a todos a participar?

- ¿Tiene mi grupo reglas innecesarias para servidores de confianza o sus miembros?

- ¿Trato de controlar mi grupo organizándolo? ¿Por qué?

- ¿Qué flexibilidad tengo? ¿Cuán flexible es mi grupo? ¿Cómo podemos promover la flexibilidad en nuestras reuniones sin crear caos?

- ¿Cómo me opongo a sugerencias de cambios en la estructura? ¿Por qué?

- ¿Cómo apoya mi grupo a los centros de servicio y comités (Centros de Distribución de Publicaciones, Servicios de Información, Difusión Pública, etc.)?

- ¿Cómo apoyo a nuestros centros de servicio y comités? ¿Dono dinero? ¿Soy voluntario?

- ¿Cómo puedo beneficiarme de ser un fiel servidor?

- ¿Cómo he adquirido paciencia y humildad sirviendo al grupo?

- ¿Cómo trato a los que nos sirven? ¿Los valoro y apoyo o los critico y les encuentro excusas?

- ¿Cómo reconozco y apoyo la necesidad de mis fieles servidores de presentar informes al grupo?

- ¿Ha invitado mi grupo a los fieles servidores de distrito o de Zona a nuestras reuniones para compartir sus experiencias?

- Cuando se termina mi mandato, ¿aliento a nuevos servidores trasmitiéndoles mi experiencia? ¿Intenté alguna vez interferir con la manera de hacer las cosas de un fiel servidor, o practico «Suelta las riendas y entrégaselas a Dios»?

- ¿Ha discutido mi grupo nuestro papel en toda la estructura de Al-Anon? ¿Nos inclinamos a pensar que lo único que interesa es nuestro propio grupo?

- ¿Qué podemos hacer para relacionarnos con la hermandad mundial de manera que se incremente nuestra recuperación?

- ¿He considerado alguna vez que el sistema de turno en el servicio mantiene mi humildad?

- ¿Cómo asumo la parte que me corresponde de las responsabilidades?

- ¿Cómo asumo la responsabilidad por mis propias acciones?

- ¿Elevo mi voz cuando las acciones ajenas son inaceptables, o temo tanto los enfrentamientos que estoy dispuesto a obtener paz a cualquier precio, incluso perdiendo mi propia serenidad?

- ¿Cómo utilizo mi capacidad de manera positiva?

- ¿Asumo más de lo que puedo afrontar?

- ¿Entiendo la estructura de servicio de Al-Anon?

- ¿He considerado alguna vez ser Padrino de Servicio?

Décima Tradición

Los Grupos de Familia Al-Anon no deben emitir opiniones acerca de asuntos ajenos a sus actividades. Por consiguiente, su nombre nunca debe mezclarse en polémicas públicas.

Todas las Tradiciones de Al-Anon, incluida la Décima, nos mantiene unificados en un propósito: ayudar a los familiares y amigos de los alcohólicos. La Décima Tradición nos recuerda específicamente que, sin importar la causa, el nombre de Al-Anon «no debe mezclarse en polémicas públicas». El motivo es simple: los asuntos ajenos pueden desviarnos de nuestro objetivo espiritual primordial. Los miembros tienen siempre la libertad de actuar como individuos defendiendo sus causas personales siempre y cuando el nombre de Al-Anon no se mezcle en las mismas.

Nuestra hermandad podría dañarse con seriedad si no nos atenemos voluntariamente a la Décima Tradición. El principio espiritual que la sustenta es «Vive y deja vivir». Al comprender cuán importante y vital es nuestro objetivo principal para los millones que todavía sufren, lo preservamos no adoptando posturas en nombre del grupo sobre causas públicas, creencias o asuntos ajenos, por más valiosos que sean.

Podemos preguntarnos cómo se decide si algo es una causa externa. Al-Anon no prepara listas de controversias que deben evitarse. Sería imposible, ya que surgen a diario y van de asuntos de interés nacional o internacional hasta temas locales de actualidad. Si no estamos seguros sobre si algo es una causa externa o no, podemos formularnos las preguntas siguientes acerca de ese asunto: ¿Está en el ámbito del propósito único de Al-Anon: Ayudar a los familiares y amigos de los alcohólicos? ¿Tiene mi grupo, como tal, interés en este asunto? ¿Podría la discusión sobre este asunto dar lugar a que nos involucremos en una controversia pública?

Hay muchos asuntos y problemas relacionados con el alcoholismo en nuestra sociedad. Al-Anon participa en el alivio de problemas sociales ayudando a la gente a ayudarse a sí misma para encontrar sus propias soluciones y brindándole el respaldo emocional y la fuerza espiritual necesarios para resolver sus problemas. Para lograrlo para el mayor número de personas, debemos evitar adoptar posturas sobre programas, instituciones, recursos jurídicos o creencias religiosas específicas. Trabajar para alcanzar resultados concretos en asuntos ajenos está bien para nosotros como individuos. Como grupos de Al-Anon, no tenemos opiniones sobre ellos y dejamos el debate sobre los mismos fuera de nuestras reuniones. La mejor solución para una situación podría ser muy distinta de la mejor en otro caso. Al compartir nuestra experiencia, fortaleza y esperanza, demostramos de qué manera las situaciones negativas pueden mejorarse.

Cuando un miembro se encuentra en una situación extrema, tenemos que distinguir entre ayudarlo a aplicar los principios de Al-Anon para ocuparse de sí mismo y asumir una postura de grupo acerca de un asunto social. Los grupos pueden involucrarse en asuntos ajenos de modo inocente. Un miembro puede compartir una experiencia que enfurece al grupo; debido a la emoción, la discusión se centra en lo sucedido en lugar de mantener los principios de Al-Anon como centro de atención. Formular una pregunta como: «¿Cómo puede una decisión sobre ese asunto ayudar a los familiares y amigos de los alcohólicos?» puede encarrilar al grupo. Las soluciones a largo plazo que satisfagan al individuo, así como la fuerza para lograrlas, provienen de la práctica de los principios espirituales de Al-Anon. Los grupos pueden alentar a los miembros a trabajar en forma estrecha con un Padrino o una Madrina para obtener ayuda en la búsqueda de soluciones.

Un motivo para no involucrarse en soluciones sociales es que hay tantas causas conexas que sería difícil seleccionar algunas; además, la propia selección podría despedazar a un grupo. Otra razón para no adoptar una postura pública, aun en un caso extremo, es que algunos miembros viven con alcohólicos cuyo comportamiento es distinto de estos extremos y otros ya no viven con alcohólicos activos. Si nos enfocamos en los casos más asombrosos entre nosotros, podría ocurrir que otros se sientan aislados del grupo. El alcoholismo afecta a mucha gente de forma diversa pero todos estamos unidos. No adoptar posturas favorece la inclusión de todos.

En pocas ocasiones nuestra hermandad ha sido centro de controversias pese a nuestros esfuerzos para evitarlas. ¿Cómo procedemos si se habla de modo negativo sobre nosotros en un foro público como la prensa? Ciertamente no podremos llegar hasta quienes nos necesitan si se nos critica. Si hemos obedecido las Tradiciones, sabemos que hay orden en nuestra propia casa. Contestar acusaciones sólo puede terminar involucrando más a Al-Anon en la controversia. En estas situaciones encontramos que la orientación de la Décima Tradición de evitar opiniones sobre causas externas funciona de maravillas.

Algunos pueden pensar que no tener opiniones y no responder a provocaciones significa que somos felpudos o una gran familia feliz que nunca se pelea. Como individuos tenemos muchas opiniones y pasiones. Las discutimos fuera del grupo y a veces discutimos entre nosotros sobre asuntos de la hermandad. Sin embargo, al practicar en forma conjunta el principio espiritual de la Décima Tradición, aprendemos que cada miembro puede tener su propia opinión acerca de cualquier asunto pero que nuestro grupo, como tal, no puede. Aprendemos a aplicar «Vive y deja vivir» en nuestros grupos.

Al provenir de hogares afectados por el alcoholismo, muchos tienen un gran temor al conflicto. El practicar las Tradiciones entre nosotros nos ayuda a aprender a solucionar desacuerdos y llegar a una solución satisfactoria para todos y también cómo evitar situaciones que no nos competen. Se reduce el conflicto al mínimo cuando nos enfocamos en nuestros problemas y soluciones comunes y evitamos luchas que nos dividen sobre asuntos ajenos. Esto fortalece nuestro propósito primordial y nos da tiempo para ocuparnos de nosotros mismos.

No tener opinión sobre asuntos ajenos significa también no promover nuestros asuntos en el grupo o hacer planes sociales privados en la reunión. ¡Qué alivio es ir a una reunión que sabemos es sólo para nosotros y para nuestra recuperación sin preocuparnos de que se nos convenza sobre una causa o se nos quiera vender un producto!

Los miembros tienen libertad de participar en asuntos y causas que les agraden fuera de las salas de Al-Anon. Al-Anon tiene un solo propósito: ayudar a los familiares y amigos de los alcohólicos. La Décima Tradición nos permite concentrarnos en ese objetivo principal.

Los miembros comparten experiencia, fortaleza y esperanza

Tengo opiniones sobre muchos asuntos, pero en mi recuperación trato de concentrarme en Al-Anon. Lo hago incluso en el padrinazgo. Las ideas políticas y religiosas de mi Madrina son muy diferentes de las mías, pero los detalles no tienen nada que ver con Al-Anon. Cuando me siento molesta por los acontecimientos en el mundo o por cuestiones religiosas, discutimos sobre mis sentimientos, reacciones, inseguridad y temores. No sería apropiado hablar mucho con mi Madrina sobre los acontecimientos que desencadenaron mis reacciones interiores. La función de mi Madrina no es discutir asuntos mundiales conmigo sino ayudarme a obtener una perspectiva de mis reacciones internas. Mi grupo merece la misma consideración. No necesitan escuchar una discusión sobre mis ideas y convicciones políticas. Pero es importante que comparta mi estado interior y mi voluntad para usar los instrumentos de Al-Anon o mi resistencia a ello. Por ejemplo, admitir mi incapacidad y hacer mi propio examen de conciencia podría llevarme a tomar una decisión sobre practicar el desprendimiento.

Durante una época de perturbaciones políticas en el país donde vivo, fui a reuniones de Al-Anon en las cuales mucha gente compartió sus sentimientos sobre lo que estaba sucediendo. Yo no pensaba como muchos de ellos, por lo que me resultaba mucho más penoso asistir a las reuniones en las que daban rienda suelta a su ira. Yo también tenía sentimientos sobre lo que estaba pasando en mi país pero vine a Al-Anon a concentrarme en la recuperación espiritual de la enfermedad de alcoholismo que afecta la familia. Cuando me acerqué a algunos de ellos después de una reunión, les pedí que se concentraran en sus sentimientos sin identificar su posición política. La mayoría se mostró sorprendida y muchos dijeron que simplemente expresaban sus sentimientos.

Comencé a darme cuenta de que a la gente que está perturbada le resulta difícil expresar sus sentimientos sin

El respeto requiere atención adicional

revelar su afiliación política. Esto me dio la oportunidad de cambiar las cosas que podía. Para mí eso quería decir pronunciarme una y otra vez y aceptar que probablemente escucharía hablar de política en reuniones de Al-Anon durante un cierto tiempo porque la situación despertaba muchos sentimientos. Fue un período penoso para mí pero seguí adelante. La recuperación que tiene lugar aun en períodos penosos vale la pena. Espero que la gente preste atención adicional al respeto a la Décima Tradición durante momentos de tensión y perturbaciones públicas.

Mi Padrino me enseñó

Cuando surgió una controversia en mis charlas con mi Padrino, él me preguntó qué opinaba al respecto. En forma específica quería saber lo que yo sentía. ¿Había provocado esta controversia sentimientos de vulnerabilidad o vergüenza? ¿Me sentía irritado o culpable o desconcertado? ¿Me sentía indefenso o sin esperanzas? A veces él utilizaba un proceso de eliminación para llegar al fondo de mis verdaderos sentimientos.

La controversia específica que siempre me llegaba al corazón era el maltrato infantil. En mis primeros años en Al-Anon, parecía que el maltrato infantil ocupaba los titulares de todos los periódicos y aparecía con regularidad en la televisión. Descubrí que no podía tolerar informaciones de prensa sobre mujeres que no protegían a sus hijos del maltrato infantil.

Mi Padrino me alentó a reconocer que mis sentimientos eran muy fuertes. Luego me enseñó a examinar distintas posibilidades de descubrir cuáles eran esos sentimientos. Por algún motivo, cuando al final identificaba mis sentimientos me sentía mejor, más atento, menos distraído y más cuerdo.

Mi Padrino también me enseñó que la controversia puede ser una trampa. Si me enredaba en los detalles de la controversia, podría perderme. Perdía de vista esta posible oportunidad de llegar a conocerme mejor. Si gastaba toda mi energía en la propia controversia, esa era mi decisión; pero tenía que relacionarse sólo con mi programa de Al-Anon si el propósito era aprender más sobre mí mismo.

He escuchado muchos asuntos polémicos en reuniones de Al-Anon. El propio alcoholismo es muy polémico para algunas personas. El hecho de que los grupos de Al-Anon no tengan ninguna opinión sobre asuntos ajenos es lo que nos permite hablar sobre nuestras experiencias. Sin embargo, la crítica y los consejos no pertenecen a reuniones de Al-Anon o Alateen. El haber sobrevivido a experiencias controvertidas es lo que convierte a nuestras historias en expresiones de fortaleza y esperanza.

En diversos momentos de mi vida he tenido tres papeles distintos. He tenido el papel de víctima, el de villano y el de salvador. Debido a que Al-Anon no tiene opiniones sobre asuntos ajenos, me siento libre para explorar mis sentimientos acerca de cualquier tema polémico que me haya afectado, independientemente del papel que yo haya tenido en el mismo. Intento limitar mis aportes en las reuniones para no monopolizar el tiempo y reservo la mayor parte del examen de mí mismo para conversaciones con mi Padrino. Mientras utilice los instrumentos de Al-Anon para ayudarme a mejorar, estoy bien encaminado. Cuando utilizo a Al-Anon para tratar de cambiar a otra gente, ya sea dentro o fuera del programa, debo entonces recordar las palabras de mi Padrino: «Es una pena que les pase eso, pero, ¿cómo te sientes tú?»

Aplicación de la Décima Tradición

Los Grupos de Familia Al-Anon no deben emitir opiniones acerca de asuntos ajenos a sus actividades. Por consiguiente, su nombre nunca debe mezclarse en polémicas públicas.

- ¿Cómo me concentro en nuestros vínculos comunes en lugar de en nuestras diferencias?
- ¿Recuerdo que no hay una opinión oficial Al-Anon?
- ¿Le he pedido alguna vez al grupo que promueva una causa o actividad comercial?

- Si alguien plantea lo que me parece es un asunto externo, ¿cómo puedo hacer que la discusión vuelva a nuestro enfoque en Al-Anon con gentileza?

- ¿He llamado a mi Padrino para ventilar mi ira o resentimiento?

- ¿Por qué me permito reaccionar ante emociones en lugar de pensar en lo que quiero decir y cómo decirlo?

- ¿Puedo encontrar maneras de decir lo que quiero sin parecer cruel? ¿Cómo?

- ¿Estoy a la defensiva porque alguien no está de acuerdo conmigo? ¿Cómo respondo?

- ¿Aunque tenga derecho a mis sentimientos y opiniones, puedo admitir que lamento que mi ira controle mis emociones?

- ¿Doy a veces la impresión de que hay una opinión de Al-Anon acerca de un tema?

- ¿Cómo sería Al-Anon sin esta Tradición?

- ¿Cómo puedo utilizar esta Tradición en mi vida personal?

Undécima Tradición

Nuestra política de relaciones públicas se basa más bien en la atracción que en la promoción. Necesitamos mantener siempre el anonimato personal en la prensa, radio, televisión y el cine. Debemos proteger con gran esmero el anonimato de todos los miembros de AA.

La Undécima Tradición define nuestra política de relaciones públicas, suministrándonos guías a seguir que se usan para hacer tomar conciencia al público sobre Al-Anon y atraer a los familiares y amigos de los alcohólicos, manteniendo al mismo tiempo el anonimato personal y protegiendo el anonimato de los miembros de A.A.

Desde los comienzos de Al-Anon, hemos intentado poner la recuperación a disposición de la mayor cantidad de gente posible mediante diversos medios como la prensa, la radio, la televisión, instituciones educativas y comunitarias y las profesiones correspondientes. Nos hemos beneficiado mucho de la difusión proporcionada por estos medios. Informar al público acerca de nuestra asistencia y la recuperación que ofrecemos constituye un elemento esencial para trasmitir el mensaje de Al-Anon a los familiares y amigos de los alcohólicos. La mejor manera de enfrentar estas oportunidades de practicar el Duodécimo Paso la encontramos en la Undécima Tradición.

Puede ser difícil definir la diferencia entre atracción y promoción. Muchos miembros asisten a su primera reunión de Al-Anon sin que lo sepan sus familiares. Se sienten temerosos, confundidos, inseguros acerca de si en realidad ese es su lugar o si Al-Anon puede ayudarlos. El anonimato le garantiza a los recién llegados que las reuniones de Al-Anon sean un lugar seguro.

Además, los miembros nuevos que llegan a las puertas de Al-Anon no pueden dejar de observar la calma y la serenidad de los miembros de Al-Anon. Somos gente que estamos encarando los efectos del alcoholismo practicando los principios de Al-Anon. Si un recién llegado se siente seguro y desea lo que tenemos, eso es atracción.

Al comenzar a experimentar la paz y la serenidad en nuestras propias vidas, podemos sentir ansias de compartir el programa con otros: familiares, amigos y el público. El problema es quienes lo necesitan no siempre lo quieren. Podemos compartir nuestra experiencia, fortaleza y esperanza con ellos y ser un buen ejemplo de recuperación en Al-Anon practicando sus principios en todas nuestras acciones.

El mantener el anonimato personal a nivel público nos garantiza que ninguna persona represente a Al-Anon.

Recordamos que, en nuestra hermandad, cada uno habla por sí mismo pero nadie habla en nombre de todos los miembros de Al-Anon o de Al-Anon en general. La igualdad permite que la persona más orientada hacia el servicio a largo plazo pueda asistir a una reunión y solicitar ayuda. La igualdad nos mantiene con la humildad suficiente para seguir siendo capaces de aprender y enfocarnos en nuestra recuperación personal. La Undécima Tradición nos anima a dirigir por medio del ejemplo.

Con frecuencia escuchamos historias de gente que oye hablar de Al-Anon aquí y allá, una y otra vez, antes de que una circunstancia particular al final los empuje a nuestras puertas. Nuestra tarea es empeñarnos en que esos mensajes se difundan y se oigan, lean y vean en todo momento si fuera necesario hasta que alguien que nos necesite esté listo para utilizarlos. Lo hacemos mediante una amplia gama de servicios de difusión pública. Cuando participamos como miembros en la difusión de información, pedimos el anonimato personal. Esto no sólo garantiza que Al-Anon no se vea asociada a personas o personalidades particulares sino, lo que también tiene la misma importancia, que les demuestra a los posibles miembros que somos serios en cuanto a proteger su anonimato si se convierten en miembros. Si nos vieron con claridad en la televisión y conocieron nuestros nombres, podrían preguntarse cómo evitar que ellos mismos sean conocidos.

El respaldo de personas célebres es una técnica de promoción común y ciertamente hay personas célebres en Al-Anon. Si bien la utilización de sus nombres o rostros podría atraer algunas personas más a nuestras puertas, haría más daño que bien. Al-Anon podría vincularse en la mente de la gente con la personalidad, actividades y fortuna de esa persona célebre. También podría desalentar a otras personas famosas a solicitar la ayuda que ofrecemos por temor a ser descubiertas. El anonimato es muy importante para los que tienen vida pública ya que hay pocos lugares donde una persona famosa puede ir y ser ella misma mientras lucha contra un problema difícil como el alcoholismo de un familiar.

El anonimato es crucial para todos nosotros. Nos permite compartir con honestidad en reuniones para obtener todos los beneficios de la recuperación. El grado de anonimato que cada uno desea dentro de la hermandad es una decisión personal. Como estamos seguros de que nuestros nombres no saldrán de Al-Anon, algunos usan los nombres completos cuando nos comunicamos o realizamos labor de servicio. Algunos prefieren utilizar el nombre de pila o aun un seudónimo en las reuniones. La decisión es sólo nuestra. Sin embargo, cuando llegamos al nivel de la prensa, la radio, la televisión o el cine, tenemos sumo cuidado al explicar el anonimato porque ese puede ser el primer contacto que tiene una persona con Al-Anon. Pedimos que no se muestre nuestro rostro y que se utilicen sólo los nombres de pila o seudónimos; de esta manera se le garantiza al posible miembro que Al-Anon es un lugar seguro al que se puede recurrir por un problema relacionado con el alcoholismo, un lugar donde ellos también pueden permanecer anónimos.

Revelar nuestra identidad también puede revelar la identidad de familiares y amigos, quizás poniéndolos en peligro. La Undécima Tradición nos recuerda preservar con gran esmero el anonimato de los miembros de A.A. Pese a que hemos ido muy lejos en la comprensión de la enfermedad del alcoholismo, hay aún muchas ideas falsas en torno a la misma tanto en alcohólicos como en sus familiares.

El anonimato personal y la cautela en relación con la promoción confunden a veces a los miembros quienes creen que no deben mencionar jamás el nombre Al-Anon. Algunos han llegado a pensar que cualquier anuncio público equivale a promoción. La intención de la Undécima Tradición es preservar nuestro anonimato como individuos pero no preservar el anonimato del programa de Al-Anon. Podemos dar a conocer nuestro programa sin infringir el anonimato personal.

Aunque no se espera que nadie revele su identidad en público, algunos decidimos usar nuestros nombres completos en las relaciones con entidades externas y los medios de comunicación para mantener una corriente precisa de información y para ser un recurso verosímil para ellos. Al relacionarnos con los medios de comunicación, somos responsables de brindarles información sobre la Undécima Tradición y solicitarles su cooperación en cuanto a nuestro anonimato personal en noticias publicadas o difundidas. Nos corresponde a nosotros decidir nuestra participación en el servicio de difusión pública. En cualquier caso, nos abstenemos de revelar la identidad de otros miembros de Al-Anon o de A.A. El principio de anonimato nos ayuda en nuestro viaje espiritual personal y también les funciona bien a las personas a quienes podemos atraer. Como lo dijo un miembro con humor: «Un hombre vio a otro arrastrando una cadena por el camino. ¿Por qué arrastra esa cadena? —le preguntó. El otro le respondió: ¿Ha intentado usted alguna vez empujar una?» Podemos orientar a la gente hacia Al-Anon pero no la podemos empujar. Muchos habrán oído hablar de Al-Anon, o habrán asistido a algunas reuniones, antes de estar dispuestos a escuchar el mensaje. Quizás impulsados por el ejemplo de la recuperación de otro, regresamos cuando estamos dispuestos. Promover nuestra causa con un celo excesivo, como un método agresivo de venta, es como tratar de empujar esa cadena. Sin embargo, cada uno de nosotros es un embajador de Al-Anon en la vida diaria al vivir la recuperación e invitar con gentileza a otras personas a hacer lo mismo.

Al-Anon no es una sociedad secreta. Queremos que la gente pueda encontrarnos y sentir seguridad personal en el anonimato. La práctica de la Undécima Tradición significa hacer todo lo posible para poner a disposición de los que aún sufren información franca, humilde y directa sobre Al-Anon. A veces imprimimos anuncios, participamos en debates en los medios de comunicación, escribimos, publicamos y difundimos Literatura Aprobada por la Conferencia (LAC) en librerías y en nuestras reuniones, publicamos artículos, asistimos a exposiciones relacionadas con la salud, hablamos en clases, cooperamos con los profesionales que nos ayudan y nos involucramos en una amplia gama de labores de difusión pública. La Undécima Tradición nos guía en el proceso de preservación de las bases espirituales del anonimato, atrayendo al mismo tiempo a nuestras puertas a quienes necesitan recuperación.

Los miembros comparten experiencia, fortaleza y esperanza

UNA LECCIÓN ACERCA DE CÓMO SOLTAR LAS RIENDAS

JUSTO CUANDO pensaba que me había ocupado de todo, el Dios de mi entendimiento me ayudó a experimentar algo nuevo. Pese a toda mi labor básica de servicio en Al‑Anon, un locutor de radio rompió mi anonimato mencionando mi nombre completo en la radio. Al final resultó una lección excelente para soltar las riendas y entregárselas a Dios. Independientemente del planeamiento que había realizado, existe siempre la posibilidad de un error humano. En el camino de la vida, fue otro recordatorio de quién en realidad está a cargo de todo.

Fue relativamente simple convencer a miembros de Al‑Anon de que se ofrecieran para una entrevista por radio porque se mantendría nuestro anonimato. Parecía una situación perfecta. Lo único que tenía que hacer el locutor era presentarnos por nuestros nombres de pila. Me reuní con el locutor y con los dos voluntarios unos días antes. Pasamos revista a todo el material en la carpeta para los medios. En forma específica incluir el propósito de Al‑Anon, el principio del anonimato, el evitar controversias públicas y cuestiones externas y la importancia de hacer que la entrevista se concentrara en nosotros como familiares.

Lo que no había planeado era un locutor diferente que informó al público de antemano sobre nuestra próxima entrevista. Aunque dije: «¡Oh, no!» al escuchar mi apellido, ya no había nada que hacer. Tuve que perdonarme y darme cuenta de lo imposible que era comunicarme con todo el personal de la estación de radio.

Sucedió que nadie me llamó a mí o a la radio para decir que había oído mi nombre y apellido. Me preocupaba el hecho de que la gente que escuchara mi apellido se diera cuenta de que mi ex‑esposo era alcohólico. Pensé que mi ex esposo se enojaría conmigo. Se me ocurrió que otros miembros de Al‑Anon podrían pensar que yo intentaba convertirme en la Señora Al‑Anon.

Sin embargo, la verdad es que algunos de mis defectos de carácter estaban funcionando a todo vapor. Las dudas sobre mí misma y la autocrítica me llenaron la cabeza. Lo pensé con detenimiento y decidí comunicarle al grupo lo que había sucedido. Fueron muy comprensivos con todo. Aceptaron mis buenas intenciones y estuvieron de acuerdo en que hacer arreglos con los medios de comunicación involucraba un cierto grado de incertidumbre.

Al recordar tal experiencia, me concentro en las cosas buenas que hemos logrado. Informamos al público sobre Al-Anon. Compartimos con el auditorio de qué manera Al-Anon nos ha ayudado tanto en nuestra vida diaria. Y lo que es más importante, les dijimos cómo pueden encontrar una reunión de Al-Anon aquí en esta comunidad.

LEEMOS Y HABLAMOS ANTES DE DECIDIR

NUESTRO GRUPO cree que las Tradiciones son tan importantes como los Pasos pero a veces una adhesión bien intencionada nos aleja en una dirección u otra. Por fortuna el contar con miembros muy diversos a quienes podemos consultar antes de adoptar una conciencia de grupo en general nos hace actuar con corrección. Siempre me asombra un poco cuando esto ocurre pero también incrementa mi fe en el programa y en nuestra buena voluntad. Se me ocurren dos ejemplos de ello al pensar en la Undécima Tradición.

¿Cómo atraemos gente a la que Al-Anon podría ayudar? Recuerdo una vez en que nuestro Representante de Grupo (RG) se acercó a nosotros con la idea de colocar un aviso en la columna personal de nuestro periódico local con un número de teléfono mediante el cual pudieran ponerse en contacto con Al-Anon. «¡De ninguna manera!» —dijimos. «La publicidad es promoción». Estábamos seguros de que teníamos la razón.

Nuestro Representante de Grupo (RG) sonrió y nos invitó a todos a leer las sencillas guías a seguir sobre relaciones públicas en nuestro *Manual de Servicio de Al-Anon y Alateen*. Quedamos atónitos al descubrir que darle publicidad a Al-Anon está bien siempre y cuando mantengamos nuestro anonimato personal y nos abstengamos de practicar una técnica de venta agresiva.

En otra reunión, nos preguntábamos por qué las Tradiciones hablan de proteger con gran esmero el anonimato de todos los miembros de A.A., en lugar de con el esmero habitual. ¿Era un ejemplo de que la forma de tratar a los demás era mejor que la forma de tratarnos a nosotros mismos. Al principio pensamos que era así y redactamos un memorándum pidiéndoles a los grupos del distrito que consideraran la posibilidad de solicitar que se cambiara la palabra especial por habitual.

Durante el debate, un miembro dijo que le era fácil preservar su propio anonimato y el nuestro, pero que a veces se daba cuenta de que inconscientemente decía cosas que podrían revelar que su hijo era miembro de A.A. Dijo que requería un esfuerzo especial preservar el anonimato de su miembro preferido de A.A.: su propio hijo. Otro señaló que cuando vivía con el alcohólico, se sentía tentada a quejarse ante cualquiera que la escuchara acerca de cómo aplicaba él o no su programa, pero ese gran esmero en general le permitía detenerse y volver atrás para seguir concentrándose en ella misma y lo que podía hacer para recobrar su propia serenidad. Les agradecimos y archivamos nuestro memorándum no enviado en los archivos del grupo.

Aplicación de la Undécima Tradición

Nuestra política de relaciones públicas se basa más bien en la atracción que en la promoción. Necesitamos mantener siempre el anonimato personal en la prensa, radio, televisión y el cine. Debemos proteger con gran esmero el anonimato de todos los miembros de AA.

* ¿Qué puede hacer mi grupo para informar a la gente acerca de su existencia?
* ¿Qué puedo hacer yo como miembro?
* ¿Tengo cuidado en guardar los secretos de otros

miembros?

* ¿Cómo apoyo a nuestros Servicios de Información?

* Cuando hablo con los medios de comunicación o escribo sobre Al-Anon, ¿les pido que mi rostro y mi nombre se omitan de la historia?

* ¿Cuando escribo sobre mí mismo y uso mi nombre, evito insinuar que soy miembro de Al-Anon?

* ¿Cómo puedo hablar de mi recuperación sin revelar la identidad de los alcohólicos de mi vida?

* ¿Cómo puedo compartir con respecto a Al-Anon con amigos y colegas que podrían estar interesados, preservando al mismo tiempo el anonimato?

* ¿Atraigo a otras personas a mi nueva forma de vida o trato de convencerlas de que cambien? ¿Cómo?

* ¿Soy el hombre o mujer que deseo ser? ¿Por qué o por qué no?

* ¿Exagero alguna vez en la promoción de Al-Anon, haciéndola poco atractiva?

* ¿Cómo practico los Pasos y las Tradiciones en todas las esferas de mi vida?

* ¿De qué manera me siento agradecido por la gente que me rodea?

* ¿Obligo a alguien a vivir la vida que yo creo es correcta? ¿Cómo?

* ¿Cuál es el valor del anonimato para mí?

* ¿Qué significa trasmitir el mensaje, permaneciendo al mismo tiempo anónimo a nivel público?

* ¿Es mi recuperación atractiva para otras personas?

Duodécima Tradición

El anonimato es la base espiritual de nuestras Tradiciones y siempre nos recuerda que debemos anteponer los principios a las personas.

Las frases claves de la Duodécima Tradición son el anonimato, base espiritual y anteponer principios a personas. En forma conjunta, estas palabras y frases incluyen los principios básicos de nuestro programa. Cada vez que un posible miembro llega a Al-Anon solicitando ayuda, queremos asegurarnos de que Al-Anon esté siempre disponible. Al aprender sobre la Duodécima Tradición aprendemos la orientación espiritual que ofrece el anonimato, su intención y cómo podemos practicar con humildad el programa en nuestra vida diaria.

Al llegar a Al-Anon por primera vez, el temor de conocer a alguien en la reunión era enorme. Muchos teníamos miedo de que alguien, quizás el alcohólico, se enterara de nuestra asistencia y no la aprobara. Aunque muchos están familiarizados con el principio del anonimato, pocos nos damos cuenta de verdad de la fortaleza que nos suministra a todos y cada uno de nosotros. Como miembros nuevos escuchamos estas palabras al comienzo de alguna reunión: Al-Anon es una hermandad anónima. Todo cuanto se diga aquí en la reunión del grupo y entre los miembros, ha de guardarse confidencialmente. Sólo de esta manera podemos sentirnos libres de expresar nuestras ideas. Así es como nos ayudamos mutuamente en Al-Anon.

En reuniones también oímos decir o vimos la tarjeta en la mesa que dice: «A QUIENES vean aquí, LO QUE ESCUCHEN aquí, CUANDO se vayan de aquí, QUE SE QUEDE AQUÍ». Esto significa que los miembros, por diversos motivos, dependen del anonimato para su recuperación y seguridad personales. El anonimato nos ayuda a abrirnos y a estar dispuestos a compartir y a formular preguntas. Los miembros nuevos aprenden escuchando a otros decir que Al-Anon es un lugar donde pueden hablar sobre los efectos de la convivencia con la enfermedad del alcoholismo. También podemos hablar sobre cómo nos sentimos acerca del alcohólico de nuestra vida. En las reuniones los miembros expresan su confusión, su ira, su preocupación y su resentimiento y hablan sobre sus primeros pasos hacia la recuperación y sus éxitos personales. Aprendemos que, al compartir nuestra experiencia, fortaleza y esperanza, nuestro aporte está en lugar seguro y nadie lo repetirá.

Comprender que el anonimato es más que la identidad de miembros individuales es parte de la base espiritual de Al-Anon. El anonimato incluye todos los Pasos, Tradiciones y Conceptos indicando que lo que aprendemos en Al-Anon es mucho más importante que el miembro del grupo que comparte o solicita ayuda.

El anonimato implica que, independientemente de lo que somos, dónde vivimos, qué auto conducimos o qué libros leemos, la premisa básica es la humildad. Al practicar la humildad en la recuperación preservando nuestro anonimato, podemos estar seguros de que Al-Anon estará siempre junto a nosotros y que su legado es sólido y perdurará.

Al asistir a más y más reuniones, entendemos cómo funciona el principio de anonimato. Al comienzo muchos de nosotros recibimos una lista de nombres y números de teléfono de los miembros habituales. Se nos alienta a todos a llamar a otro miembro de Al-Anon si necesitamos hablar con alguien. Al no saber quién puede escuchar un mensaje telefónico, aprendemos a dejar un nombre, un número de teléfono y un breve mensaje sin mencionar a Al-Anon en el contestador o con alguien que responda la llamada. Por otro lado, muchos miembros en el servicio han encarado dificultades al no saber cómo ponerse en contacto con otro miembro de Al-Anon por teléfono porque no tenían el apellido. Otros han querido visitar a un miembro en el hospital y encontraron que no podían identificar a su buen amigo. Nosotros nos conocemos. Simplemente no se lo decimos a los demás. Así se protege el anonimato de todos.

¿Por qué es el anonimato la base espiritual de todo nuestro programa? Hay muchos conceptos espirituales significativos incluidos en la práctica del anonimato. Entre ellos la seguridad y el respeto por los otros miembros, la humildad y la voluntad de confiar en un Poder superior a nosotros, la aceptación mutua y la voluntad de vivir de acuerdo con principios que valoramos en lugar de reaccionar en todo momento ante las personas que nos rodean. El anonimato unifica a nuestra hermandad eliminando la condición de individuo para poder escuchar el mensaje y no al mensajero.

Al comenzar a servir en los grupos, se nos pide que ampliemos nuestra comprensión del anonimato e incluyamos la humildad y la confianza en un Poder Superior. Nuestra función como fieles servidores no es gobernar sino servir y llevar a cabo las tareas asignadas. Tenemos que escuchar y desistir de la tentación de asumir el control. Cumplir con la tarea se convierte en el principio y quién la realiza, la persona, pierde toda importancia. En lugar de ello debemos tener siempre presente, en un lugar privilegiado, la guía de un Poder superior a nosotros.

Nuestra recuperación y la solidez de los grupos se garantizan cuando anteponemos los principios a las personas. Pueden evitarse muchas reyertas acerca de quién tiene razón concentrándonos en los principios. Aun si discutimos sobre lo que quieren decir, anteponer los principios a las personas nos ayuda a vincularnos de nuevo después de una discusión acalorada. A veces tenemos la tendencia a descartar un mensaje sólo porque no nos gusta el mensajero. El recordar concentrarnos en los principios nos ayuda a escuchar el mensaje sin juzgar su contenido por la persona que lo entregó. En este proceso muchos nos sorprendemos al descubrir que a veces hasta llegamos a valorar al mensajero. Crece nuestra tolerancia. Podemos respetarnos mutuamente, ofrecer cortesía y amarnos de manera muy especial sin gustarnos.

No siempre es fácil. Muchos de nosotros estamos acostumbrados a una recompensa cuando contribuimos. En las reuniones aprendemos a compartir con humildad. Aprendemos a abandonar la satisfacción de ser alguien especial para el bien común; todos somos especiales. Llegamos a saber que atendemos a nuestro bien personal promoviendo el bien común.

El principio espiritual de la humildad mediante el anonimato también nos ayuda a reconocer que, si bien es tentador ser el centro de admiración del grupo, eso es peligroso para nuestra propia recuperación. Estar por encima de los demás nos hace vulnerables a la envidia, la crítica y la soledad cuando encaramos desafíos propios y necesitamos el apoyo de amigos. No vale la pena. La humildad necesaria para rehusar ser colocado en un pedestal es difícil de lograr para muchos de nosotros. Sin embargo, aprendemos que cuando intentamos elevarnos imponiendo nuestra voluntad o insistiendo en que lo sabemos todo, o inclusive haciendo todo para todos, cosechamos hostilidad, aislamiento y mucha infelicidad. Practicar el anonimato con humildad dentro del grupo protege nuestra recuperación.

La Duodécima Tradición nos exhorta a integrar todos los principios Al-Anon. Vale la pena el esfuerzo. Al asistir a reuniones, nuestra vida y las relaciones mejoran de modo incalculable. Nuestra comprensión de la base espiritual que suministra el anonimato crece a medida que nosotros progresamos.

Los miembros comparten experiencia, fortaleza y esperanza

No importa

Mi Tradición preferida es la Duodécima. Creo que el anonimato en un grupo Al-Anon significa que asistimos a reuniones sin mencionar nuestra profesión o rango social. Un profesional puede estar sentado al lado de un desempleado y no importa. Me parece que muchos miembros de Al-Anon tienen una impresión equivocada de lo que es anonimato. Parecen pensar que significa que no deben permitir que otras personas del grupo conozcan sus apellidos.

Nos convertimos en miembros de la hermandad mundial de Al-Anon. Bregamos por la recuperación sin preocuparnos en absoluto por lo que hacemos fuera de Al-Anon o por lo que hacen otros miembros. Compartimos un problema común: el alcoholismo. Ese es el asunto más importante. Al concentrarnos en el programa, nadie puede tornarse en la voz de Al-Anon. El hecho de que tengan personas poderosas o prestigiosas en el mundo no importa en Al-Anon.

ANTEPONER LOS PRINCIPIOS A LAS PERSONAS

PENSABA que comprendía el anonimato, pero «anteponer los principios a las personas» me desconcertó durante mucho tiempo. Ahora, después de varios años en el programa, agradezco todo lo que me ha enseñado la Duodécima Tradición. Debido a ella, he recibido el don de la libertad de expresar mis más profundos pensamientos en las reuniones. En mi ciudad varios grupos de Al-Anon tienen miembros de países, culturas e idiomas diversos. Nuestros estilos de vida y creencias diferentes no interfieren en nuestro respeto mutuo. En estas reuniones valoro las ideas de gente cuyo camino nunca se habría cruzado con el mío si no practicáramos todos el «anteponer los principios a las personas» como lo sugiere Al-Anon.

Anonimato quiere decir que respeto el reto de «anteponer los principios a las personas». Cuando me reúno con un colega o empleado en su primera reunión, me digo a mí mismo: «Todos estamos progresando. Todos somos humanos y merecemos respeto. Todos merecemos la oportunidad de progresar utilizando los Doce Pasos y las Doce Tradiciones».

Aplicación de la Duodécima Tradición

El anonimato es la base espiritual de nuestras Tradiciones y siempre nos recuerda que debemos anteponer los principios a las personas.

* ¿Practico esta Tradición en todos mis asuntos? ¿Cómo?

* ¿Puedo escuchar a otras personas con una mente receptiva o las descarto porque no están de acuerdo conmigo?

* ¿Entiendo la base espiritual de mi anonimato personal? ¿De mi grupo? ¿De mi Zona?

* ¿Puedo ver el bien en los demás o sólo observo sus defectos?

* ¿Cómo recuerdo no identificar a nadie o contar una historia reveladora aun en una conversación con un miembro del grupo?

* ¿Cuál es la relación entre el anonimato y la confidencialidad?

* ¿Coloco a alguien del grupo en un pedestal, esperando más de esa persona que de mí mismo?

* ¿Si un miembro conocido de la comunidad llega al grupo, me resisto a dejar que la gente se entere de que lo vi en Al-Anon?

* ¿Cómo hago conocer a Al-Anon sin romper el anonimato de nadie?

* ¿Qué significa comprender que nos corresponde a nosotros decidir cuán anónimos deseamos ser?

* ¿Uso alguna vez a Al-Anon para promover temas personales? ¿Productos? ¿Ideologías?

* ¿Respeto a los fieles servidores y les agradezco sus servicios?

- ¿Es Al-Anon un secreto en mi comunidad?

- ¿Cómo se relaciona la Duodécima Tradición con la Décima? ¿Con la Undécima?

- Cuando me encuentro con gente que conozco de Al-Anon fuera de una reunión, ¿cómo puedo reconocer su presencia protegiendo al mismo tiempo su anonimato?

- ¿Cómo informa mi grupo a todos los miembros sobre el principio de anonimato? ¿Lo hacemos de manera regular?

- ¿Qué repercusiones tiene esta Tradición en el propósito primario de Al-Anon?

- ¿Qué importancia tiene el ser miembro de la hermandad de Al-Anon en la hermandad mundial?

- ¿Cómo ha mejorado el examen de las Tradiciones la comprensión de mi papel en el grupo?

- ¿En el distrito? ¿En la Zona? ¿En Al-Anon en todo el mundo?

- ¿Cómo puedo aplicar las Tradiciones a mi vida personal? ¿A mi vida laboral?

Los Doce Conceptos de Servicio

Los Doce Conceptos de Servicio

1. La responsabilidad y autoridad fundamentales de los servicios mundiales de Al-Anon corresponde a los grupos de Al-Anon.
2. Los Grupos de Familia Al-Anon han delegado por entero la autoridad administrativa y de funcionamiento a su Conferencia y sus ramas de servicio.
3. El derecho de decisión hace posible el liderazgo eficaz.
4. La participación es la clave de la armonía.
5. Los derechos de apelación y petición protegen a las minorías y garantizan que éstas serán escuchadas.
6. La Conferencia reconoce la responsabilidad administrativa primordial de los Administradores (Custodios).
7. Los administradores (Custodios) tienen derechos legales, mientras que los derechos de la Conferencia son tradicionales.
8. La Junta de Administradores (Custodios) delega total autoridad a sus comités ejecutivos para la administración de rutina de la Sede de Al-Anon.
9. Un buen liderazgo personal es una necesidad a todos los niveles de servicio. En el campo del servicio mundial, la Junta de Administradores (Custodios) asume la dirección principal.
10. La responsabilidad de servicio está equilibrada por una autoridad de servicio definida cuidadosamente para evitar la doble dirección de administración.
11. La Oficina de Servicio Mundial está compuesta de comités permanentes, ejecutivos y miembros del personal.
12. Las Garantías Generales de la Conferencia contienen la base espiritual del servicio mundial de Al-Anon, Artículo 12 de la Carta.

Las Garantías Generales de la Conferencia

En todos los procedimientos, la Conferencia de Servicio Mundial de Al-Anon observará el espíritu de las Tradiciones:

1. que sólo suficientes fondos de funcionamiento en los que se incluya una amplia reserva, sea su principio financiero prudente;
2. que ningún miembro de la Conferencia será puesto con autoridad absoluta sobre otros miembros;
3. que todas las decisiones se tomen mediante discusión, voto y, siempre que sea posible, por unanimidad;
4. que ninguna acción de la Conferencia sea personalmente punitiva ni incite a la controversia pública;
5. que, aunque la Conferencia sirve a Al-Anon, nunca ejecutará ninguna acción autoritaria y como la hermandad de los Grupos de Familia Al-Anon a la cual sirve, permanecerá siempre democrática, en pensamiento y acción.

Introducción a los Doce Conceptos

El secreto mejor guardado de Al-Anon durante muchos años ya no es un secreto. Muchos miembros de nuestra hermandad han estudiado y valoran ahora la sabiduría que se encuentra en nuestro tercer legado. Las palabras vigorosas incluidas en los Conceptos fueron escritas por nuestra cofundadora Lois W., con la asistencia de miembros de la Conferencia de Servicio Mundial (CSM) de 1968-70. En 1984 la Conferencia decidió por votación que los Doce Conceptos recibieran la misma importancia que los Doce Pasos y las Tradiciones, completando así los tres Legados de Al-Anon.

A diferencia de los Doce Pasos y las Doce Tradiciones que se adaptaron directamente de los Doce Pasos y las Tradiciones de A.A., los Doce Conceptos de Al-Anon fueron redactados primero por un comité presidido por Lois, usando los Doce Conceptos de A.A. como recurso. La versión que valoramos hoy es la cuarta y última.

Los Doce Pasos constituyen para los miembros de Al-Anon una guía espiritual para su recuperación personal. Las Doce Tradiciones dan orientación para la unidad del grupo. Los Doce Conceptos nos dan orientación para el servicio mutuo en nuestros asuntos. Los Conceptos se presentaron primero en un librito titulado *Los Doce Conceptos de Servicio de Al-Anon* y se incluyen ahora en el *Manual de Servicio de Al-Anon y Alateen*. Además, «Los Conceptos muestran cómo puede hacerse la labor del Duodécimo Paso a gran escala; cómo los miembros de la Oficina de Servicio Mundial pueden relacionarse entre sí y con los grupos para divulgar el mensaje de Al-Anon por todo el mundo; y cómo la Conferencia de Delegados de todas partes de los Estados Unidos y del Canadá puede verificar estos servicios mundiales para que siempre permanezcan conforme a las Doce Tradiciones». (*Manual de Servicio de Al-Anon y Alateen*)

Los Conceptos de Servicio demuestran cómo los miembros de Al-Anon pueden aplicar los principios espirituales de nuestro programa a relaciones de trabajo en nuestra estructura de servicio. Cada vez que participamos, ampliamos nuestra propia recuperación. Somos seres individuales y tenemos ideas diferentes acerca de las soluciones a nuestros problemas comunes. Compartir ideas, examinar opciones, solicitar orientación espiritual y utilizar los Conceptos nos ayuda a tomar decisiones que nos satisfacen. Los Conceptos nos presentan medios prácticos y saludables para tomar decisiones que involucran a otras personas. Nos sentimos más cómodos con el proceso de toma de decisiones y más capaces de aceptar los resultados de ese proceso. Muchos miembros de Al-Anon también han encontrado que los Conceptos pueden aplicarse en casa y en situaciones laborales.

La responsabilidad final, la autoridad delegada, la dirección, la participación, el reconocimiento, los derechos, la delegación, el equilibrio y la espiritualidad son todos principios claves de los Conceptos. Estos principios se aplican de manera práctica: en acciones de la vida diaria, en todas nuestras acciones, Un día a la vez.

Primer Concepto

La responsabilidad y autoridad fundamentales de los servicios mundiales de Al-Anon corresponde a los grupos de Al-Anon.

«AL-ANON ha crecido tanto y con tanta rapidez que me deja boquiabierta. Cuanto más crece, mayor es el contraste entre los primeros días y ahora». Estas palabras fueron escritas por la cofundadora de Al-Anon Lois W. en 1979. Recordar los comienzos de nuestra hermandad nos suministra un telón de fondo que nos ayudará a comprender y aplicar el Primer Concepto hoy.

En los primeros días de Al-Anon, surgieron muchos grupos de familia en los Estados Unidos mediante los esfuerzos de las esposas de los miembros de A.A. En 1951 la oficina de A.A. le entregó los nombres de ochenta y siete grupos a Lois W. y a la cofundadora de Al-Anon, Anne B., quienes empezaron el proyecto de inscribirlos. La primera oficina de Al-Anon, la Comisión Directiva Central, se abrió poco tiempo después con cincuenta grupos inscritos. Por medio de encuestas entre los grupos, se decidieron el nombre y el propósito de la hermandad y el método de apoyo a la misma. Se adoptaron también versiones modificadas de los Doce Pasos y las Doce Tradiciones de A.A. usando el mismo método.

Este procedimiento funcionó bien al inicio cuando el número de grupos era pequeño y fácil de administrar. En 1960 había más de 1.500 grupos (en 1997 casi 30.000) y muchos no respondían a las encuestas. Nuestras fundadoras se dieron cuenta de que era esencial para la hermandad mantener un vínculo estrecho con los grupos. Algo debía hacerse para que la conciencia de grupo reflejara con precisión a nuestros miembros y estuviera disponible para todos nuestros servidores. En 1961 comenzó la Conferencia de Servicio Mundial (CSM) a título de prueba. En 1963 se convirtió en forma permanente como parte de la estructura de Al-Anon. Con la participación de sesenta y siete Delegados de Zona, dieciocho Administradores (Custodios), miembros del Comité Ejecutivo y del personal, se constituye la conciencia de grupo mayor de nuestra hermandad.

Se describe a menudo la estructura de Al-Anon como un triángulo invertido, con los grupos Al-Anon en el lado superior. Los miembros ofrecen servicio como voluntarios y actúan como representantes de los grupos en distritos y Zonas y de las Zonas en la

CSM. En la parte inferior del triángulo se encuentran nuestros administradores y personal de la Oficina de Servicio Mundial (OSM). Mucha gente se maravilla ante el hecho de que esta estructura, una organización de voluntarios con unos pocos empleados remunerados, haya funcionado bien.

No dependemos sólo de nuestra sabiduría. La Segunda Tradición nos recuerda que «Existe sólo una autoridad fundamental para regir los propósitos del grupo: un Dios bondadoso, que se manifiesta en la conciencia de cada grupo. Nuestros dirigentes son tan sólo fieles servidores y no gobiernan». Nuestros dirigentes están a nuestro lado para servirnos. En los grupos un Poder Superior guía la conciencia de grupo. El Primer Concepto nos señala que esta conciencia de grupo constituye la autoridad fundamental de los servicios mundiales de Al-Anon. Por eso seguimos la orientación de un Poder Superior a todo nivel en Al-Anon. Los grupos tienen la responsabilidad fundamental de ofrecer orientación a nuestras ramas de servicio.

¿Qué significa «servicios mundiales de Al-Anon»? Son los servicios que ofrece a los grupos de todo el mundo la Oficina de Servicio Mundial (OSM) de Al-Anon Family Group Headquarters y a las Oficinas de Servicios Generales (OSG) fuera de los Estados Unidos y el Canadá. Los servicios se canalizan a través de los Comités de Servicio Mundial de Zona (CSMZ) y de los Comités de Servicios Generales en otros países. Nuestros «eslabones de servicio» son los siguientes: los Representantes de Grupo (RG) representan a sus grupos en reuniones de distrito y Asambleas de Zona; los Representantes de Distrito (RD) representan a los grupos en sus distritos en reuniones de los CSMZ; los Delegados de Zona representan a los grupos en sus Asambleas de Zona en la CSM anual.

Ninguna organización puede sobrevivir sin una definición clara de responsabilidad y autoridad que decidan guías y procedimientos y que ejecuten decisiones una vez tomadas. En última instancia la unidad primaria de Al-Anon, el grupo, es responsable de recibir información, discutir cuestiones de actualidad y trasmitir sus decisiones a través de sus representantes. Una conciencia de grupo informada es básica. Como miembros de un grupo, participamos informándonos, escuchando a otros y pronunciándonos y votando sobre las cuestiones que se consideran. En forma conjunta los grupos, mediante sus representantes, deciden las cuestiones que afectan a su distrito, Zona y a la hermandad en general. En forma conjunta los grupos comparten la responsabilidad de la supervivencia de Al-Anon. Aportan su experiencia, fortaleza y esperanza así como su tiempo, esfuerzos y dinero.

El Primer Concepto trata de la responsabilidad y autoridad fundamentales —el derecho a tener la última palabra—. Hay dos tipos de autoridad y responsabilidad explicados en los Conceptos: fundamental y delegada. Los otros once Conceptos tratan la responsabilidad y la autoridad delegadas. Los grupos ejercen la autoridad fundamental eligiendo de manera sensata a la gente que los representará, manteniendo informados a estos representantes a través de la conciencia de grupo y luego confiando en que cumplirán con su tarea. En Al-Anon la responsabilidad fundamental se ejerce con amor y sabiduría.

Los miembros comparten experiencia, fortaleza y esperanza

HACE POCO visité un grupo de Al-Anon durante mis vacaciones. Ese grupo examinaba los resultados de su examen de grupo escrito. Un miembro nos dijo que se producían en el grupo ciertas cosas que no le gustaban. Buscaba a la persona a cargo para poder presentar una queja a las autoridades, pero tal persona no parecía existir. Al final decidió que si tenía un problema, era su responsabilidad explicar su posición al grupo. Al hacerlo, el grupo discutió el asunto y lo resolvió de manera inesperada para él. Y pudo aceptar la decisión. Esta experiencia es un ejemplo de cuántos de nosotros encontramos al Dios de nuestro entendimiento mediante discusiones entre nosotros, escuchando a los

¿DÓNDE ESTÁ LA RESPONSABILIDAD?

demás, tomando decisiones sólo después de concluir la discusión y aceptando la decisión informada del grupo.

Este Concepto me recuerda que es responsabilidad del grupo hacer conocer al público dónde y cuándo nos reunimos. Podemos colocar información en el periódico local o consignar fondos para incluir un número de teléfono en la guía de teléfonos. Podemos suministrar oradores para diversos eventos como en la feria de la salud o clases de educación para la salud en escuelas. Podemos entregar literatura a los departamentos de recursos humanos de nuestros empleadores o hablar con nuestros médicos sobre la recuperación que obtenemos en Al-Anon.

Los grupos son responsables ante Al-Anon en general y tienen la autoridad fundamental en el servicio mundial de Al-Anon. Cómo atrae el grupo gente nueva, cómo les da la bienvenida y qué hace para que el recién llegado vuelva son factores importantísimos para el crecimiento de Al-Anon y también para el crecimiento de mi grupo. Sin la adición continua de nuevos miembros, el programa puede perder interés y hacerse repetitivo, lo que podría llevar a miembros habituales a abandonar el grupo y quizás a Al-Anon.

Tomemos a un grupo que pasa por alto a un recién llegado que entra en la sala. ¿Habría vuelto yo si nadie me hubiera dado la bienvenida? Como recién llegado prefiero no ser el centro de atención de la reunión. Pero puedo decir que la bienvenida que recibí al entrar me ayudó a entender el efecto del alcoholismo en mi vida.

¿Cuál es el terreno intermedio? El grupo que alcanzará la máxima serenidad es el que establece una guía acerca de cómo recibir a un miembro nuevo y cómo hacer que el grupo no se concentre en contestar todas las preguntas del recién llegado como si este fuera el único contacto de esa persona con Al-Anon. Cuando el grupo da una mano, los miembros encontrarán ayuda por sí mismos aunque el miembro nuevo no vuelva.

El Primer Concepto me demuestra dónde está mi responsabilidad. Me corresponde a mí asumirla. Ninguna sugerencia o directiva de un Servicio de Información, distrito, Zona, intergrupo o de la OSM puede reemplazar mi responsabilidad como miembro del grupo o la autoridad de mi grupo en relación con su conducta.

Quiero mucho a Al-Anon. Le debo mi vida y mi salud y quiero que esté siempre disponible para quienes aún sufren. En consecuencia sirvo con egoísmo en Al-Anon. Mi servicio es importante pero nunca podría hacer todo lo que debe hacerse para proteger a Al-Anon y garantizar su presencia continua. No puedo escribir los libros sola. No puedo contestar todas las llamadas. No puedo enviar toda la información necesaria. Pero puedo asumir responsabilidad por las páginas que escribo, las llamadas que puedo contestar y la literatura y la información que puedo trasmitir. También soy responsable, y tengo autoridad para eso, de unirme a otras personas en mi pequeño rinconcito del mundo para comprobar que los encargados de realizar las tareas lo hagan.

Soy responsable de mi vida

Personalmente interpreto este Concepto como un instrumento adicional para mi recuperación. Reafirma que soy responsable de mi vida. No puedo esperar que otras personas hagan por mí lo que yo puedo hacer, ni asumo responsabilidades por ellas. Asumo la responsabilidad de mi vida y puedo decidir cuándo recibir a otras personas en ella. Compartimos juntos, trabajamos juntos y crecemos individualmente.

Aplicación del Primer Concepto

La responsabilidad y autoridad fundamentales de los servicios mundiales de Al-Anon corresponde a los grupos de Al-Anon.

* ¿Qué hace por nosotros el servicio mundial de Al-Anon?
* ¿Asume mi grupo la responsabilidad de apoyar los servicios mundiales de Al-Anon? ¿Cómo?

- ¿Apoyamos a nuestro distrito? ¿A nuestra Zona? ¿A la OSM?
- ¿Participamos en reuniones de distrito y asambleas? ¿Cómo?
- ¿Cómo nos mantenemos informados?
- ¿Se trasmite la información del Delegado al Representante de Distrito? ¿Al Representante de Grupo? ¿Al grupo?
- ¿Confío en el proceso?
- ¿Cómo acepto las decisiones de mi distrito? ¿De mi Asamblea de Zona? ¿De la Conferencia de Servicio Mundial?
- ¿Celebramos reuniones regulares de asuntos del grupo?
- ¿Damos la bienvenida a recién llegados?
- ¿De qué parte de mi vida soy responsable en última instancia? ¿Qué responsabilidades podría compartir o delegar?
- ¿Cómo contribuyo a la conciencia de grupo?
- Al referirme a la Segunda Tradición y el Primer Concepto, ¿puedo aceptar y apoyar la conciencia de grupo cuando no estoy de acuerdo con los resultados?
- ¿Expreso mi gratitud por la labor de servicio?

Segundo Concepto

Los Grupos de Família Al-Anon han delegado por entero la autoridad administrativa y de funcionamiento a su Conferencia y a sus ramas de servicio.

En el Segundo Concepto comenzamos a comprender la inmensidad de la hermandad mundial de Al-Anon y cómo una organización semejante puede operar con eficiencia. Cada Grupo de Familia Al-Anon se reúne a una hora y lugar determinados para cumplir su propósito primordial: ayudar a los familiares y amigos de los alcohólicos. En estas reuniones se presenta Literatura de Al-Anon Aprobada por la Conferencia (LAC) y se habla el idioma común del amor. ¿Cómo puede cada grupo ser tan parecido y sin embargo existir en tantos lugares diversos? En el Segundo Concepto aprendemos que cada grupo tiene voz en una experiencia común mediante su participación en el proceso de la Conferencia de Servicio Mundial (CSM) y en las muchas actividades que la apoyan.

Dentro de cada Grupo de Familia Al-Anon, los miembros eligen una persona, un Representante de Grupo (RG), que los representa durante tres años en las Reuniones de Asuntos de Al-Anon de distrito y de Zona. Un distrito incluye grupos en un sector geográfico determinado. Cada tres años los RG eligen un Representante de Distrito (RD) que dirige reuniones de distrito y representa a su distrito en Reuniones de Asuntos de Zona. En los Estados Unidos y el Canadá cada Zona es autónoma en la manera en que estructuran sus distritos.

Varios distritos forman una Zona. Desde 1997 hay sesenta y siete Zonas en los Estados Unidos y el Canadá (la mayoría de las Zonas incluyen un estado o provincia enteros mientras que otras se han dividido en dos debido al número de grupos). Cada tres años las Zonas eligen un Delegado de entre los miembros para representar a sus grupos en la Conferencia de Servicio Mundial. En los Estados Unidos y el Canadá, las Zonas se agrupan en regiones que seleccionan un candidato a Custodio Regional. Desde 1997 hay nueve regiones.

Además los miembros de la Junta eligen Custodios sin Límite Geográfico quienes, junto con los Custodios Regionales, asisten a la CSM y a reuniones trimestrales de la Junta. Todos estos fieles servidores, Delegados, Custodios Regionales y Custodios sin Límite Geográfico, asisten a la CSM anual (para obtener una explicación completa de la estructura de servicio de Al-Anon, véase el *Manual de Servicio de Al-Anon y Alateen*). Los miembros de la Conferencia de Servicio Mundial, que también incluye personal designado de la OSM, presidentes de comités voluntarios (miembros de Al-Anon) y miembros del Comité Ejecutivo (véase el Octavo Concepto), se reúnen para tomar decisiones que afectan a toda la hermandad. Esta conciencia de grupo mundial ayuda a tomar las decisiones administrativas y en materia de operaciones necesarias para el funcionamiento de Al-Anon. Todo miembro votante de la Conferencia de Servicio Mundial es en primer lugar miembro de Al-Anon. Todos los miembros de la Conferencia aplican el programa de recuperación personal combinado con sus servicios o conocimientos profesionales. Los grupos, en forma individual y colectiva, confían en que los miembros de la Conferencia de Servicio Mundial hablarán en su nombre, y dependerán de todas las ramas de servicio para que se ejecuten fielmente todas las decisiones de la Conferencia.

¿Qué son ramas de servicio? La estructura de la Conferencia de Servicio Mundial explicada arriba presenta diversas dependencias de servicio incluidos distritos, Zonas y regiones. Otras ramas del servicio incluyen los comités que existen en la CSM, los Centros de Distribución de Publicaciones, los Servicios de Información/Intergrupos y otros comités en los grupos, distritos y Zonas.

Un ejemplo de los vínculos entre las ramas de servicio es el proceso de la literatura. La idea de un nuevo folleto o librito atraviesa la estructura de servicio hasta llegar al Comité de Literatura; después de considerarse y remitirse a la Conferencia de Servicio Mundial, puede obtenerse la aprobación conceptual y prepararse el texto. Esta nueva literatura puede ayudarles a posibles miembros a encontrar a Al-Anon con la ayuda de las actividades de difusión generadas por un comité de Difusión Pública. Mediante las actividades de servicio de los Coordinadores de Difusión Pública o voluntarios del Servicio de Información de Al-Anon, los nuevos miembros que lean ese nuevo folleto o librito pueden sentirse atraídos por el mensaje de esperanza que ofrecen. Nuestras ramas de servicio llegan a todo el mundo para darnos una afectuosa bienvenida a nuestra hermandad de familiares y amigos de personas alcohólicas. En nuestros grupos, la autoridad de servicio se delega a los fieles servidores de nuestros grupos. Puede alentarse a los miembros de Al-Anon con amor y entusiasmo a participar en el servicio Al-Anon. Este es el momento de aplicar nuestro programa de atracción de una nueva manera. Primero podemos animar a los miembros e incluirlos en tareas pequeñas. Podemos dar el ejemplo ofreciéndonos como fieles servidores. A través de la energía de los fieles servidores que comparten la alegría del servicio y de su experiencia, fortaleza y esperanza, los nuevos miembros podrán encontrar Padrinos de Servicio bondadosos.

Un Padrino de Servicio es alguien que ha tenido experiencia en la labor de servicio y que puede ayudarnos a entender los Doce Conceptos de Servicio, los eslabones de las ramas de servicio y el *Manual de Servicio de Al-Anon y Alateen*. Muchos miembros se dan cuenta de que su Padrino de recuperación puede ser su Padrino de Servicio, mientras que otros prefieren la guía de otro miembro para su labor de servicio. En el servicio adquiere vida propia el principio de devolver lo que se nos ha dado. Muchos Padrinos de Servicio han dicho al hacer planes para asistir a una función de distrito o de Zona: «Suban al auto y vengan a ver como ayuda Al-Anon». Al ampliar nuestras experiencias en el servicio comenzamos a ver el panorama completo. Comprendemos que hay que tomar decisiones. Aprendemos la labor integral que realizan nuestra Oficina de Servicio Mundial, la Conferencia de Servicio Mundial, nuestra Asamblea de Zona, reuniones de distrito y de asuntos de grupo.

La mayoría de los Padrinos de Servicio dice que una vez que nos sentimos cómodos, ha llegado el momento de seguir hacia el próximo cargo y dejar que otro experimente la alegría que nosotros hemos experimentado en el servicio. Al delegar autoridad, ningún voluntario se siente abrumado o con demasiada responsabilidad. Los miembros elegidos en Zonas, distritos o grupos y los miembros elegidos de la Conferencia sirven por un período de tres años (los Administradores pueden servir durante dos períodos de tres años). Democrática en pensamiento y acción, la Conferencia nos asegura que la labor de Al-Anon continuará. Con humildad cada fiel servidor saliente depende de que los grupos encuentren al próximo servidor que siga sus huellas, garantizando así la continuación de turnarse en el servicio.

Los miembros comparten experiencia, fortaleza y esperanza

LAS RESPUESTAS NO VIENEN DE ARRIBA

Es responsabilidad de los grupos Al-Anon encargarse de los servicios mundiales de Al-Anon aunque hay ciertos servicios que no pueden prestar grupos individuales, como la preparación de literatura impresa, películas Al-Anon, vídeos y material de publicidad así como la asistencia a eventos nacionales y regionales, convenciones y otros foros donde el público recibe información acerca de la enfermedad del alcoholismo.

Los primeros grupos de Al-Anon votaron para confiar estas funciones a una Conferencia de Delegados, Administradores y sus ramas de servicio, en especial la Oficina de Servicio Mundial (OSM).

La clave aquí es reconocer que la responsabilidad de la OSM es cumplir las directivas de la Conferencia. El Segundo Concepto no le da a la OSM la responsabilidad de resolver todos los problemas de los grupos ni tampoco deben los grupos remitir todos estos asuntos a la OSM. Si bien todas las decisiones de importancia deben tomarse mediante una discusión minuciosa de los Pasos, las Tradiciones y los Conceptos, no es necesario ir hasta arriba cada vez que surge un problema. La Conferencia de Servicio Mundial (CSM) y la OSM sólo tienen responsabilidad administrativa delegada para la gestión de los servicios de Al-Anon. Las respuestas a preguntas provienen de nosotros mismos al discutir, investigar y estudiar el problema que tenemos y buscar soluciones a nivel del grupo.

Muchas veces los grupos les piden opinión a miembros con experiencia en el servicio a nivel de distrito o de Zona. A través de esta experiencia, los servidores a menudo sugieren posibilidades de debate en lugar de suministrar una respuesta.

Otra aplicación de este Concepto se relaciona con el fiel servidor que cumple funciones administrativas. Muchos de nosotros tenemos opiniones acerca de lo que debiera hacer el fiel servidor, quizás porque lo hemos hecho nosotros mismos. Por otro lado, el fiel servidor puede sentir temor de realizar la tarea porque cree que todas las decisiones deben tomarse en el grupo.

Por ejemplo, como mi grupo había decidido previamente que el alquiler, el café, los refrescos y las donaciones a nuestro Intergrupo, distrito, Zona y a la OSM constituían gastos aceptables, consideré que era mi obligación como tesorera del grupo pagar estos gastos a medida que se producían. Observé que el tesorero de otro grupo preguntaba de modo continuo a su grupo si estaba de acuerdo en pagar los mismos gastos. Mi comprensión del Segundo Concepto es que, una vez que el grupo delega la función de pagos a un tesorero, entonces es responsabilidad de éste hacerlo. Por supuesto, un buen tesorero también presenta informes periódicos sobre ingresos y gastos. De esta manera los miembros del grupo tienen un cierto conocimiento y comprensión de lo que ocurre con sus fondos donados.

Este principio funciona en la OSM. Es función de la CSM decidir cuestiones de guías, pero una vez que esa guía se ha establecido es responsabilidad de los empleados de la oficina ejecutarla. Los miembros de un grupo son los que deciden las guías de ese grupo, los representantes de grupo en mi Zona son los que deciden las guías para mi Zona, y los miembros de la Conferencia, entre los cuales se incluyen Delegados, Administradores y personal de la OSM, son los que deciden las guías para Al-Anon mundial. Los servidores de grupo, de Zona y el personal de la OSM son los responsables de ejecutar sus respectivas guías.

No puedo hacerlo todo

El Segundo Concepto me enseñó a tener confianza. Si bien el grupo individual es el núcleo de Al-Anon, como vimos en el Primer Concepto, el grupo individual no puede hacer muchas cosas. ¿Cómo se publica una nueva edición de *Un día a la vez en Al-Anon*? ¿Quién produce un anuncio televisivo que pueda difundirse en nuestras estaciones? ¿Quién publica nuestro cuaderno de ejercicios *Plan detallado para progresar: Examen del 4º. Paso*? ¿Quién revisa los folletos? En nuestro distrito, ¿quién escribe y publica los boletines? En nuestra Zona, ¿quién toma las decisiones sobre cuándo y dónde se celebrarán congresos y Asambleas? Estas cuestiones son muy importantes y son cosas que nuestros grupos individuales no pueden hacer. Por eso les hemos delegado a otras personas no sólo la autoridad sino también la responsabilidad de realizar estas cosas. Cada grupo se da cuenta de que tiene que contar con otros para completar su tarea.

En mi vida personal, me he dado cuenta por fin de que no puedo hacer todo; ciertamente ni siquiera quiero. Por lo tanto, debo aprender a contar con otra gente. En una época no quería pedirle nada a nadie. Trataba de hacer todo lo que se relacionaba con mi persona o mi bienestar. Pensaba que eso era recuperación, pero en realidad era un intento desesperado de controlar mi vida porque no creía que pudiera contar con alguien más. Tuve que aprender a sentir la soledad y la dificultad de esta actitud en lo más profundo de mi corazón, hasta que un día pude decir: «Sí, por favor hagan eso por mí. Yo no puedo».

Comencé a contar con mi Poder Superior y también aprendí a pedir ayuda a la gente. Tuve que separar mis propias responsabilidades de las cosas que no podía hacer solo, y luego tuve que contar con otros para que se encargaran de esas cosas. Finalmente comprendí que somos interdependientes. En muchas cosas soy independiente, pero en algunas tengo que contar con otras personas. Saber que puedo contar con otras personas me ha causado un gran alivio. Para contar con otras, tuve que practicar la humildad y renunciar voluntariamente a algunas tareas. Lo que es más difícil, para obtener la voluntad de otro de ayudarme, tuve que dejar de insistir en que mi forma de hacer las cosas era la única. Me doy cuenta más que en ningún otro momento de que no soy Dios, de que las tareas se van a realizar y de que no tengo que hacerlo todo solo. Cuando haya hecho lo que pueda, podré decirle a otro: «Te necesito. ¿Me ayudas?» La vida se ha hecho mucho más rica desde que aprendí el concepto de confiar y contar con otros seres humanos.

Aplicación del Segundo Concepto

Los Grupos de Familia Al-Anon han delegado por entero la autoridad administrativa y de funcionamiento a su Conferencia y sus ramas de servicio.

* ¿Cómo alienta mi grupo a los miembros más nuevos a participar en el servicio?

* ¿Asisto a una reunión de Al-Anon que considero mi propio grupo?

* ¿Celebra mi grupo reuniones de asuntos del grupo?

* ¿Tiene mi grupo un Representante de Grupo? ¿Asiste ese fiel servidor a reuniones de distrito? ¿A reuniones de Zona?

* ¿Participa mi grupo en decisiones tomadas en asambleas de Zona? ¿Sabemos quiénes son nuestros fieles servidores? ¿Le hemos pedido a algún fiel servidor que asista a nuestras reuniones?

* ¿He escuchado alguna vez el informe de nuestro Delegado de Zona después de la Conferencia de Servicio Mundial (CSM)?

* ¿Le ha enviado nuestro grupo alguna vez a nuestro Delegado una tarjeta mostrándole con afecto nuestro apoyo cuando él asiste a la CSM todos los años?

* Cuando nuestro grupo obtiene una copia del Resumen Anual de la Conferencia, ¿la leemos y la discutimos?

- ¿Tengo un Padrino de servicio? ¿Conozco a alguien a quien le pueda pedir?
- ¿Qué características de servicio quiero que otras personas tengan?
- ¿Estoy dispuesto a ser Padrino de servicio?
- ¿Doy las gracias a nuestro fiel servidor por representarnos en las reuniones de asuntos de distrito y de Zona?
- ¿Comprendo las funciones de algunas ramas de servicio?
- ¿Invita mi Zona a nuestro Custodio Regional para que asista a nuestra asamblea con regularidad?
- ¿Por qué es importante delegar la responsabilidad y la autoridad en general? ¿En Al-Anon?
- ¿Soy capaz de compartir la responsabilidad? ¿Qué responsabilidad? ¿Estoy dispuesto a ofrecerles mi ayuda a otras personas?
- ¿Cuándo cuento con otras personas? ¿Puedo pedir ayuda?
- ¿Qué responsabilidades de mi vida podría delegarle a alguien?
- ¿En quién puedo confiar?
- ¿Soy confiable y digno de confianza? ¿De qué manera?
- ¿Cuán dispuesto estoy a trabajar con otras personas y a considerar sus ideas? ¿Con qué frecuencia confío en los conocimientos y la experiencia de otra persona? ¿Apoyo y estimulo a otras personas?
- ¿De qué soy responsable?
- ¿Qué tan dispuesto estoy a intentar algo nuevo?

Tercer Concepto

El derecho de decisión hace posible el liderazgo eficaz.

EN NUESTRA estructura de servicio, el derecho de decisión le pertenece a los fieles servidores en todos los niveles del liderazgo, desde los grupos individuales, distritos, Servicios de Información de Al-Anon (SIA)/Intergrupos, Centros de Distribución de Publicaciones (CDP), y Asambleas de Zona hasta la Conferencia de Servicio Mundial (CSM), los Administradores y la OSM. Sin la libertad de decidir cuándo y cómo proceder, nada podría hacerse; todo, por más importante o trivial que fuera, tendría que remitirse a los grupos. Nuestros Administradores (Custodios), empleados y Delegados no serían fieles servidores sino simplemente mensajeros, solicitando en todo momento los insumos de miles de grupos.

Para todos los niveles de servicio, desde el grupo hasta la Conferencia, la autoridad y la capacidad de tomar decisiones por el bien de Al-Anon en general se encuentran en el Tercer Concepto. La autoridad para tomar decisiones es importante para que nuestros dirigentes puedan servirnos con eficiencia. En todos los niveles de servicio, recordamos que la Segunda Tradición se refiere a los fieles servidores que no gobiernan. Confiamos en que los dirigentes del grupo decidan cómo tratar los asuntos del grupo y cuándo presentarle un asunto a todo el grupo para que lo consideren. Confiamos en que nuestra Conferencia decida las cuestiones que puede solucionar y las que debe remitir a los grupos. Confiamos en que nuestros Administradores (Custodios) sepan cómo dirigir nuestra Oficina de Servicio Mundial (OSM) y cuándo consultarle a la Conferencia. Confiamos en que nuestro personal de la OSM cumpla con sus tareas y sepa cuándo pedir orientación. Esta habilitación del liderazgo logra que una empresa eficiente, Al-Anon Family Group Headquarters, Inc., exista dentro de nuestra estructura singular.

Al asumir una nueva responsabilidad en Al-Anon, muchos miembros expresan alegría al ser consultados, sienten humildad ante la responsabilidad y aprenden un nuevo sentimiento de confianza. Cuando elegimos dirigentes, confiamos en que atiendan a nuestros mejores intereses y a los intereses del grupo. Elegimos a nuestros dirigentes por sus conocimientos, su sentido de responsabilidad y su capacidad de dirigir y los exhortamos a poner en práctica esas características en el servicio. También confiamos en que, al recibir nuevas informaciones, esos dirigentes actúen de manera responsable, cambiando su opinión o su voto si resultara necesario. Ello facilita un liderazgo eficaz.

Compartir la facultad de tomar decisiones es también parte importante del Tercer Concepto. Cuando deben decidirse asuntos de gran importancia, es una buena idea consultar con otras personas así como consultar literatura de Al-Anon para intentar presentar las mejores soluciones antes de tomarse la decisión. Muchos Padrinos de servicio han dicho que, mediante la investigación y la plegaria, casi todas las respuestas ya se encuentran en nuestra literatura y muy posiblemente en la sabiduría de nuestro *Manual de Servicio de Al-Anon y Alateen*; sólo tenemos que buscarlas. El liderazgo de estos fieles servidores es más visible cuando consultan con otros miembros, investigan decisiones similares anteriores, postergan decisiones y piden una orientación espiritual.

Aun en el caso de cartas y reglamentos administrativos tales como los de Al-Anon, no se puede anticipar todo lo que surja en las operaciones diarias de una gran hermandad. De la misma forma, en nuestra vida personal, sería restrictivo actuar en situaciones familiares o laborales de acuerdo con un libro de instrucciones detalladas. ¿Dónde habría entonces margen para cambiar de opinión o considerar nueva información disponible? ¿Dónde existirían posibilidades creativas en circunstancias cambiantes? Cuando les otorgamos el derecho de decisión a nuestros fieles servidores, confiamos en un Poder superior a nosotros y en la integridad de los demás. En una reunión de la Conferencia o de Zona, en una reunión de comité en el trabajo o planificando vacaciones con la familia, aprendemos a desarrollar guías a seguir, ofrecemos nuestras mejores ideas y confiamos en que todos actuaremos de la mejor manera posible. Con dignidad y confianza, es más factible que estemos a la altura del reto, dispuestos a dirigir y, en forma conjunta, a crear soluciones prácticas para cualquier tarea.

En nuestras propias vidas, el derecho de decisión significa que tenemos el derecho de actuar de la mejor manera posible y solicitar ayuda cuando la necesitemos. También significa que, al delegar responsabilidad por alguna tarea, podríamos fijar guías a seguir generales, pero permitimos que la persona que se encarga de esa tarea decida los detalles. No imponemos una supervisión constante o nuestras sugerencias sin que se nos pida. Nuestra confianza apoya la competencia, la autonomía y la dignidad personal de esa persona.

La mayoría de nosotros reconoce la utilidad de otorgarles el derecho de decisión a otras personas cuando pensamos sobre cómo nos sentiríamos si se nos pidiera realizar una tarea y luego fuéramos vigilados de cerca y criticados al intentar hacerla. Por ejemplo, muchos padres han luchado por enseñarles a sus hijos a atarse los cordones de los zapatos por primera vez. El niño quiere hacerlo pero se equivoca a menudo. Es difícil que para ahorrar tiempo un padre no quiera mostrarle a su hijo cómo hacerlo una vez más. Al tener la posibilidad de luchar y realizar la tarea por sí solo, el niño experimenta un sentimiento de triunfo, independencia y dignidad propia. Un niño típico mostrará el producto de su triunfo al otro padre o a un hermano. Esta trama se repetirá a lo largo de nuestros años de formación y en nuestro empleo. El Tercer Concepto nos demuestra cómo ser al mismo tiempo empleados voluntariosos y empleadores eficientes. ¿No es esto acaso soltar las riendas y entregárselas a Dios? ¿No es esto acaso liderazgo eficaz?

Como dirigentes somos responsables de solicitar ayuda cuando la necesitamos. De la misma manera que con otros fieles servidores, les damos la dignidad para tomar decisiones informadas, la facultad de cambiar una decisión del grupo con nuevas informaciones y la confianza de que realizarán la tarea que les hemos pedido. Excepto los empleados remunerados de la Oficina de Servicio Mundial o de las oficinas de los Servicios de Información de Al-Anon y Centros de Distribución de Publicaciones, la mayor parte de los fieles servidores son voluntarios. Estos fieles servidores se ganan la confianza, dan el ejemplo y, muy a menudo, están dispuestos a ocupar nuevos cargos de dirección cuando se les pide. En el Tercer Concepto, el derecho de decisión demuestra nuestra fe activa en nuestro liderazgo y en sus conocimientos que les permite tomar las decisiones apropiadas para Al-Anon en todo el mundo.

Los miembros comparten experiencia, fortaleza y esperanza

CUÁN AGRADECIDA ESTOY

CRECÍ en un hogar alcohólico con muchas reglas estrictas. Las reglas no se adaptaban, sino que siempre debíamos entenderlas y eran impuestas con consecuencias rápidas y seguras en caso de infracción. Mamá era la autoridad máxima que las imponía. No había margen para discusiones o apelaciones.

Este Concepto me ha ayudado a comprender mis propias actitudes y de dónde provienen. Aunque las instrucciones y las directivas en casa me decían que pensara por mí misma, no se me permitía hacerlo.

Puedo encontrar el origen de muchos de mis defectos de carácter y de un amor propio falseado en mis experiencias en un sistema en el que no se confiaba en mí. Generó en mí una desmoralización mencionada en la discusión sobre este Concepto que se encuentra en nuestro *Manual de Servicio de Al-Anon y Alateen*. No sabía que mi sumisión y mi resentimiento latente, y al final mi rebelión de odio contra mi mamá, se originaron en el hecho de no tener derecho de decisión en mi familia. Me siento muy agradecida de que mi servicio en Al-Anon y mi sed de conocimientos sobre el mismo y su funcionamiento me hayan llevado a esta revelación personal.

Que Dios la bendiga, Mamá todavía se considera la autoridad máxima de la familia y se comporta como tal. Recibí otra bonificación (después de poder dejar de lado una enorme necesidad de que Mamá me comprendiera) cuando ella instigó un aporte real hace poco. Mamá me preguntó por qué suponía yo que ella no me permitía hacer tal o cual cosa cuando era pequeña. A los cincuenta años de edad sentí temor. De inmediato vi la puerta abierta para hacer su examen y poner mis resentimientos a sus pies. Pero no quise herirla con todo eso. Dios me dio la fortaleza y el valor y la respuesta simple: «Bueno, Mamá, siempre creí que no tenías confianza en mí». Tuvimos nuestra primera conversación real en un pie de igualdad como adultos.

¿Quién lo hubiera dicho? Realizar la labor básica de servir y trasmitir el mensaje de Al-Anon me brindó la dignidad, la libertad y la madurez para ser honesta, real, bondadosa y hasta compasiva con la persona hacia la que sentía más resentimiento.

Como Representante de Distrito (RD) Suplente, me convertí en RD cuando nuestro RD se mudó a otro estado sólo seis meses después de las elecciones. Había pensado pasar tres años aprendiendo las funciones de RD Suplente y de RD, pero así no fue como sucedió.

TODOS APRENDIMOS A LEER Y USAR NUESTRO MANUAL DE SERVICIO

Todo marchó bien durante unos meses hasta que un Representante de Grupo (RG) en una reunión de distrito impugnó todo lo que se iba a someter a la conciencia de grupo diciendo que debía remitirse de nuevo a los grupos. Parecía inconveniente remitir todo a los grupos otra vez. Después de todo, los grupos nos habían elegido para llevar a cabo el trabajo correspondiente.

Abandoné la reunión irritada y dispuesta a arrojar la toalla. Mi Poder Superior no me iba a sacar de este apuro con tanta facilidad. Cuando llegué a casa, sonaba el teléfono. Era un miembro muy antiguo de Al-Anon que llamaba por otro asunto. Le dije lo que había sucedido en la reunión de distrito y cuán decepcionada me sentía. Él me alentó a seguir adelante y realizar un examen de grupo o celebrar una reunión acerca de cómo organizar una reunión de distrito. Me gustó más la última idea. Pero, ¿sabía yo cómo organizar una reunión de distrito?

Pensé que el *Manual de Servicio de Al-Anon y Alateen* podría ayudarme. De camino a casa, las palabras «fiel servidor» y «autoridad fundamental» me resonaban en la cabeza. Encontré la mención a «fiel servidor» en la Segunda Tradición, pero el Tercer Concepto parecía explicarlo más ampliamente: «... todas las juntas,

Comités y ejecutivos del servicio mundial deberán decidir cuáles asuntos pueden desechar adecuadamente y sobre cuáles informarán, consultarán o pedirán instrucciones específicas. Tradicionalmente, se deberá confiar a la discreción de nuestros servidores mundiales, de otra manera no sería posible un liderazgo eficaz... Sin embargo, el Delegado "adoctrinado" que no pudiera actuar de acuerdo con su propia conciencia en la votación final de la CSM, no sería de ninguna forma un "fiel servidor", sino un mensajero».

Al día siguiente llamé a todos los RG y les pedí que leyeran el Tercer Concepto en el *Manual de Servicio* antes de la próxima reunión de distrito. Huelga decir que las cosas salieron mucho mejor después de eso, y todos aprendimos a leer y usar nuestro *Manual de Servicio*.

UN DIOS BONDADOSO COMO SE EXPRESA A SÍ MISMO

SIEMPRE hay debate en Al-Anon acerca de cómo nuestros miembros y los dirigentes elegidos o deberían votar en las reuniones de asuntos Al-Anon. Hay dos principios Al-Anon básicos en juego en este debate.

Al estudiar la Segunda Tradición y el Tercer Concepto en forma conjunta, he llegado a comprender el equilibrio arraigado en nuestro programa. La Segunda Tradición me recuerda que, como dirigente, debo estar dispuesta a escuchar las ideas de los miembros en lugar de imponer mi voluntad al grupo. Por otro lado, el Tercer Concepto le recuerda al grupo confiar en la participación y el voto de su dirigente en lugar de obligar al representante a volver al grupo para obtener permisos de votación.

En resumen, parece que debe haber confianza en todos. Confío en que el grupo asuma la responsabilidad de expresar su opinión colectiva. El grupo debe confiar en que sus dirigentes utilicen buenos criterios en reuniones de asuntos Al-Anon. Como dice el Tercer Concepto: «Confiamos en Dios, confiamos en Al-Anon y confiamos unos en otros».

Aplicación del Tercer Concepto

El Derecho de Decisión hace posible el liderazgo eficaz.

- ¿Pido alguna vez a alguien que realice una labor y luego intento dirigir los detalles de cómo debe hacerse? Si es así, ¿cómo puedo cambiar esta pauta?

- ¿Qué podría darme confianza para decidir cuándo encargarme de una tarea y cuándo consultar con quienes que podrían verse afectados?

- ¿De qué manera estoy dispuesto a ser responsable de los resultados de mis decisiones?

- ¿Confiamos nosotros, como grupo, en nuestros fieles servidores?

- ¿Qué tenemos que hacer para ayudar a nuestros fieles servidores?

- ¿He compartido con mi grupo el proceso que utilicé como fiel servidor para tomar decisiones informadas?

- ¿Utilizo el Manual de Servicio de Al-Anon y Alateen como instrumento para tomar decisiones? ¿A mi Padrino de servicio? ¿A aquellos que han servido con anterioridad?

- ¿Qué cualidades de dirección que anhelo poseen nuestros dirigentes?

- ¿Puedo tomar una decisión y sentirme cómodo con ella? Si no es así, ¿por qué no?

Cuarto Concepto

La participación es la clave de la armonía.

EL PRINCIPIO de participación se aplica en todos los niveles de nuestra estructura de servicio. Sabemos que los grupos tienen la autoridad fundamental en Al‑Anon (Primer Concepto), pero los grupos delegan responsabilidad a la Conferencia y sus ramas de servicio (Segundo Concepto). Nuestros dirigentes son tan sólo fieles servidores (Segunda Tradición) y tienen el derecho de decisión (Tercer Concepto). Con el principio de participación, todas estas ideas aparentemente contradictorias funcionan de forma conjunta. Cuando participamos en una decisión, sentimos que somos parte del grupo y podemos respaldar la decisión tomada. Como hemos contribuido al grupo, nos sentimos incluidos en él, escuchados y valorados. La participación nos hace parte del grupo, no nos aparta del mismo. Pertenecer es una necesidad espiritual profunda. La armonía creada por nuestra participación activa y voluntaria estimula a otras personas a que también participen.

Asignarle autoridad a un grupo y responsabilidad a otro podría perjudicar con seriedad la armonía y la eficiencia. Los Conceptos de Al‑Anon estipulan la participación entre todos los niveles de la estructura de servicio. Los diversos grupos involucrados en el servicio mundial, administradores, Comité Ejecutivo, personal de la Oficina de Servicio Mundial (OSM) y los Delegados de cada Zona, tienen voz y voto en la Conferencia de Servicio Mundial (CSM) anual, que es la conciencia de grupo mayor de Al‑Anon. De esa manera, quienes crean las guías y quienes están a cargo de ponerlas en práctica a diario se reúnen y toman decisiones conjuntas.

Algunos miembros cuestionan la idea de si es aconsejable permitir que nuestros empleados de servicio y administradores voten sobre asuntos relativos a sus propias actividades. Esos miembros sugieren que sería mejor que otros miembros de la Conferencia tomaran las decisiones, permitieran que nuestro personal remunerado y nuestros voluntarios las ejecutaran y se examinaran los resultados. Nuestro *Manual de Servicio de Al‑Anon y Alateen* explica por qué la inclusión de Administradores, Comité Ejecutivo y personal en el proceso de adopción de decisiones funciona mejor para nosotros que un medio más empresarial de enfrentar asuntos.

Las actividades actuales del personal de la OSM y voluntarios constituyen una parte pequeña del temario de la Conferencia de Servicio Mundial. La mayoría del trabajo de la Conferencia es planificar política y proyectos para el futuro y generar guías a seguir para la labor de servicio que aún debe realizarse. Nuestros empleados de servicio están familiarizados ampliamente y cuentan con experiencia y conocimiento en muchos asuntos precisamente porque tratan esos asuntos a diario. Pueden ayudar a corregir planes o brindar ideas prácticas y valiosas relativas a asuntos que se debaten. Por eso su voz y voto representan una contribución importante a las decisiones de la Conferencia. Del mismo modo, un empleado de la oficina de un Servicio de Información de Al‑Anon (SIA) podría servir en el comité directivo o en la junta del SIA.

Se plantea a veces la preocupación de que los votos combinados de administradores y empleados de servicio pudieran superar los votos de los Delegados y así decidir cuestiones que podrían debatirse a fondo. La Conferencia de Servicio Mundial está estructurada de manera que siempre haya por lo menos una mayoría de dos tercios de Delegados con respecto a miembros de la OSM en el momento de la votación. Esta estructura de votación garantiza la participación de todas las ramas de servicio y también que los Delegados que representan a los grupos puedan siempre expresar la conciencia de los grupos (Primer Concepto).

La Conferencia se reúne una vez al año; la Junta de Administradores (Custodios) cada tres meses. La supervisión mensual de la OSM se le delega al Comité Ejecutivo. La Junta es consciente del principio de participación cuando designa miembros a cargos en ese Comité. Aunque es concebible que la Junta designe a sus propios miembros en todos los cargos, monopolizando así la adopción de decisiones, no lo hace porque eso disminuiría la participación y contribuiría a una falta de armonía. La experiencia nos demuestra que la labor en todos los niveles de servicio se realiza mejor al garantizar una amplia participación.

En nuestros grupos participamos en decisiones de la conciencia de grupo. Nuestro grupo gozará de armonía si la conciencia de grupo es informada, con la participación de muchos miembros. Nuestros grupos participan en decisiones en el distrito, en la Zona y en el servicio mundial mediante representantes elegidos. Delegamos autoridad a estos miembros y, debido a que somos parte del proceso, confiamos en que cumplirán sus deberes en beneficio de los grupos y se acercarán a nosotros si necesitan nuevas orientaciones.

En Al-Anon, el trabajo conjunto armónico exige respeto mutuo. No el respeto forzado que sentiríamos por una figura de autoridad con poder sobre nosotros. Respetamos a los demás como desearíamos ser respetados nosotros, como iguales y asociados en una empresa espiritual.

El respeto mutuo y la participación funcionan también en nuestras familias y en otras relaciones. Cuando participamos plenamente e invitamos a otros a hacerlo, practicamos la Regla de Oro de tratar a otros como deseamos ser tratados. Nos comportamos como adultos bondadosos y comprensivos. Al invitar a otros a proceder de la misma manera, aumenta la posibilidad de contar con participantes responsables y voluntariosos.

Podemos considerarlo como si tocáramos un instrumento musical en una orquesta. Hay un director de orquesta a quien seguimos voluntariamente para coordinar nuestra música. Cada uno de nosotros tiene un instrumento distinto y toca un conjunto distinto de notas musicales. Todos los participantes saben que para producir música, en lugar de ruido, es necesario seguir al director. De la misma forma, en Al-Anon cada fiel servidor tiene una función que cumplir y acepta una orientación cuando es apropiado.

Hay dos aspectos en la participación: dar de nosotros mismos e incluir a otras personas. Damos de nosotros mismos, nuestras opiniones y nuestro tiempo; nos hacemos participantes. Quienes están en cargos de liderazgo incluyen a otras personas por medio de consultar con miembros para el debate antes de emprender una acción. La plena participación lleva a la armonía porque hay menos oposición y aislamiento cuando todos tenemos la posibilidad de contribuir con nuestra voz y voto. El respeto a nosotros mismos ya los demás, junto con la plena participación, nos ayuda a servir en Al‑Anon como fieles servidores. Llegamos a comprender que se confía realmente en nosotros, no sólo para realizar una tarea sino también para decidir qué labor es importante y cómo hacer para completarla. Como cada órgano de servicio y los miembros en general practican el principio de participación, nuestro deseo mayor de pertenecer se ve satisfecho en una hermandad de miembros iguales bondadosos. Al participar nos nutrimos espiritualmente.

Los miembros comparten experiencia, fortaleza y esperanza

Lois W., cofundadora de Al‑Anon, dijo: «Cualquiera puede comenzar algo, pero se necesita mucha gente para mantenerlo en funcionamiento». Para mí esta es la esencia del Cuarto Concepto. Comencé mi recuperación en Al‑Anon siendo una persona desesperadamente enferma con tendencias suicidas y le estoy muy agradecida a los miembros presentes en las reuniones que compartieron conmigo. Poco a poco logré un mayor sano juicio y empecé a escuchar en las reuniones palabras como Representante de Grupo, reunión de distrito y Delegado. Al compartir su recuperación personal conmigo, los miembros también compartían su recuperación en el servicio. No me llevó mucho tiempo ver que los miembros que participaban en el grupo, distrito y Zona parecían gozar de un poquito más de fortaleza espiritual y serenidad adicionales. Descubrí que es verdad que para mantenerlo, tenemos que regalarlo. Me asombra que un grupo tan diverso de gente pueda reunirse, compartir, estar en desacuerdo, ponerse de acuerdo y razonar las cosas, todo por el bien común de la hermandad de Al‑Anon.

A lo largo de los años he participado en Al‑Anon de varias formas. No creo que una función sea más importante que otras. El miembro que se asegura de

NUESTRA TAREA BÁSICA ES LA PARTICIPACIÓN

que la sala no esté cerrada con llave y esté arreglada es tan importante como el Delegado de Zona. Pero tenemos que seguir participando para seguir creciendo. En este momento sirvo como Representante de Distrito y Coordinadora de Literatura de Zona. Nunca tuve la intención de ocupar dos cargos a la vez, pero cuando una asamblea me pidió que sirviera a nivel de la Zona, me di cuenta de que mi Poder Superior debía tener algo preparado para mí. En todos estos años desde mi aceptación, mi madre ha sufrido la extirpación un seno debido a un cáncer, mi hija se fue de casa para casarse, mi hijo se descarriló hacia situaciones que considero intimidantes y mi esposo tuvo una recaída después de 12 años de sobriedad. Han sido años llenos de acontecimientos. La labor de servicio siempre me ha ayudado a seguir concentrándome en mí misma, por eso le agradezco a Dios que me haya dado la oportunidad de participar en el servicio a nivel de Zona. El distrito y la Zona me han permitido hacer nuevos amigos en Al-Anon, quienes han compartido conmigo su recuperación personal así como su recuperación en el servicio.

Ha habido conflictos a lo largo del camino a nivel del grupo, del distrito y de la Zona, pero debido a que todos practicamos las Tradiciones y los Conceptos, siempre parecemos llegar a un entendimiento. En todo momento obtengo nuevas ideas al participar en las discusiones. A menudo un conflicto, discusión y solución en Al-Anon me ayudan a comprender mejor un conflicto personal en casa. Encontrar el valor para expresarme cuando es necesario, la madurez para mantenerme en silencio cuando me dan ganas de atacar a alguien y la capacidad de escuchar los puntos de vista de otros genera armonía y crecimiento espiritual como se ofrece en el Cuarto Concepto.

He sido parte de la conciencia de grupo en mi propio grupo, en mi distrito y en mi Zona y siempre he sentido la presencia de mi Poder Superior. Uno de mis amigos en Al-Anon de la Zona me recuerda: «Dios está a cargo de Al-Anon». ¡Y lo está! Nuestro trabajo básico es la participación en todos los niveles de servicio. Pienso que a través de nuestra participación y de Su guía, siempre encontraremos armonía.

ESTE CONCEPTO ha sido muy cierto para mí. No participaba en muchas actividades y sentía temor de comenzar a jugar ese papel. Pero a través del programa me di cuenta de que no era justo permitir que sólo una o dos personas de nuestro grupo se encargaran de todas las responsabilidades, por eso me ofrecí y conocí gente nueva y fomenté la confianza en mí misma que estaba escondida. Esto me permite darles parte de mi programa a otras personas, que es lo que más me ayuda.

AL DAR, RECIBO

ESCUCHABA a un cuarteto vocal hace poco y me asombró lo bien que cantaban, cómo la música trasmitía tan bien el mensaje y era tan alegre. Cuando el cuarteto terminó de tocar, me sentí feliz y satisfecha. Observé que ningún miembro del cuarteto cantaba las mismas notas. A veces ni siquiera cantaban las mismas palabras al mismo tiempo. Pero reconocí la armonía del grupo porque todos participaban con el mismo objetivo: entretener al público.

APRENDIENDO A PARTICIPAR

Al pensar en cómo me habían animado a participar en el servicio en Al-Anon, me di cuenta de que tampoco me habían pedido que yo cargara todo el peso. Alguien era la secretaria, alguien el Representante de Grupo, el Coordinador de Mesa, el Tesorero o la persona responsable de la literatura. Cuando comenzaba la reunión, cada uno hacía lo que le correspondía para comenzar la reunión, hacer anuncios, sugerir literatura al recién llegado, seleccionar un tema o compartir. Cada una de estas tareas por sí sola no creaba una reunión maravillosa, pero la combinación de todas sí.

Como principiante en Al-Anon, tenía miedo de participar. ¿Qué sucedería si decía algo equivocado? ¿Parecería tonta o torpe si no hacía las cosas bien? Entonces observé que los que estaban a cargo tenían algunos folletos o libritos que usaban cuando compartían o hacían anuncios. También recordé mis experiencias en otras organizaciones. Me consideraban como alguien que podía organizar, cosa que me pedían una y otra vez. Nadie más se ofrecía y no se le pedía a nadie más. En mi reunión de Al-Anon, se anunciaron los períodos de los cargos: a veces tres meses, a veces tres años. Cuando la persona terminaba su mandato, el grupo le agradecía y buscaba otra persona que se encargara de esa tarea. «¡Ah!» —me dije, «no hay peligro en ofrecerme como voluntaria». Y lo hice.

Participar en Al-Anon, cosa que se denomina servicio, abrió una nueva dimensión en mi recuperación personal. Yo no era la solución a la desdicha del grupo pero era una adición bienvenida a nuestra familia. Cada vez que me pedían algo o me ofrecía para hacerlo, el cargo que ocupaba tenía una solución a un dilema personal. Cuando me dirigía a un grupo de adolescentes, adquiría una nueva dosis de comprensión de los problemas que tenían mis propios hijos al crecer junto a padres enfermos. Cuando acepté el cargo de tesorera del grupo, me di cuenta de que podía encargarme de mis propias finanzas si podía asumir la responsabilidad por los fondos del grupo. Cuando fui Representante de Grupo, descubrí que era importante hablar con el grupo acerca de los esfuerzos de Al-Anon más allá del nivel del grupo. También era importante escuchar la posición del grupo sobre las mismas cuestiones.

A medida que pasaba el tiempo, comprendí que los grupos que celebran debates animados sobre un tema son más sólidos. Estos grupos se toman el tiempo de garantizar que todos tengan la posibilidad de expresar sus opiniones y que nadie se ofenda si hay alguna divergencia aislada. Así como el cuarteto vocal crea su mejor armonía cuando cada persona tiene una voz diferente, lo mismo ocurre en Al-Anon. El resultado es armonioso.

Los miembros de Al-Anon me demostraron mediante sus aportes que yo podía probar los principios Al-Anon en casa, con mis familiares, mis amigos y mis compañeros de trabajo. Me pareció interesante que al compartir mis pensamientos con ellos sin exigir su aceptación, podía escuchar sus ideas. Juntos pudimos enterarnos de los deseos y preocupaciones mutuos y llegar a un acuerdo sobre lo que queríamos hacer en forma conjunta. Cuando no me salí con la mía, al fin supe que me escuchaban.

Participación también quiere decir que estoy dispuesta a comprometerme con una tarea en Al-Anon.

El compromiso se convierte en una oportunidad de aprender y experimentar acontecimientos en los cuales no podía o quería participar antes. Gracias a mis nuevos amigos de Al-Anon, he experimentado nuevas satisfacciones, he podido compartir mi dolor y he aprendido que la participación lleva a la armonía. Y por haber escuchado a un grupo vocal, puedo comprender que no tengo que hacer todo para participar en la recuperación en Al-Anon.

Aplicación del Cuarto Concepto

La participación es la clave de la armonía.

- ¿Soy participante activo en Al-Anon? ¿Por qué o por qué no?
- ¿Qué puedo hacer para participar más intensamente?
- ¿Qué puedo hacer para alentar a otras personas a compartir sus opiniones libremente?
- ¿Hay alguna situación en mi vida hoy en la que los involucrados no participen de la misma manera en todas las decisiones?
- ¿Qué puedo hacer para que tales situaciones sean más armoniosas?
- ¿Estoy dispuesto a escuchar todos los aportes de otras personas?
- ¿De qué manera estoy dispuesto a aprender más sobre mí mismo al compartir con otras personas?
- ¿Estoy dispuesto a correr el riesgo de descubrir que tengo más que ofrecerles a otras personas de lo que pensaba?
- ¿Puedo confiar en que haya más de una manera buena o correcta de hacer las cosas? Den ejemplos.
- ¿En qué sectores de mi vida puedo aplicar el Cuarto Concepto? ¿Cuáles podrían ser los resultados?

Quinto Concepto

Los derechos de apelación y Petición protegen a las minorías y garantizan que éstas serán escuchadas.

AL-ANON es una hermandad de la cual puede ser miembro cualquier persona que crea que su vida se ha visto afectada por un alcohólico. Libertad individual y pertenencia tienen una enorme importancia para nosotros. Nunca separamos estos derechos. El Quinto Concepto protege tanto nuestra libertad como nuestro sentimiento de pertenencia en todos los niveles de servicio garantizándonos una consideración respetuosa seamos mayoría o minoría en un momento dado. El derecho de apelación nos garantiza que se escucharán opiniones divergentes; el derecho de petición nos asegura que cualquier fiel servidor puede siempre presentar una petición para la solución de un agravio.

El derecho de apelación en el Quinto Concepto nos recuerda que debemos escuchar con atención a todos y estimular a quienes tienen opiniones diferentes (minorías) a expresarlas. Invitar a miembros de minorías a pronunciarse y escucharlos de corazón y con respeto nos ayuda a preservar la unidad. Cuando escuchamos, comprendemos, valoramos e incorporamos opiniones de minorías en nuestro proceso de adopción de decisiones, podemos evitar errores que pueden ocurrir cuando estamos enfadados, apurados, mal informados o nos sentimos inflexibles. Practicar la consideración estimula un debate minucioso, nos mantiene concentrados en el asunto que tratamos y ratifica el valor y la dignidad de todos los miembros.

Al aplicar el Quinto Concepto, reconocemos que hasta las mayorías abrumadoras a veces están equivocadas y que nos hacemos un gran servicio estimulando una discusión plena y justa de las cuestiones correspondientes. Una minoría en Al-Anon que cree firmemente que la mayoría está errada tiene no sólo el derecho sino también el deber de pronunciarse o presentar un informe que incluya sus opiniones (informe de la minoría). Se requiere valor para expresar opiniones cuando se está en una minoría; tener permiso y hasta la obligación de hacerlo sin perjuicio o temor de represalias a menudo fortalece nuestro valor.

A veces, a raíz de un debate acalorado, sólo podemos ver la situación desde una perspectiva de ganar o perder. A veces nos aferramos tanto a nuestras propias soluciones que perdemos toda creatividad. Escuchar la voz de una minoría puede hacer surgir una solución que no se nos haya ocurrido antes y que conviene a todas las partes mejor que una solución de conciliación. Practicar la consideración y el valor nos ayuda a buscar soluciones en las que todos ganen.

Un ejemplo de una solución en la que todos ganan es la historia de dos personas que querían una misma naranja. Al reconocer que si uno se quedaba con toda la naranja, el otro se sentiría infeliz, llegaron a una solución intermedia. Cada uno tomó la mitad de la naranja. Uno la peló con rapidez, botó la cáscara y se comió la pulpa. El otro peló su mitad, ralló la cáscara para una receta y botó la pulpa. Si se hubieran escuchado con atención, habrían descubierto una solución en la que los dos habrían ganado toda la parte de la naranja que deseaban y ninguna parte de la misma se habría perdido.

Cuando estamos dispuestos a escuchar voces minoritarias con la máxima consideración, todos nos beneficiamos porque todos son respetados e integrados. Con frecuencia, se evitan errores y se encuentran soluciones que nos satisfacen. En casos en que una unanimidad sustancial derrota a los miembros de la minoría, escuchar con respeto y considerar con atención sus sugerencias nos garantiza a todos que siempre seremos participantes valiosos.

Además del derecho de apelación, queremos asegurarnos que aquéllos que nos sirven, ya sean empleados remunerados o voluntarios, se sientan seguros ante cualquier utilización injusta del poder. Nuestro derecho de petición le permite a cualquiera pedir ser escuchado sobre un agravio personal y remitir la queja a la Junta de Administradores sin perjuicio o temor de represalias. El derecho de petición puede incluir redactar un informe o carta y presentarlo a una Asamblea de Zona, al Comité de Guías (Undécimo Concepto) o a la Conferencia de Servicio Mundial. La existencia del derecho de petición, aunque no se use a menudo, limita el abuso de autoridad. Si bien reconocemos la necesidad de orientación y disciplina al realizar nuestras tareas, el abuso de poder y control son inaceptables y nadie tiene por qué soportarlo en silencio jamás.

El aceptar opiniones minoritarias tiene otras ventajas. La Segunda Tradición estipula que la conciencia de grupo es la guía principal de nuestra hermandad. Pueden surgir situaciones que involucren detalles de una operación sobre los cuales los miembros pueden no tener la información que tiene un comité de servicio, ya sea un centro de Servicios de Información o la Junta de Administradores de la Oficina de Servicio Mundial (OSM). Puede resultarle difícil a una conciencia de grupo no informada tomar decisiones efectivas, en especial cuando las emociones acerca de un asunto están caldeadas. Fe en nuestros fieles servidores significa a veces someternos a sus mayores conocimientos y capacidad en algunos sectores, aun si son minoría.

En Al-Anon respetamos a las minorías de otras maneras también. Les otorgamos derechos a las minorías en nuestras elecciones. Por ejemplo, para seleccionar Delegados a la Conferencia de Servicio Mundial (CSM), si ningún candidato recibe dos terceras partes de los votos después de varias rondas de votación, los nombres de los candidatos pueden colocarse en un sombrero y los Delegados son escogidos por sorteo. Si bien el voto mayoritario prevalece en general y con frecuencia hasta logramos unanimidad, en los casos en que continúa el desacuerdo, confiamos en que nuestro Poder Superior nos ayude a solucionarlo. Recurrir a un sorteo de este tipo le garantiza a las minorías las mismas oportunidades de estar representadas.

Aun cuando nos pongamos de acuerdo y se logre una mayoría, todavía podemos decidir discutir un asunto. Es necesario hacer que todos se sientan incluidos, que nadie se sienta obligado por una decisión apresurada y que nadie retenga una idea importante que pudiera beneficiar al grupo. La inclusión y la consideración de todas las opiniones en nuestra hermandad de democracia fomentan la unidad.

Los miembros comparten experiencia, fortaleza y esperanza

DURANTE LOS AÑOS siguientes a mi llegada a Al-Anon, los Conceptos no tenían sentido para mí. Participaba en el servicio fuera de mi grupo, tenía una Madrina de Servicio y se me había dicho que debía usar los Conceptos, así que los leí. Me parecieron un galimatías y no entendí nada de lo que había leído. Nuestro grupo nunca los leía. Muchos creían que la única ayuda se encontraba en los Pasos y las Tradiciones. Por fortuna algunos obcecados siguieron diciendo «Lean los Conceptos» en todas las reuniones de asuntos del grupo. Por eso volví a los Conceptos en el *Manual de Servicio de Al-Anon y Alateen*. Se encendió una luz en mi cerebro. El Quinto Concepto decía simplemente que debemos escuchar a esta gente. Quizás si este Concepto encajaba, el resto también lo haría.

ESCUCHÉ Y APRENDÍ

La primera reunión de Conceptos fue presidida por un recién llegado quien leyó la historia y la introducción y luego comenzó a hacer preguntas sobre cada uno. Muchas caras perdieron su expresión entre los miembros que no habían querido escuchar estas ideas pero, poco a poco, todos participaron. Si el grupo pudiera usar estas ideas, yo podría usarlas también en casa. ¡Gran idea! Leí el Quinto Concepto otra vez y pensé que si escuchaba al alcohólico, podría aprender algo. Hasta ese momento, había pasado por alto la mayoría de sus comentarios porque consideraba que se expresaba el alcohol. Sucedió algo asombroso cuando empecé a escuchar; empecé a entender todo tipo de cosas que había venido rechazando. Me di cuenta de que la única vez que el alcohólico de mi vida podía hablar de sentimientos era cuando bebía. Me ha llevado mucho tiempo llegar a donde estoy, casi diecisiete años en este maravilloso programa, pero cuanto más practico este Concepto en casa, mejor comprendo no sólo a mi esposo después de cuarenta y un años sino también a mí misma. Todos ustedes me conocen, ese magnífico miembro que ha estado presente durante tanto tiempo que todos me consideran curada.

QUINTO CONCEPTO

Bueno, no estoy curada pero sigo empeñada en ello «Un día a la vez» utilizando todos nuestros Legados, incluidos los Conceptos.

Se presentó
un informe
minoritario

Un pequeño grupo pensó que una medida adoptada por Nuestro Comité de Servicio Mundial de Zona (CSMZ) sobre una moción que se presentaría a la asamblea no atendía a los mejores intereses de nuestra Zona o de Al-Anon en general. Teniendo presente el Quinto Concepto, se presentó un informe minoritario. En una reunión especial del CSMZ, se discutió el asunto y se escucharon a las dos partes. Después de un examen a fondo, se procedió a una votación y el comité aprobó la opinión minoritaria. Se cambió la moción del CSMZ antes de ser presentada a la asamblea. Así funciona realmente este Concepto.

Les damos
cabida a
todos

No hace mucho tiempo, una joven que estudiaba en la universidad vino a nuestra reunión de Al-Anon cerrada. Dijo que le habían asignado la tarea de observar una reunión de Al-Anon y nos preguntó si podía asistir a la nuestra. No sabemos si tenía en realidad problemas de alcoholismo entre sus familiares o amigos, pero dijo que no los tenía y que simplemente quería observar para llevar a cabo la tarea asignada.

Le hablamos sobre nuestra conciencia de grupo y le indicamos que tendríamos que discutir su petición; todos en el grupo consideraron que era aceptable excepto uno que se mostró muy perturbado. Aun después de la votación, esa persona se sentía muy incómoda. Al recordar nuestro compromiso de practicar los Conceptos, sugerí invitarla a compartir su opinión una vez más. Tenía mucho que compartir y no se sentía cómoda presentando sus pensamientos en presencia de alguien que era sólo un observador y no un participante.

La mayoría de nosotros todavía quería que la joven permaneciera. Algunos pensamos que, dado el carácter de la negación, esa joven podría descubrir que había sido afectada por el alcoholismo. Nos sentíamos más y más inquietos debido al tiempo que nos estaba llevando esa decisión cuando se ofreció una solución que alegró a todos. Invitamos a la joven a permanecer con nosotros los primeros cincuenta minutos de la reunión y dedicar los últimos diez a una reunión cerrada para que nuestro miembro pudiera compartir con seguridad.

Me alegro que hayamos dedicado tiempo a escuchar a la voz minoritaria que quizás haya representado a otros miembros que no tuvieron el valor de expresarse en ese momento. De esta manera dimos cabida a todos y nadie tuvo que irse sin lo que quería.

Aplicación del Quinto Concepto

Los derechos de apelación y petición protegen a las minorías y garantizan que éstas sean escuchadas.

- Cuando me encuentro en una minoría, ¿cuán dispuesto estoy a dar mi opinión?
- ¿Qué podría hacerme más dispuesto?
- ¿De qué manera aliento a otras personas a que expresen sus opiniones?
- ¿Escucho de verdad a las personas con quienes no estoy de acuerdo?
- ¿Cómo puedo brindarles la consideración debida a las personas con quienes no estoy de acuerdo?
- ¿Cómo puedo mantener una mente receptiva a ideas diferentes?
- ¿Cuáles son los beneficios de promover informes minoritarios y discutir ideas aun cuando la mayoría esté de acuerdo? ¿Qué desventajas nos impide hacerlo?
- ¿Cuán dispuesto estoy a escuchar en Al-Anon?
- ¿Cuán dispuesto estoy a escuchar en mi familia?
- ¿Cuán dispuesto estoy a escuchar en mi trabajo?

Sexto Concepto

La Conferencia reconoce la responsabilidad administrativa primordial de los Administradores (Custodios).

Los PRINCIPIOS de delegación, autoridad y responsabilidad en Al‑Anon son capitales para comprender el Sexto Concepto. Los miembros de la Conferencia de Servicio Mundial (CSM), si bien le suministran a Al‑Anon los principios de dirigir, no pueden en una reunión anual de una semana involucrarse en las tareas administrativas de la Oficina de Servicio Mundial (OSM) o en los servicios en todo el mundo. Sin un método de delegación y asignación de responsabilidades, los miembros y grupos Al‑Anon no podrían cumplir su propósito principal: ayudar a los familiares y amigos de los alcohólicos.

En el Segundo Concepto aprendemos que los grupos delegan su autoridad administrativa y de funcionamiento a la Conferencia, y en el Sexto Concepto aprendemos que la Conferencia delega autoridad específica a los administradores. La Conferencia depende de que los administradores orienten y supervisen las actividades de nuestra hermandad a lo largo del año.

¿Quiénes son nuestros administradores? «La Junta de Administradores (Custodios) de Al‑Anon Family Group Headquarters, Inc., está compuesta por miembros capacitados de los grupos de Al‑Anon. La Junta elige sus propios sucesores, con candidatos propuestos a la aprobación de la Conferencia o de un comité de ésta. La Junta es la rama principal de servicio de la Conferencia, la cual custodia las Doce Tradiciones de Al‑Anon» (*Manual de Servicio de Al‑Anon y Alateen*). Nuestros Administradores se encargan de gran parte del trabajo de Al‑Anon en sus reuniones trimestrales y ejecutan guías decididas por la Conferencia. En consecuencia, deben tener una libertad considerable para decidir y actuar de manera que otras ramas de servicios no se atasquen y se vuelvan ineficaces entre reuniones de la Conferencia.

La Junta de Administradores recibe informes trimestrales del personal de la OSM en los que se detallan actividades y acontecimientos de importancia. La Junta a su vez informa a los Delegados quienes informan a los miembros de su Comité de Servicio Mundial de Zona (CSMZ) y a cada grupo Al‑Anon.

La mayoría de los Servicios de Información de

Al-Anon son administrados por miembros de los distritos a los que sirven. Estos miembros eligen fieles servidores (centros de servicio) que se reúnen de forma regular para garantizarle a los grupos que el pago del alquiler y otras cuentas se realice de manera oportuna; los informes financieros y los de actividades de los administradores de oficinas se examinan con regularidad. Esta información se trasmite a los grupos a través del Representante del Servicio de Información (Representante de Grupo Suplente) u otro fiel servidor.

Pese a que el Sexto Concepto se refiere en forma específica a la relación entre nuestros Delegados, nuestros administradores y el personal de la OSM, también nos recuerda reconocer dónde se encuentra la responsabilidad principal, otorgarles a otras personas la libertad suficiente para realizar su tarea y suministrar guías prácticas para no perder de vista la visión y los objetivos claros.

Como los grupos delegan autoridad a la Conferencia y la Conferencia a los administradores, es útil entender las diferencias entre fiscalizar, vigilar y administrar en exceso. Fiscalizar una operación exige guías generales claras mientras que vigilar una tarea o método de operación queda en manos de aquéllos que realizan la tarea. En cada nivel de nuestra estructura de servicio, intentamos tratar a nuestros empleados y voluntarios como nos gustaría que nos trataran a nosotros, suministrando guías claras y no deteniéndonos en pequeñeces o administrando de modo excesivo hasta los detalles más insignificantes.

Uno de los principios importantes de una buena gestión, ya sea en el caso de una gran empresa como Al-Anon Family Group Headquarters, Inc., de una pequeña empresa o de nuestra familia, es vincular la responsabilidad por la tarea con la autoridad necesaria para realizarla. La responsabilidad sin poder no es efectiva ni saludable. El poder sin responsabilidad es una invitación al predominio. En Al-Anon combinamos las responsabilidades que asignamos y la autoridad suficiente para cumplirlas en el marco de guías y políticas establecidas. Responsabilidad significa fiscalización de tareas para que el trabajo se ajuste a las guías.

El propósito primordial de Al-Anon es ayudar a los familiares y amigos de los alcohólicos. Las operaciones comerciales efectivas y eficaces nos ayudan a alcanzar ese propósito. Queremos que los recursos que usamos realicen la mayor cantidad posible de metas espirituales y necesitamos gente con talento y dedicación a Al-Anon para que ello ocurra. Nuestros administradores, guardianes activos de nuestras Tradiciones, actúan como dirigentes empresariales. Les pedimos mucho a los administradores y queremos atraer personas calificadas a este servicio. El poder del Sexto Concepto le asegura a cada miembro que nuestras Tradiciones se resguardan con el mismo amor a la hermandad que encontramos en las reuniones de Al-Anon en todo el mundo.

Los miembros comparten experiencia, fortaleza y esperanza

LA PALABRA MÁGICA ES ACCIÓN

EN ABRIL todos los años, Delegados representantes de sesenta y siete Zonas en los Estados Unidos, el Canadá y Puerto Rico se reúnen con Presidentes de Comités, Administradores, miembros del Comité Ejecutivo y personal de la OSM en la Conferencia de Servicio Mundial (CSM). Es un período estimulante de aportes mutuos y examen atento del papel de Al-Anon —desde su contacto personal estrecho con cada persona y grupo hasta sus funciones a nivel mundial—. Muchos asuntos de nuestra hermandad se discuten para que la conciencia de grupo pueda expresarse ampliamente y delinearse claramente.

¿Y entonces qué? La labor de servicio mundial de Al-Anon Family Group Headquarters, Inc. continúa. ¿Quién tiene la autoridad para tomar decisiones diarias? El Sexto Concepto lo deja en claro: así como los grupos le confían la responsabilidad de Al-Anon como un todo a la CSM, la Conferencia le asigna a la Junta de Administradores la responsabilidad de las políticas, las actividades de servicio, las relaciones públicas mundiales, la protección de nuestras Doce Tradiciones y el manejo prudente de las finanzas. Con los Administradores supervisando activamente las actividades hasta que la

CSM se reúna de nuevo, podemos estar seguros de que el servicio estará disponible cuando cualquier grupo o individuo en cualquier lugar del mundo pida ayuda.

Cuando escuché hablar de este Concepto por primera vez, sentí que el mismo hacía que Al-Anon pareciera algo así como una empresa comercial y no un programa espiritual. Al participar cada vez más en el servicio, me di cuenta de que, aunque nuestros objetivos son espirituales, esos objetivos se alcanzan con más facilidad mediante una organización empresarial eficiente. La palabra mágica es acción, y nuestros Administradores deben actuar como directores de cualquier gran empresa comercial.

Luego pensé que, si todos los Administradores son miembros de Al-Anon, ¿podemos confiar realmente en que los familiares y amigos confundidos de personas alcohólicas administren algo de tal dimensión e importancia? Mis Padrinos de Servicio me señalaron que nosotros, miembros de Al-Anon, administramos Al-Anon Family Group Headquarters, Inc. (AFG). Todos participamos, desde la preparación del café hasta la toma de decisiones relativas a las políticas y administrativas. La realidad es que, si bien nuestros objetivos son espirituales, debemos confiar en que alguien haga que las cosas sucedan para que nuestra empresa funcione. Los Administradores son miembros elegidos por miembros, y sus antecedentes son cuidadosamente analizados.

En la vida en mi grupo, me doy cuenta de que hay asuntos reales de los que hay que encargarse —alquiler, literatura, refrigerios, gastos del Representante de Grupo, contribuciones para nuestro Servicio de Información, el distrito, la Zona y la OSM—. En mi vida personal, tengo que afrontar la realidad y reconocer mis limitaciones—financieras y físicas—. Tengo que hacerle frente a las finanzas familiares. ¿Debería conseguirme un empleo? ¿Contamos con los seguros adecuados? ¿He hecho mi testamento? ¿Hago que las cosas necesarias sucedan? Si no es así, soy tan espiritual que no soy bueno terrenalmente.

Ahora puedo entender cómo Al-Anon puede ser una empresa comercial y un programa espiritual.

Aplicación del Sexto Concepto

La Conferencia reconoce la responsabilidad administrativa primordial de los Administradores (Custodios).

- ¿Sé en qué Región está mi Zona?
- ¿Sé quién es mi Custodio Regional?
- ¿Qué responsabilidades administrativas se necesitan en mi grupo para seguir funcionando?
- ¿Delega mi grupo estas responsabilidades administrativas? ¿A quién?
- ¿Celebra mi grupo reuniones de asuntos de manera regular?
- ¿Espera mi grupo que el tesorero presente informes periódicos sobre ingresos y gastos?
- ¿De qué manera es este Concepto un principio espiritual?
- ¿Cómo puedo aplicar este Concepto en mi vida laboral?
- ¿Cómo puedo aplicar este Concepto en mi vida familiar?
- ¿Cómo se relaciona este Concepto con el Tercer Concepto y con los «eslabones de servicio» de Al-Anon?

Séptimo Concepto

Los Administradores (Custodios) tienen derechos legales, mientras que los derechos de la Conferencia son tradicionales.

El Séptimo Concepto aclara aún más la relación entre la Conferencia de Servicio Mundial (CSM) y la Junta de Administradores. Se encomienda a la Junta la responsabilidad administrativa de los servicios mundiales de Al‑Anon, incluida la protección de nuestra condición jurídica, nuestros derechos y nuestras finanzas. La Conferencia se guía por la conciencia de grupo de miles de grupos Al‑Anon. Esta guía espiritual mediante la gran conciencia de grupo de la Conferencia funciona bien con el deber de los administradores de mantener a Al‑Anon en el buen camino con respecto a sus obligaciones legales y responsabilidades fiscales como organización sin fines de lucro. Como guardianes de las Tradiciones, los administradores consultan con la Conferencia para obtener orientación cada vez que se analizan asuntos importantes.

Idealmente, los principios incluidos en nuestros Legados generan una consideración suficiente de cualquier asunto para que pueda lograrse un acuerdo equitativo. En general ocurre así en la vida personal y de los grupos. Sin embargo, todavía existe esa situación poco usual en que no se alcanza un acuerdo y surge un conflicto. ¿Qué pasa entonces?

Al considerar la autoridad tradicional, recurrimos a nuestros Pasos, Tradiciones y Conceptos. En nuestra vida personal, confiamos nuestra voluntad y nuestra vida al cuidado de Dios, según nuestro propio entendimiento de Él (Tercer Paso). En nuestros grupos de Al‑Anon, existe sólo una autoridad fundamental, un Dios bondadoso que se manifiesta en la conciencia de cada grupo (Segunda Tradición). A nivel del servicio mundial, la conciencia de grupo de nuestros numerosos grupos se le delega a la conciencia de grupo de la CSM.

En el Séptimo Concepto encaramos la autoridad práctica que se da a los Administradores para garantizar que las decisiones de la Conferencia sean congruentes con las leyes que nos rigen y el bienestar de la hermandad en general. Los Administradores pueden decir «no» ante una votación de la Conferencia o pedir que la Conferencia vuelva a considerar algo si la medida va en contra de nuestra Carta o de nuestros estatutos, o si parece imprudente. De la misma manera, si una acción perjudica con seriedad nuestra solidez financiera o se ha tornado poco práctica debido a un cambio imprevisto en las circunstancias, los administradores pueden abrogar o enmendar una moción de la Conferencia.

Nuestros Administradores, investidos de un «poder legal completo sobre los fondos y servicios de Al-Anon» (*Manual de Servicio de Al-Anon y Alateen*), tienen la facultad de vetar para mantenernos dentro de las leyes. Sin embargo, los Administradores usan muy poco esta facultad y en su lugar prefieren buscar asesoramiento y orientación recomendados de fuentes competentes, incluida la Conferencia, para pedir consejo y orientación en lugar de recurrir al veto.

Interpretar las leyes que se le aplican a Al-Anon es parte de la tarea de los administradores. Estos derechos legales ayudan a nuestros administradores a preservar el funcionamiento legal y sin trabas de Al-Anon sin exigir al mismo tiempo que todos los Delegados sean personas versadas en las complejidades de la ley. Nuestros administradores son seleccionados, por lo menos en parte, por sus conocimientos y experiencia en estos sectores.

Nuestra democracia espiritual se mantiene porque el respeto por la autoridad tradicional de la Conferencia está respaldado por el poder de los grupos y toda la experiencia acumulada hasta la fecha. Cuando la Conferencia reconoce los derechos, deberes y responsabilidades legales de los administradores y los administradores recuerdan los derechos tradicionales de la Conferencia que representan la conciencia de grupo de nuestra hermandad, puede preservarse una relación de trabajo armoniosa y de respeto. Las dos partes son importantes y ninguna de las dos se convierte en un autómata de simple aprobación rutinaria.

Los miembros comparten experiencia, fortaleza y esperanza

ME COSTABA mucho adquirir una comprensión del Séptimo Concepto que no produjera contradicciones en mi mente. Pensaba en realidad que el Séptimo Concepto eliminaba el primero y el segundo, y confundía seriamente el Sexto. Una vez más la restringida comprensión de algunas palabras, mi carácter poco confiado y mi limitada experiencia en cuestiones de fe eran los obstáculos.

SE AMPLIÓ MI COMPRENSIÓN

Había participado en el servicio el tiempo suficiente como para no colocar a nuestros Delegados en un pedestal. Al relacionarme con ellos y con otros fieles servidores de la Zona, al escucharlos compartir y al ver y sentir su fe, me di cuenta de que su fe conjunta era la conciencia de grupo, nuestra autoridad colectiva fundamental. Ya había crecido de manera suficiente en el programa mediante la aplicación de los Pasos para confiar. No entiendo cómo perdí información elemental acerca de nuestra estructura y los administradores. Supongo que fue porque trataba de estudiar y aprender en lugar de tratar de aprender actuando, escuchando y participando.

Simplemente me llegó el momento en que este Concepto adquirió sentido. Ya no sentía más dudas ni tenía preguntas. Me recordé a mí misma que Al-Anon es un conjunto de principios con una base espiritual. No puedo comprender las palabras escritas a través del estudio, la utilización de mi mente y mi comprensión limitada. Es imperativo que utilice los principios espirituales y reconozca que éstos subrayan y se entretejen en todas las palabras.

Practiqué este Concepto sin conocerlo intentando hacer todo lo posible para seguir a los ganadores del programa. Soy también consciente de mi progreso sólo al recordar el pasado. Cada vez que estudio un Concepto y lo evalúo, aprendo su valor.

La mejor comprensión de este Concepto la adquirí con claridad cuando se discutió ampliamente el traslado de la OSM entre los amigos de la hermandad. Se presentaron opiniones y preguntas. Hubo algunas opiniones bastante firmes y algunos debates acalorados entre los miembros. Recuerdo que pensé que algunas de las actitudes observadas bien podían haber sido mías, si no hubiera progresado lo suficiente como para confiar de forma total en la estructura y la autoridad colectiva fundamental. Me alegró saber que los deseos de los miembros serían corroborados por los administradores en todos sus aspectos jurídicos, por la Conferencia en todos sus aspectos tradicionales y por la guía de un Poder Superior que se encargaría de todos nosotros. Este Concepto estipula una mutua verificación. Equilibra nuestro programa sobre una base espiritual sólida.

YO SOY LA JUNTA DE ADMINISTRADORES

MI PRIMER CONTACTO con los Doce Conceptos ocurrió cuando mi Madrina de Servicio me incluyó en un grupo de un taller sobre Conceptos. Mi hija de catorce años, que asistía a Alateen, había participado conmigo en muchas labores de servicio antes de este taller, así que me pareció natural incluirla en esta actividad de exploración del Séptimo y Octavo Conceptos. ¿Su reacción? «¡Ay, Mamá! Nadie en Alateen se ocupa de Conceptos. Es tan poco interesante. No quiero que me tomen por tonta».

Después de idas y venidas y una rápida reparación, le aseguré que muchos miembros no estaban familiarizados con los Conceptos, así que no podíamos equivocarnos.

Nos pasamos las dos semanas siguientes preparándonos. Mi hija se enfocó en el Séptimo Concepto y yo en el Octavo. Discutimos nuestras interpretaciones e investigamos todas las posibilidades. No recuerdo lo que dijimos en nuestras presentaciones en el taller, pero no sólo nos preparamos para el taller sino que también nos preparamos para un incidente familiar que nos haría ver con claridad las ideas poderosas y la sabiduría del Séptimo Concepto.

Años más tarde, mi hija me anunció con calma que se iba de casa. Su racionalización daba que pensar. Me habló sobre las ventajas y las desventajas y luego agregó que, aunque no me gustara su decisión, era lo que ella había decidido y yo no podía controlar el resultado. Mientras la escuchaba, no podía descartar nada en su razonamiento de adolescente que usa los principios del programa. Era uno de esos casos en que no me sentía muy agradecida a Al-Anon. Pensé que ignorar los principios Al-Anon habría sido mucho más cómodo. Mientras mi hija empacaba todas sus cosas, yo pensaba frenéticamente en lo que le iba a responder. No recuerdo que fue lo que lo desencadenó, pero de repente pensé: «¡Eh! ¡Espera un momento! Yo soy la Junta de Administradores en esta familia». Sin saber qué decir, conociendo la verdad de ese pensamiento, invité a mi Poder Superior a ir conmigo a la habitación de mi hija.

Después de recibir permiso de entrada y abrazarla, le pregunté si recordaba el taller de los Conceptos y todo el trabajo de preparación que habíamos realizado para no hacer el ridículo. Le recordé la diferencia entre los derechos legales de los administradores y los derechos tradicionales de la Conferencia. Le recordé a mi pensativa hija que los administradores son aun parte integral de Al-Anon, no separados de la Conferencia ni con más autoridad que ella. Cuando mi hija me miró con esos ojos de «¡Ah, sí! ¿Y qué?» Hice el gol de la victoria.

«En esta familia, yo soy la Junta de Administradores. Sigo siendo miembro de la familia (la Conferencia), pero un Poder Superior, que también es parte de esta familia en recuperación, me nombró Junta de Administradores. Me han otorgado los derechos legales de salvaguardar y proteger nuestra familia y, si fuera necesario, abrogar cualquier decisión de la Conferencia (tú, hija) que ponga en peligro el bienestar jurídico y financiero de toda la familia. Irte de casa antes de tu mayoría de edad, por más sólida que te parezca tu racionalización, no es posible. Yo seguiré siendo responsable desde el punto de vista jurídico hasta que seas mayor de edad». Terminé diciéndole: «Esto significa que yo soy la Junta de Administradores, tú eres la Conferencia, y yo digo que "No", no en este momento ¿Alguna pregunta?» Agitó su cabeza y dijo con mucha calma: «Está bien».

No podía creer lo fácil que había sido. No hubo gritos, ni lágrimas, sólo un razonamiento calmo y una experiencia extraída de la recuperación familiar compartida. Mi hija no objetó mi decisión en absoluto porque había recibido el don de la sabiduría del Séptimo Concepto a los catorce años.

En una época pensaba que las Tradiciones eran las reglas para los grupos Al-Anon y Alateen que no se aplicaban a la familia. Descubrí lo contrario. Ya había visto que las Tradiciones constituyen un camino para fortalecer mi recuperación personal adquirida con los Pasos. Ahora tenía un panorama claro de la recuperación personal y familiar que se encuentra en los Conceptos.

Aplicación del Séptimo Concepto

Los Administradores (Custodios) tienen derechos legales, mientras que los derechos de la Conferencia son tradicionales.

- ¿Para mí, qué significa «derechos legales»?
- ¿Qué son «derechos tradicionales»?
- ¿Quién tiene «derechos tradicionales» en mi grupo? ¿Quién tiene «derechos legales»?
- ¿Cuáles son las responsabilidades legales de los miembros de nuestro grupo? ¿De los miembros de nuestro distrito? ¿De los miembros de nuestra asamblea? ¿Como Intergrupo o Centro de Distribución de Publicaciones? ¿En otros cargos de servicio?
- ¿En qué situaciones en nuestro grupo podría ser aconsejable que nuestros dirigentes dijeran que «no» a la voluntad del grupo?
- ¿Cómo puedo aplicar este Concepto a la vida en mi casa?
- ¿Cómo puedo aplicar este Concepto a la vida en el trabajo?
- ¿Hay algo desequilibrado en mi vida? Si es así, ¿qué es?
- ¿Qué puedo hacer para equilibrar mis metas espirituales con mi vida práctica?

Octavo Concepto

La Junta de Administradores (Custodios) delega total autoridad a sus comités ejecutivos para la administración de rutina de la Sede de Al‑Anon.

«Los Conceptos de Al-Anon establecen el "porqué" de nuestra estructura de servicio de tal forma que la valiosa experiencia del pasado y las lecciones extraídas de esa experiencia nunca puedan ser olvidas ni perdidas» (*Manual de Servicio de Al-Anon y Alateen*). El Octavo Concepto, más que ningún otro, refleja el crecimiento de Al-Anon y la necesidad de delegar autoridad.

A comienzos de los años 50, la sede de Al-Anon se encontraba en su época de formación. Los voluntarios se utilizaban para diversas tareas. Al constituirse legalmente como sociedad en 1954, se formó una Junta de Administradores para administrar la Oficina de Servicio Mundial (OSM). En 1957 la Junta designó un Comité Asesor para suministrar guías en cuestiones de política y finanzas mientras que los administradores cumplían sus funciones, definidas más adelante de Primer al Séptimo Conceptos. A lo largo del tiempo cambió la estructura del comité y en 1964 el Comité Asesor fue reemplazado por la Conferencia de Servicio Mundial (CSM) que se convirtió en el guardián permanente de las Tradiciones y servicios de Al-Anon. Desde sus inicios, nuestra estructura siempre se ha guiado por los Doce Pasos y las Doce Tradiciones.

La Junta, reconociendo su papel supervisor en materia de política, dirección, finanzas, relaciones públicas y con los grupos, asignó entonces funciones administrativas a un Comité Ejecutivo de siete miembros. Este Comité está compuesto por tres miembros voluntarios de Al-Anon, el Director Ejecutivo de la Oficina de Servicio Mundial, otro miembro del personal administrativo de la OSM y los presidentes voluntarios de los Comités de Guías y de Presupuesto.

No es práctico que un grupo de voluntarios, por más dedicados que sean, se hagan cargo de toda la labor necesaria para servir a una hermandad de la dimensión de Al-Anon. Los fieles servidores de Al-Anon decidieron que nuestros administradores siguieran siendo voluntarios y cuentan con personal remunerado en la oficina. Nuestros empleados remunerados se encargan del funcionamiento permanente de nuestra oficina en la cual los teléfonos se contestan con regularidad, se cuenta con información disponible, se prepara y distribuye literatura y se prestan otros servicios. Nuestros administradores tienen una visión a largo plazo y delegan la gestión de rutina y los detalles a nuestros empleados remunerados. Bregamos por mantener un equilibrio entre nuestros miembros voluntarios y la necesidad de prestar servicios seguros a diario.

Como los planificadores principales a largo plazo, los administradores son responsables de todas las decisiones finales en el marco de las directrices de nuestra Conferencia. Nuestra Conferencia de Servicio Mundial (presentada en el Segundo Concepto) se reúne anualmente. Nuestra Junta de Administradores (discutida en el Sexto Concepto) se reúne cada tres meses. En el Octavo Concepto nos enteramos de que la supervisión de las operaciones de la sede de Al-Anon se delega en el Comité Ejecutivo, que se reúne mensualmente.

Para delegar con confianza, los grupos, los miembros de la Conferencia y la Junta de Administradores aprenden a seleccionar dirigentes competentes, ayudan a fijar la orientación y el tenor deseados y luego permiten a los designados llevar a cabo su tarea.

En cada nivel de servicio, necesitamos tanto dirigentes como administradores. Necesitamos dirigentes para que nos escuchen y nos presenten la gran visión, y necesitamos administradores para que echen las bases que hagan posible esa visión. Con fe en nuestras políticas, extendemos esa fe a otras personas y vemos que no tenemos que encargarnos personalmente de cada detalle. Ya sea en casa, en el trabajo o en nuestras reuniones de asuntos Al-Anon, aprendemos a confiar en otros, ninguno tiene que hacer todo. Cada una de nuestras pericias complementa las de los otros, lo que posibilita que Al-Anon esté disponible en todo momento.

Los miembros comparten experiencia, fortaleza y esperanza

ESTE CONCEPTO para mí demuestra coherencia. La Conferencia de Servicio Mundial (CSM), que se reúne una vez al año, toma decisiones sobre lo que debe hacerse en Al-Anon. La CSM puede decidir que deben prepararse nuevos volantes de difusión pública, que se necesita literatura nueva para los miembros jóvenes de Alateen o que se debe producir un nuevo vídeo. (La lista puede hacerse interminable.) La Conferencia dura menos de una semana y luego todos se vuelven a casa. Los administradores se reúnen periódicamente a lo largo del año, pero no trabajan a tiempo completo; no están disponibles todos los días. Entonces, ¿quién se encarga de todo el trabajo? La Conferencia se da cuenta de que debe depender de que otra gente se encargue de la gestión diaria (véase el Segundo Concepto). Por ejemplo, ¿qué pasa si se produce una película para televisión en la cual el tema principal es el alcoholismo y sus efectos en la familia? Los productores no pueden llamar a los Delegados o a los Administradores; deben poder dirigirse a la Oficina de Servicio Mundial (OSM) y pedir ayuda al comité que se ocupa de los asuntos de difusión pública. Así los miembros de este comité se ocupan de la parte sustancial del asunto encargándose de hacer lo que debe hacerse a diario. Estas son las personas que garantizan la coherencia. La labor de Al-Anon tiene que realizarse día a día, no sólo en la Conferencia anual o en las reuniones trimestrales de los administradores.

¿Cómo se aplica esto a mi vida personal? Antes de Al-Anon, recuerdo cuántos planes importantes hacía siempre. Si me hubieran oído hablar, habrían pensado que iba a ser la primera mujer presidenta. Iba a escribir un libro. Iba a cambiar el decorado de toda mi casa. Iba a modificar la ornamentación de mi jardín. Iba a perder peso. Iba a establecer una agencia de consultoría. Todas estas decisiones eran muy buenas —creo que debemos que tener visiones acerca de lo que podemos hacer y lo que podemos ser—. No obstante, después de

DEBEMOS TENER VISION DE LAS COSAS

OCTAVO CONCEPTO

hacer todos estos planes, ¿consideraba las actividades diarias que se necesitaban para realizarlas? Es maravilloso planear un bosque, pero también debo estar segura de encargarme de cuidar los árboles. ¿Pensé en quién iba a plantar, regar, podar y abonar? Los grandes planes son magníficos, pero no tendrán éxito a menos que pueda ocuparme de todas las cosas pequeñas a diario.

¿Es este otro recordatorio de que debo vivir «Un día a la vez»? Si lo hago, mi vida entonces puede hacerse coherente.

Delego responsabilidad

AL APLICAR el Octavo Concepto en mi hogar, aprendo que todos pueden gozar de la vida.

Mi esposo y yo tenemos tres muchachos. Soy ama de casa y me encargo de que todo funcione sin trabas en la casa: comida lista, habitaciones limpias, camas tendidas, ropa lavada, pisos y muebles sin polvo. La lista es interminable. Puedo hacerlo todo y enloquecerme o delegar algunas tareas a sus encargados, como tender la cama, poner la ropa sucia en la canasta, mantener limpio el baño, y preservar el sano juicio. Entonces tendré tiempo de preparar comidas interesantes, transportar gente en el auto y pasar tiempo con mi esposo.

Cuando las cosas se colocan en su perspectiva y delego responsabilidad, puedo llegar al final del día con relativa tranquilidad, sabiendo que todo se ha hecho a su tiempo sin mi frenética atención.

Tengo la satisfacción de ser útil

EL OCTAVO CONCEPTO le permite a los fieles servidores dirigir con el ejemplo. Superficialmente el Concepto nos dice algo sobre cómo la Junta de Administradores funciona. Pero apuntalando este significado explícito vemos un principio valioso: delegar autoridad y responsabilidad. Este principio puede aplicarlo cualquiera a cualquier aspecto de su vida.

Hace poco me pidieron que participara como miembro en el Comité de Recreación de mi lugar de trabajo. El Comité de Recreación organiza el picnic de la compañía, las fiestas de fin de año y otros acontecimientos sociales. Al principio me sentí inquieta por esta participación porque temía que me llevara mucho tiempo y esfuerzo y que me sentiría abrumada. Pero decidí intentarlo.

Poco tiempo después de mi entrada en el comité, el presidente renunció y celebramos una reunión para seleccionar uno nuevo. Algunos miembros expresaron ansiedad por el hecho de que nadie estaría dispuesto a aceptar la tarea. El presidente saliente trabajaba más que nadie en el comité y consideraba que la responsabilidad era una carga. Todos suponían que tenía que ser así.

Mi recuperación en Al-Anon me ha enseñado que tengo opciones. Hoy, cuando oigo que algo «siempre se ha hecho de esa manera» o «no se puede cambiar», lo cuestiono y me pregunto si una actitud diferente lograría mejores resultados. Sentada en esa reunión, decidí que no había nada en la definición de presidente que implicara que él tiene que hacerlo todo. Por eso dije que estaba dispuesta a servir y que mi enfoque sería actuar como facilitadora, delegándoles toda la labor básica a otros miembros. Los otros miembros del comité me aceptaron satisfechos con esa condición.

Ya hemos preparado un evento. Lo único que hice fue hablar con otros miembros del comité y pedirles que asumieran la responsabilidad de tareas individuales. Estoy convencida de que mi trabajo es mejor así. Al no tener que preocuparme por detalles, puedo garantizar con facilidad que todo evento cuente con un grupo que lo arregle, otro que limpie, alguien que compre refrescos, alguien que coloque avisos, etc. Mi crecimiento en Al-Anon, me ha permitido tener la satisfacción de serles útil a mis compañeros de trabajo sin caer agotada.

Esta experiencia me ha enseñado que el Octavo Concepto se refiere a soltar las riendas y confiar en otras personas. Si no pudiera confiar en que los otros miembros del comité asumieran las responsabilidades que he delegado en ellos, estaría paralizada. Me sentiría obsesionada por el cumplimiento de sus tareas, quizás me inmiscuiría en sus tareas o abandonaría los intentos y lo haría yo misma. Estoy segura de que esto es lo que me habría pasado antes de Al-Anon. Me crié pensando en que «si quieres que algo se haga bien, hazlo tú misma». Ahora sé que otra gente puede hacer las cosas bien, quizás no precisamente como yo lo habría hecho pero igual de bien o mejor que yo.

Aplicación del Octavo Concepto

La Junta de Administradores (Custodios) delega total autoridad a sus comités ejecutivos para la administración de rutina de la Sede de Al-Anon.

- ¿Cuáles son algunas de las muchas funciones de rutina que cumplen nuestros empleados de la OSM para cumplir con nuestro propósito primordial?
- ¿Cuáles son las tareas de administración en mi grupo? ¿En mi distrito? ¿En mi Zona?
- ¿Cómo se delegaron estas tareas?
- ¿Cuáles son las tareas de administración en mi vida de hogar? ¿Cómo se delegan estas tareas?
- ¿Cuáles son las tareas de administración en mi vida laboral? ¿Cómo se delegan estas tareas?
- ¿Qué responsabilidades o tareas estoy dispuesto a delegar a otros?
- ¿Una vez que he delegado una tarea, estoy dispuesto a confiar en los resultados?
- ¿En qué aspectos de mi vida me ha causado dificultades el tener confianza?
- ¿Cuáles son los principios espirituales incluidos en este Concepto?

Noveno Concepto

Un buen liderazgo personal es una necesidad a todos los niveles de servicio. En el campo del servicio mundial, la Junta de Administradores (Custodios) asume la dirección principal.

EN NUESTRO estudio de las Tradiciones y los Conceptos, se repite y se recalca la importancia del liderazgo. El liderazgo se introduce en la Segunda Tradición —«Nuestros dirigentes son tan sólo fieles servidores y no gobiernan»— y la Novena Tradición incluye las actividades de servicio en «centros de servicios o comisiones, directamente responsables ante las personas a quienes sirven». En el Tercer Concepto nuestros dirigentes reciben el derecho de decisión y del Cuarto al Noveno Concepto aprendemos acerca de las diversas tareas de los dirigentes.

Como practicamos los Doce Pasos y trasmitimos el mensaje de recuperación a familiares de alcohólicos, es necesario para el crecimiento Al-Anon que desarrollemos un buen liderazgo personal. Cada miembro de Al-Anon tiene la posibilidad de convertirse en dirigente. Debido a nuestra estructura de servicio y al sistema de turno en los cargos de servicio en Al-Anon, los miembros tienen muchas oportunidades de desarrollar su capacidad de liderazgo. En el servicio mundial, el liderazgo está en manos de la Junta de Administradores en lo que se refiere a reconocer, comprender y definir el mensaje de recuperación y a poner a disposición de todos, a nivel local y en el mundo, la visión de la recuperación.

Todo miembro de Al-Anon es también miembro de una unidad familiar. Dentro de esa unidad, se necesita liderazgo, se conciben planes y se realizan acciones. Por ejemplo, los padres adoptan un papel de liderazgo en el suministro de atención de la salud y educación para sus hijos. En Al-Anon nuestra hermandad crece cuando elegimos, enseñamos y alentamos a nuestros dirigentes de forma continua. Seleccionamos nuestros dirigentes con cuidado y reconocemos su talento y valores. Estimulamos a nuestros dirigentes, sabiendo que, con cada nueva función, progresan «Un día a la vez».

Algunos confunden la idea de «anteponer principios a personas» con la idea de que no necesitamos dirigentes o con la idea de que éstos no debieran tener opiniones y simplemente debieran hacer lo que desea la hermandad. Esto no es realista ni aconsejable. Nos damos cuenta de que algunas funciones no exigen talento especial mientras que otras requieren experiencia y conocimientos. Cada persona aporta su talento a su tarea; no hay dos personas que hagan un trabajo de la misma manera. Practicamos el lema «Suelta las riendas y entrégaselas a Dios».

Los dirigentes por naturaleza son aquéllos que gozan de tal visión y entusiasmo que nos sentimos impulsados a seguirlos. Además de visión, para ser los mejores deben ser también responsables, tolerantes, estables, flexibles y tener sentido común. Todos los miembros de Al-Anon poseen algunas de estas cualidades, las cuales evolucionan al practicar el programa de Al-Anon mientras dirigimos. Desarrollar nuestras cualidades de liderazgo nos ayuda a llevar vidas plenas y ayuda a la hermandad a florecer también. De esta manera todos nos beneficiamos al participar en el servicio.

Dentro de los Conceptos, se discute el papel del liderazgo en todos los niveles de servicio: Representantes de Grupo, Representantes de Distrito, Delegados y Administradores. Con el estudio de estos Conceptos, también se ha discutido cada nivel de servicio: grupos, distritos, Zonas, regiones y ahora servicios mundiales. El Noveno Concepto nos guía para comprender la importancia de los administradores en el liderazgo necesario en nuestro servicio mundial.

La evolución de la estructura de servicio Al-Anon nos muestra ejemplos excelentes de la dirección primordial de la Junta de Administradores. La Junta tomó la vanguardia en el establecimiento de nuestra Conferencia de Servicio Mundial (CSM) en 1960, combinando con éxito a miembros de los Estados Unidos y el Canadá en un solo principio. A medida que las Oficinas de Servicios Generales de Al-Anon (OSG) se desarrollan en todo el mundo, aspiran a la experiencia, fortaleza y esperanza del personal de nuestra Oficina de Servicio Mundial (OSM) y de la Conferencia, incluidos los miembros de la Junta. Con el crecimiento de las OSG, en 1980 la Junta propició una Reunión Internacional de Servicios Generales de Al-Anon cada dos años. Delegados de todo el mundo asisten, unidos en un propósito común: ayudar a los familiares y amigos de los alcohólicos.

Al terminar su período de servicio, se ha oído decir a muchos dirigentes de Al-Anon: «Acabo de darme cuenta de lo que debía hacer y ya ha llegado el momento de pasar la batuta a otra persona». Nuestros dirigentes, nuestro proceso de selección, turnarse en servicio, nuestro pensamiento y acciones democráticos son ingredientes esenciales que hacen que Al-Anon sea especial y única. Turnarse en el servicio, desde el cambio de tesoreros de grupo de acuerdo a un calendario fijo hasta imponerle un plazo máximo de servicio a un Administrador, nos garantiza que nadie adquiera el control de Al-Anon y que la alegría del servicio pueda ser compartida por muchos.

En *Lois Remembers (Lois recuerda)*, Lois W., la cofundadora de Al-Anon, escribe: «Creíamos que el liderazgo de Al-Anon debía concebir ideas, ofrecer opciones y quizás recalcar aspectos pero que debía dejarle a la hermandad la adopción de decisiones». Una capacidad imparcial y clara de responder con valor y creatividad es una ventaja apacible que anhelamos en nuestros dirigentes y en nosotros mismos.

¿Cómo seleccionamos a nuestros dirigentes? En el *Manual de Servicio de Al-Anon y Alateen*, sección «Manual de Servicio Mundial», se esbozan sugerencias para los procedimientos de selección de nuestros fieles servidores. La experiencia y una reflexión cuidadosa han generado estos procedimientos que muchos consideran espirituales en su orientación. Guiados por los principios de nuestros tres Legados: los Pasos, las Tradiciones y los Conceptos, se seleccionan los dirigentes sobre la base de ser miembros de Al-Anon, elegibilidad, conocimientos especiales y voluntad de servir. Seleccionar un Delegado por mayoría de dos terceras partes o por sorteo reduce la posibilidad de que las personas interfieran con los principios, garantizándole al nuevo Delegado el apoyo de los miembros.

En nuestro *Manual de Servicio de Al-Anon y Alateen*, los miembros de Al-Anon encontrarán un ensayo sobre liderazgo, ligeramente modificado, escrito por Bill W., cofundador de A.A. Este ensayo define las cualidades que deseamos para Al-Anon también. Entre las ideas claves de este ensayo figuran:

«Un líder es una persona que puede poner en práctica los principios, planes y guías a seguir de forma tan dedicada y efectiva que el resto de nosotros deseamos apoyarlo y ayudarlo en su labor».

«Un buen dirigente crea planes y guías a seguir para el mejoramiento de nuestra hermandad».

«Un buen líder sabe que un buen plan o idea puede venir de cualquiera en cualquier parte».

«El liderazgo deberá tener siempre buenas razones y exponerlas».

«A menudo, es llamado a enfrentarse a duras críticas y, algunas veces, a largas y continuas críticas, una prueba amarga».

Las cualidades requeridas para de liderazgo pueden parecerle abrumadoras a algunos. Tener un Padrino de Servicio es útil a todo nivel de servicio para superar cualquier sentimiento de duda de sí mismo. El liderazgo comienza con la asistencia regular a reuniones de Al-Anon y asumiendo cargos de servicio en el grupo. Un buen liderazgo personal a todo nivel de servicio también incluye dar la bienvenida a los miembros más nuevos y escuchar. Uno de los cargos de servicio más valorados es contestar el teléfono y escuchar a un miembro necesitado. Si recordamos que buscamos progreso en lugar de perfección, podemos aceptar nuestras limitaciones humanas luchando al mismo tiempo por lograr lo mejor para nosotros mismos y para nuestra hermandad. Todos somos líderes en algún momento, y podremos entonces practicar esas cualidades que nos convertirán en dirigentes excelentes en cualquier cargo de servicio en Al-Anon.

Los miembros comparten experiencia, fortaleza y esperanza

OBSERVEN A LOS NIÑOS jugando. Aun entre los más pequeños se puede reconocer los líderes por naturaleza. Ellos son los que se divierten tanto que todos los otros niños desean imitarlos. Podemos compararlo con el niño controlador, mandón, dominador y tan preocupado por imponer reglas y hacer que todos las sigan que los otros niños pierden interés, se rebelan o comienzan su propio juego.

TODOS COMPARTIMOS EL LIDERAZGO

Cuando estaba en la escuela secundaria, quería ser elegida a cualquier cosa, no porque tuviera un plan o programa sino porque quería la seguridad de ser querida y aceptada. Ganaba la competencia de popularidad pero luego me sentía atemorizada por la responsabilidad.

Con los años todavía no quería la responsabilidad pero deseaba ser parte de cualquier grupo. Asumía cargos en cualquier organización en la que participaba. A medida que progresaba la enfermedad del alcoholismo en mi familia, no tenía tanto tiempo para otras cosas porque tenía que preocuparme por el alcohólico y atenderlo. Pensaba que demostraba liderazgo en la familia pero en realidad lo que hacía era controlar.

Cuando llegué a Al-Anon, escuché la Segunda Tradición: «Nuestros dirigentes son tan sólo fieles servidores y no gobiernan». Mi primera interpretación fue que Al-Anon no tenía dirigentes. Pero sin dirección, todo terminaría en el caos. La Tradición dice que no hay figuras autoritarias o dictadores. Tenemos dirigentes que deben utilizar la capacidad que Dios les dio para servir a la hermandad y no para obtener poder, prestigio o propiedad.

Creo que en el Cuarto Paso aprendemos cuáles son nuestras virtudes y defectos y cómo Dios puede tomar nuestros defectos y transformarlos en cualidades. Debido a inseguridad financiera en mi niñez, me interesé en cuestiones financieras y pude utilizar esta capacidad al servicio de la hermandad. Cuando me convertí

NOVENO CONCEPTO

en Representante de Distrito, teníamos diez dólares en nuestra caja. Hoy en día la tesorería de distrito tiene fondos suficientes para mantener el servicio telefónico, realizar la labor de difusión pública, organizar un picnic de aniversario, mantener un calendario mensual, sufragar algunos de los gastos de nuestro Representante de Distrito y realizar otros proyectos especiales que creamos.

También sé cuáles son mis defectos. Con frecuencia decido hacer algo creativo. Intento un proyecto de trabajo manual, pero casi nunca lo termino. Uno de los eventos más importantes para recaudar fondos es una exposición de artesanías en octubre, y me alegra que otra gente creativa se haga presente y esté dispuesta a asumir cargos directivos. Debemos conocernos mejor para saber cuáles son nuestras virtudes y defectos.

Me gusta el Noveno Concepto ya que lo entiendo y lo aplico al servicio Al-Anon, a mi vida personal y a mi vida laboral. Explica el liderazgo mejor que cualquier libro de texto que he leído y me reconozco a mí misma y a reconozco a los demás.

DEBO
GANARME
LA
CONFIANZA

BUSQUÉ la palabra confianza en un diccionario. La definición decía: «Seguridad en la integridad, veracidad o justicia de otra persona; fe».

Antes de Al-Anon confundía confianza con credulidad. Creía en lo que se me decía independientemente de las muchas veces en que se probaba que eso no era verdad. Este Concepto expresa la confianza mutua. Los grupos de Al-Anon confían en que la Conferencia y los administradores cumplirán con sus deberes y serán responsables ante los grupos. No podrán ser responsables a menos que los grupos se interesen en conocer el contenido de los informes de los Delegados, del *Conference Summary (Resumen de la Conferencia)* y de la sección «Dentro de Al-Anon». Hace poco recibí un ejemplar del *(Conference Summary) Resumen de la Conferencia*. Fui al final del mismo y leí acerca de las mociones que fueron aprobadas y las que no fueron aprobadas. Observé en estas mociones algo que modificará el texto descriptivo de los Conceptos y algo que alterará otras partes del

Manual de Servicio. Por eso es importante que entienda los Conceptos y el *Manual* y que examine esos cambios y, cuando tenga una pregunta, buscar la respuesta.

Antes de Al-Anon habría pensado que debo aceptar simplemente sin cuestionar ni investigar. El Noveno Concepto nos pide buscar respuestas. Parte de mi confianza debe ser confiar en que la persona o cosa sea responsable y esté así dispuesta a explicar sus respuestas. Tenemos fe en nuestro Poder Superior. Luego confiamos en que nuestros dirigentes actuarán en beneficio nuestro: cumplirán sus responsabilidades. Los dirigentes se ganan nuestra confianza. Dentro de la hermandad contamos con los medios, a través de la conciencia de grupo, de quitar a un dirigente que no respeta las Tradiciones o malversa los fondos del grupo. En mi vida diaria, este Concepto es muy importante para mí. Puedo tener fe en que mi Poder Superior me mostrará lo que tengo que saber. Mi tarea es mantener el contacto consciente con mi Poder Superior y aprender a recibir Sus mensajes. Dios me brindó una cierta inteligencia para que pudiera utilizar los conocimientos disponibles.

Antes de Al-Anon sentía temores infundados e irracionales. Un aspecto de mi enfermedad es el temor que me hacía pensar que tenía que encargarme de todo o no se haría nada. Por otro lado era crédula y no intentaba conocer Su voluntad.

Hoy no voy por la vida con temor pero soy consciente de él. El temor es una emoción humana normal y, para mí, la falta de confianza se origina en el temor. Como cualquier otra emoción, el temor puede incapacitar. Nado y no temo al agua, lo que me impediría nadar; sin embargo, tengo conciencia de que nadar podría ser peligroso a menos que piense y use la precaución necesaria.

Antes de Al-Anon la incapacidad de otros de satisfacer mis expectativas era como si me quitaran de golpe una alfombra de debajo de los pies. Por otro lado, yo también quité muchas alfombras. Como dirigente es mi responsabilidad rendir cuentas y ganarme la confianza de los demás.

Aplicación del Noveno Concepto

Un buen liderazgo personal es una necesidad a todos los niveles de servicio. En el campo del servicio mundial, la Junta de Administradores (Custodios) asume la dirección principal.

* ¿Qué es «buen liderazgo personal»?

* ¿Cuáles son los cargos de liderazgo en mi grupo? ¿En mi distrito? ¿En nuestro Servicio de Información de Al-Anon (SIA) o Intergrupos? ¿En nuestro Centro de Distribución de Publicaciones (CDP)? ¿En nuestra Zona? ¿En la Conferencia de Servicio Mundial (CSM)? ¿En la Oficina de Servicio Mundial (OSM)?

* ¿Quién asume la dirección principal en mi grupo? ¿En mi distrito? ¿En mi Zona? ¿En nuestro SIA? ¿En nuestro CDP?

* ¿Cómo puedo usar el Noveno Concepto como referencia práctica espiritual para seleccionar dirigentes? ¿Compañeros de vivienda? ¿Empleados?

* ¿Cuáles son las diferencias entre tareas de liderazgo y de administración en mi vida?

* ¿En qué situaciones he servido como dirigente?

* ¿Qué cualidades de dirigente tengo?

* ¿Cuáles desearía desarrollar?

* ¿Titubeo en ser dirigente? ¿Por qué o por qué no?

* ¿Qué quiere decir tener visión? ¿Cómo puedo compartir mi visión?

* ¿Tengo un Padrino de Servicio?

Décimo Concepto

La responsabilidad de servicio está equilibrada por una autoridad de servicio definida cuidadosamente para evitar la doble dirección de administración.

Cuando examinamos los Conceptos en orden, vemos que cada uno se basa en los principios establecidos en el anterior. Sabemos que los grupos tienen la autoridad y la responsabilidad fundamentales en los servicios mundiales de Al‑Anon. Los grupos le confían a la Conferencia la autoridad administrativa y operacional. La Conferencia sabe que los administradores se encargarán de la responsabilidad administrativa. Los administradores delegan la gestión de la Oficina de Servicio Mundial (OSM) al Comité Ejecutivo. Se establece así la importancia de la participación y el buen liderazgo. Los derechos de decisión (Tercer Concepto), de apelación y petición (Quinto Concepto) estipulan guías para abordar desacuerdos. Cada nivel del servicio mundial tiene responsabilidades y recursos claramente definidos a través de la cadena de liderazgo en caso de problemas.

Nuestra «autoridad de servicio definida cuidadosamente» garantiza que ninguna persona o grupo tenga la misma responsabilidad en cuanto al resultado de cualquier proyecto. Pero a veces un objetivo exige la participación de dos o más grupos importantes. Por ejemplo, un proyecto que pueda afectar guías y requiera gastos considerables necesita orientación tanto del Comité de Guías como del Comité de Presupuesto. Sus responsabilidades son iguales en importancia con respecto al proyecto. Si la Junta de Administradores no tuviera la autoridad de servicio para tomar la decisión final y, si los Comités no estuvieran de acuerdo, podrían emitir directivas contradictorias, lo cual crearía la «doble dirección en la administración». En la realidad pueden remitir sus preocupaciones a la Junta de Administradores, donde la decisión final se toma en nuestros servicios mundiales. Los comités presentan sus conclusiones y recomendaciones, junto con los informes minoritarios si los hubiera, y la Junta solucionará el asunto o se lo remitirá a la Conferencia para una nueva consideración.

En todos los sectores de nuestra vida, tenemos que tener en claro cuáles son nuestras responsabilidades. Deben explicarse con claridad los límites del poder de cada uno en la descripción de un cargo. En una organización compuesta por tanta gente, debe haber una idea precisa sobre quién tiene la «autoridad de servicio» final. La doble dirección de administración puede ocurrir cuando no hay nadie a cargo o cuando dos personas o dos grupos se encargan de responsabilidades o autoridad que se superponen.

Un empleado está habilitado cuando recibe la responsabilidad de realizar una tarea así como la autoridad definida cuidadosamente de hacerla. Con libertad y el derecho de decidir la mejor manera de realizar una tarea, la persona encargada es objeto de confianza y es considerado responsable de los resultados. Si debemos asumir grandes responsabilidades sin autoridad clara, no podemos dirigir. Sin la autoridad necesaria para completar un trabajo, es natural asumir cada vez menos responsabilidad o cargarle la responsabilidad a otra persona.

En una familia se debe saber claramente quién fija las reglas. Si los hijos obtienen respuestas diferentes del padre y la madre a un pedido de volver a casa tarde, esto es «doble dirección de administración». Si Papá prefiere que Mamá decida acerca de tales asuntos, toda la familia debe saberlo. Entonces los hijos sabrán que no pueden manejar a Papá para que los deje llegar tarde. De la misma manera Papá debe respetar la autoridad final de Mamá en este asunto, confiar en que ella cumplirá sus obligaciones en beneficio de la familia y no interferir.

En todos los niveles de Al-Anon, se delimita con claridad la diferencia entre autoridad fundamental y autoridad delegada. Somos responsables de nuestras realizaciones y presentamos informes a quienes servimos. Si el trabajo no se realiza bien o surgen conflictos, debe haber una autoridad clara que pueda usarse para corregir el error o para reemplazar a la gente que no cumple con sus responsabilidades. Este es el uso correcto de la autoridad fundamental. La autoridad fundamental debería definirse con claridad en todas las situaciones, pero usarse raramente.

Uno de los principios más importantes del uso de la autoridad fundamental es reconocer que cuando la autoridad delegada funciona bien, es mejor no interferir en la misma. Los fieles servidores deben recibir respeto y confianza para realizar sus tareas con eficiencia. Una gestión excesivamente detallada o verificaciones a cada paso no sólo son ineficientes sino que también pueden causar desmoralización o resentimiento. Por eso en Al-Anon la autoridad fundamental no se usa nunca a menos que los fieles servidores cometan errores garrafales, sean claramente ineficientes o se inmiscuyan en el trabajo de los demás. Al practicar el Décimo Concepto, fijamos metas claras y confiamos en que se alcancen. Reconocemos que hay muchas maneras de realizar una tarea. Cuando aceptamos la responsabilidad y estamos dispuestos a rendir cuentas por las tareas aceptadas, estamos habilitados. Sabemos que la autoridad fundamental no se ejercerá de modo injusto.

La delegación tanto de responsabilidad como de autoridad de servicio definida cuidadosamente es evidente a todo nivel de servicio Al-Anon. Cada vez que se delega una responsabilidad, ya sea a un ejecutivo o a un empleado de oficina, lo que la acompaña es el poder de cumplir con esa responsabilidad. Al definir con precisión el trabajo y quién tendrá la última palabra en cada nivel de operación, nuestros fieles servidores tienen la libertad de crear las mejores soluciones y aun ser responsables ante la organización en cuanto a los resultados.

Los miembros comparten experiencia, fortaleza y esperanza

ESTE CONCEPTO, para mí, significa claridad. En nuestra Carta de la Conferencia de Servicio Mundial de Al-Anon (véase el *Manual de Servicio de Al-Anon y Alateen*), no es un instrumento legal, pero desde el punto de vista práctico, es substancialmente un contrato entre los grupos Al-Anon y la Conferencia. Nuestra conciencia de grupo es nuestra autoridad fundamental pero nuestros fieles servidores tienen autoridad delegada. En general la autoridad fundamental funciona más como influencia que como poder. Por eso la autoridad fundamental

SOY RESPONSABLE

no se usa nunca excepto cuando los fieles servidores 1) cometen errores, 2) son ineficientes, 3) exceden su propósito. Cuando la autoridad delegada funciona bien, *no interfieran con ella*. En nuestro programa debemos evitar enfrentamientos personales, confusión y falta de eficiencia. Se crea confusión cuando dos personas tratan de hacer lo mismo. Sin embargo, no se hace nada si nadie decide hacer algo. Por eso en el grupo, en el distrito, en la Zona y a nivel de la Conferencia, cada uno tiene su propia función. Toda persona es importante.

Debo recordar también que, cuando se me delega autoridad, no sólo se me asignan responsabilidades sino que también debo rendir cuentas por los resultados. Se supone que debo presentar un informe que diga: «Esa fue mi tarea. La realicé. Aquí está el resultado». Si soy tesorero de grupo, soy responsable de recaudar el dinero, pagar las cuentas, etc. Esta autoridad me la da el grupo pero al mismo tiempo debo rendir cuentas al grupo y presentar informes sobre lo recaudado y lo gastado.

En mi vida personal tengo que recordar que yo debo realizar mi tarea, no otra persona. Debo ceder si es necesario, ponerme firme cuando corresponde. Nadie en Al-Anon, ni en nuestra vida personal debe dominar (todas las tareas son mías) ni ceder (ninguna tarea es mía, hazla tú). La claridad aparece en mi vida. Sé lo que tengo que hacer; si es mi tarea y no la hago, no se hará. Cuando completo mi tarea, soy responsable ante otros y presento los resultados.

Es maravilloso saber que tengo un lugar en la vida, que tengo una tarea, una tarea importante de la que soy responsable, por la que rindo cuentas. Esta claridad me hace saber «Así soy en realidad». Continúo en mi sendero de recuperación.

QUERÍA AUTORIDAD, NO LA RESPONSABILIDAD

ERA un recién llegado. Esta era una buena excusa para que otros asumieran toda la responsabilidad mientras que yo me aferraba a la autoridad de tomar decisiones.

Mi vida en Al-Anon comenzó cuando me encontré ante treinta miembros de Al-Anon agrupados en torno a largas mesas en una cafetería de escuela los sábados por la noche, compartiendo experiencia, fortaleza y esperanza. Me encantaba la calidez y la energía. Me quedé y el grupo se convirtió en mi primer grupo. Al final me di cuenta de que la mayoría de nosotros consideraba el estilo de vida Al-Anon como algo bastante nuevo.

Cada reunión dedicaba cinco minutos para anuncios Al-Anon y cinco minutos para asuntos del grupo. Si los asuntos del grupo requerían más de cinco minutos de debate, se convocaba una reunión especial, habitualmente después de una reunión regular.

Algunos miembros intentaron hacernos participar en discusiones sobre la conciencia de grupo, anunciando las fechas y los temas con semanas de antelación para que todos pudiéramos hacer los planes correspondientes. Pero, como sucedía siempre, muchos de nosotros hacíamos cualquier cosa para evitar participar en discusiones sobre un asunto del grupo. Así que esas reuniones especiales a menudo consistían en tres o cuatro miembros.

Una noche, durante los cinco minutos para asuntos del grupo, se nos informó lo que había decidido la reunión de conciencia de grupo de la semana anterior y el porqué de ello. No me gustó esa decisión en absoluto. Sentí un cosquilleo en el estómago. Levanté la mano y dije: «No me gusta ese resultado por los motivos siguientes». Comencé a explicar. Alguien me interrumpió diciendo: «Se terminaron los cinco minutos».

«Pero esperen», insistí. «No creo que la reunión de conciencia de grupo pueda imponer nada a todo el grupo. Debería ser como un comité asesor y luego todo el grupo votaría sobre la decisión final».

La reunión continuó y me quedé sentada allí con mis sentimientos. Miré a mi Madrina cuyos ojos estaban cerrados, en apariencia en profunda reflexión.

Después de la reunión, mi Madrina me explicó que los miembros del grupo deciden cómo tomar decisiones de grupo. Podíamos votar para dedicar más de cinco minutos a asuntos del grupo durante las reuniones regulares, con tiempo suficiente para debatir opciones investigadas y propuestas por un comité asesor. Así solía hacerse en este grupo pero los debates a veces llevaban media hora o más por lo que los miembros prefirieron asignar las decisiones a la reunión de conciencia de grupo a la que se invitaba a todos los miembros pero a la que no se obligaba a nadie a participar. Se había hecho responsable a la reunión de conciencia de grupo de investigar, discutir y llegar a una conciencia de grupo informada. Se le había otorgado la autoridad definida cuidadosamente de tomar la decisión, aplicarla e informarnos a todos. Mi Madrina dijo que podríamos volver a considerar el tema de cómo tratar los asuntos del grupo si yo estaba dispuesta a plantear el asunto.

¿Quería yo comenzar a dedicar media hora o más de la reunión a un proceso de conciencia de grupo? No. La verdad es que quería las dos cosas. Sin asumir la responsabilidad de realizar una tarea básica, quería facultad de veto de la conciencia de grupo informada. Quería autoridad sin responsabilidad. Aparentemente Al-Anon no me ofrecía esta opción. Ahora participo en las reuniones de conciencia de grupo y le estoy muy agradecida al Décimo Concepto.

Aplicación del Décimo Concepto

La responsabilidad de servicio está equilibrada por una autoridad de servicio definida cuidadosamente para evitar la doble dirección de administración.

* ¿Se ha definido cuidadosamente la responsabilidad de servicio en mi grupo? ¿En mi distrito? ¿En mi Zona? ¿En nuestro Servicio de Información Al-Anon (SIA), Intergrupo o Centro de Distribución de Publicaciones (CDP)?

* ¿Qué es doble dirección de administración? ¿Por qué queremos evitarla?

* ¿De qué manera estoy dispuesto a delegar suficiente autoridad para llevar a cabo la tarea?

* ¿Estoy involucrado en algún caso de doble dirección de administración?

* ¿Estoy involucrado en alguna situación en la que una persona tiene la responsabilidad mientras que otra diferente tiene la autoridad?

* ¿Qué tipo de guías a seguir y definiciones de un proyecto consideraría útiles antes de aceptar una responsabilidad?

* ¿Cómo defino guías a seguir para otros?

Undécimo Concepto

La Oficina de Servicio Mundial está compuesta de comités permanentes, ejecutivos y miembros del personal.

Los PRINCIPIOS ESPIRITUALES nos guían mientras aprendemos y aplicamos cada Paso, Tradición y Concepto de Servicio. El Undécimo Concepto nos brinda buenas prácticas empresariales y una estructura en el marco de la cual ponemos en acción el Duodécimo Paso. El Undécimo Concepto describe de qué manera la Oficina de Servicio Mundial (OSM) presta servicios a nuestros grupos coordinando y llevando a cabo diversos aspectos del servicio en Al-Anon. Nos demuestra cómo las dependencias de la estructura de Al-Anon se complementan. También nos demuestra los principios de organización que ponen el servicio a disposición de todos y cómo podemos utilizar la OSM como modelo para la organización y unidad de nuestros grupos, distritos y Zonas. Muchos miembros también consideran que este Concepto es un principio rector que se puede aplicar a todos sus asuntos fuera de Al-Anon.

Nuestra OSM está constituida de comités selectos compuestos por miembros voluntarios y personal remunerado. Los miembros del personal, a quienes se les ha encargado supervisar y administrar las operaciones, están organizados de manera tal que los servicios se les puedan brindar a nuestros miembros en forma continua. Con la participación de voluntarios y personal de gran talento y capacidad, las tareas se dividen en secciones de fácil manejo de acuerdo con las responsabilidades. Los detalles sobre los comités y sus responsabilidades específicas se pueden encontrar en el *Manual de Servicio de Al-Anon y Alateen*.

Los Comités de la OSM siempre han brindado las ideas y las sugerencias que se necesitan para apoyar y ampliar nuestros grupos, pero en los días iniciales de nuestra hermandad, antes de que tuviéramos el personal completo, ellos también hacían la mayor parte del trabajo. A medida que el personal aumentó, la función de originadores que tenían los comités evolucionó hasta convertirse en una función de supervisión y colaboración. La cantidad y nombres de los comités también han cambiado a lo largo de la historia de Al-Anon, así como ha sucedido con los tipos de miembros (Custodio, Delegado, sin Límite Geográfico, en la Ciudad, Asesor) que sirven en ellos. Sin embargo, la idea espiritual detrás de estos comités se ha mantenido constante: que no estamos solos y que no tenemos que trabajar aislados.

Llegamos a Al-Anon arrastrando el peso de la enfermedad del alcoholismo. Aunque quizás les hayamos echado la culpa de nuestra desdicha a otras personas, también sentimos una gran responsabilidad, muchas veces de cosas que no eran culpa nuestra. Al no creer que nadie más entendería o se identificaría con nuestra situación, y muchas veces sintiendo una gran vergüenza al respecto, calladamente nosotros mismos nos hicimos cargo de responsabilidades. Nuestro aislamiento a menudo nos hizo sentirnos solos, frustrados y resentidos. En Grupos de Familia Al-Anon descubrimos que «Juntos podemos lograrlo». Aprendimos que no sólo era innecesario sino también contraproducente que lo hiciéramos todo nosotros mismos.

Por eso es que el servir en un comité es tan valioso en Al-Anon. Así como cada miembro tiene un papel que desempeñar y una responsabilidad que cumplir, al participar en asignaciones del comité, los miembros comparten la carga entre ellos. De esta forma, hay más miembros que experimentan el valor de la participación y se puede lograr mucho más. El formar una consciencia de grupo y el lograr el consenso del grupo con respecto a lo que significa el éxito garantiza que nuestra labor de servicio en Al-Anon se beneficie de un mayor número de miembros y refleje una mayor variedad de experiencia.

Ningún miembro resuelve nada por sí solo. Incluso, los comités no existen para tomar resoluciones ni decisiones finales, sino para seguir la voluntad de la Conferencia —la consciencia de grupo más importante— y brindarles ideas y sugerencias al personal y a la Junta de Administradores (Custodios). Aun así, mientras los comités apoyan el liderazgo de los Custodios, también lo comparten. Cada fiel servidor —incluido cada miembro del personal— es un líder. Por medio de la práctica de los principios espirituales de Al-Anon y de compartir el talento, el tiempo y la experiencia con nuestra hermandad, esos miembros encaminan a Grupos de Familia Al-Anon hacia adelante.

Sean cuales fueren los objetivos de Al-Anon, necesitamos buenos dirigentes para alcanzarlos. Queremos empleados que tengan las cualidades poco usuales de poder inspirar con el ejemplo, actuar con firmeza pero con justicia y estar a la altura las tareas grandes sin perder de vista las pequeñas. Queremos que nuestro personal adopte iniciativas en materia de planeamiento sin controlar a otros para lograr sus objetivos. Para atraer y conservar buenos ejecutivos, Al-Anon debe recompensar la competencia con elogios, gratitud y una remuneración razonable. Los mismos principios se aplican a todos nuestros cargos de servicio.

Queremos atraer personal competente que esté satisfecho en sus cargos. Pagamos remuneraciones similares a las que se pagan en cargos similares fuera de Al-Anon. Esperar que trabajen por menos no se ajusta a nuestro principio de ser completamente autosuficientes. Por eso tratamos a nuestros empleados con justicia. Cuentan con nuestro respeto y logran el respeto de sí mismos.

Ninguna estructura organizativa puede garantizar armonía absoluta y protección contra conflictos inevitables cuando tantas personas trabajan juntas. Ningún tipo de organización puede reemplazar la competencia y la cooperación entre la gente involucrada; sólo la práctica continua de todos nuestros principios espirituales puede lograrlo y crear una cooperación armoniosa en Al-Anon. La sinceridad, la justicia, el respeto y la voluntad de mantener los principios espirituales en un primer plano en nuestras mentes constituyen nuestra mejor garantía de un servicio continuo, afable y eficiente en Al-Anon y en nuestra vida.

Los miembros comparten experiencia, fortaleza y esperanza

ME ESTOY VOLVIENDO MÁS HUMANA

NUNCA olvidaré la cara de mi Madrina la primera vez que le mostré mi programa de actividades por escrito. Lo había preparado en forma de calendario, y le pregunté si tenía alguna idea de cómo hacerlo funcionar mejor. Me contestó con tranquilidad: «Querida, ningún ser humano podría hacer todo esto en toda su vida».

«¿De verdad?» —le pregunté. Una parte de mí se sintió aliviada al saber que el problema no había sido sólo mi imaginación pero también consternada por el hecho de que ahora necesitaba agregarle otro proyecto a mi lista: un examen realista de mi concepto de planeamiento. «¿Qué puedo hacer?» —le pregunté.

Sonrió y me contó lo que ella había hecho. Se había preguntado cuál era el propósito primordial de su vida. Pensé en mi vida y le dije: «Creo que mi propósito primordial es seguir progresando hasta convertirme en la mejor persona posible de la familia humana. ¿Cómo? Amando, aprendiendo y progresando; ganándome la vida de manera honrada y ayudando a mi familia a amar, aprender y progresar».

Entonces mi Madrina escribió su propósito y le puso fecha. Yo hice lo mismo. Luego me preguntó: «¿Qué tengo que hacer para lograr ese propósito en mi vida?» «Lavar la ropa» —le dije. Se rió. «Está bien, ¿qué más?» Mencioné tiempo de recreación, tiempo para estar sola, tiempo con la familia, Al-Anon y otras reuniones espirituales, viajar a la oficina, el trabajo, y seguí hasta que me detuve para recobrar el aliento. Entonces ella me sugirió leer el texto del Undécimo Concepto en nuestro *Manual de Servicio* que incluye ciertas actividades necesarias para realizar el propósito primordial de Al-Anon y que divide las responsabilidades en asignaciones que pueden manejar los comités. ¡Qué idea tan sencilla!

Me sugirió que fuera a casa y les formulara a los miembros de mi familia las mismas preguntas que ella me había formulado a mí. Pensaba que ellos podrían encontrar la misma inspiración que yo había encontrado (dijo que eso podría mejorar el contacto consciente con otros seres humanos tal como nosotros los vemos).

Bueno, compartí la idea con mi familia y nos divertimos mucho. Nuestro equivalente del Undécimo Concepto es: «Nuestra estructura familiar se compone de equipos, supervisores y emprendedores de acciones de la familia; no hay prima donnas, y todos son tratados justamente». Los miembros de nuestro equipo se turnan a menudo y en su mayor parte los equipos consisten de una persona con uno o dos ayudantes. Tenemos seis equipos familiares que se turnan: uno se ocupa de la política de la familia; uno del tiempo para dedicarle a la familia (planea cumpleaños, tiempo de estar juntos, tiempo espiritual); el mantenimiento del hogar (lavado de la ropa, la limpieza de la casa, el horno de calefacción); el mantenimiento de la vida diaria (la alimentación, el correo, las provisiones, los mensajes telefónicos); el transporte; y las finanzas.

Todo esto ha generado buen humor, dignidad y confianza mutua en nuestra vida familiar y ha cambiado por completo la forma de pensar en cuanto a mi propio planeamiento. El Undécimo Concepto de Al-Anon me brindó instrumentos sencillos para mejorar la forma en que coopero con las personas en mi vida diaria. Lo más estimulante de todo esto es que me ayuda a amar, aprender y crecer. Me ayuda a ayudarle a mi familia a amar, aprender y crecer. Me ayuda a ganarme la vida honradamente y a llegar a ser una persona más humana.

Experimenté el «¡ajá!»

El Undécimo Concepto no adquirió vida en mí hasta que me encontré sentada en la Conferencia de Servicio Mundial durante mi segundo año como Delegada. Otro Delegado compartió una declaración simple, y experimenté el «ajá» que muchos experimentamos cuando al fin logramos entender. Me di cuenta de que, como Delegada, soy miembro de uno de los comités selectos mencionados en este Concepto.

Durante el año anterior había estado recibiendo correspondencia del miembro de la OSM de mi comité pidiéndome ideas, y había dado mi aprobación para una nueva publicación de material de Al-Anon. En la Conferencia escuché a los otros Delegados abordar asuntos tales como revisar el *Manual de Servicio de Al-Anon y Alateen* o aprobar nuevos folletos. Estuve presente en los debates del comité durante la Conferencia y me di cuenta de que, como fiel servidora, había trabajado con todas las personas que se describen en el Undécimo Concepto, y en realidad yo era una de ellas. Era miembro de la Conferencia que aprobaba el presupuesto preparado por la OSM y el Tesorero de la Junta.

Tuve que sonreírme conmigo misma. Aunque algunos comités se denominan comités *permanentes*, hay que leer, escribir y trabajar arduamente. En realidad, me di cuenta de que los comités selectos son una réplica a nivel de Zona mediante nuestros Coordinadores y servidores de Zona, a nivel de distrito mediante nuestros Representantes de Distrito y comités de distrito, y a nivel de grupo mediante nuestros Representantes de Grupo y empleados de servicio seleccionados por el grupo.

En mi Zona, los servidores se reúnen en el Comité de Servicio Mundial de Zona (CSMZ) para fijar la agenda para nuestras Asambleas. De manera similar, el Comité Ejecutivo de la OSM se reúne con el Director Ejecutivo para revisar presupuestos, analizar políticas y aprobar nuevos proyectos.

El Undécimo Concepto incorpora ciertos principios que funcionan dentro de la OSM y Al-Anon en todo el mundo. Un buen ejecutivo de Al-Anon actúa «sin favoritismo ni parcialidad». En su mayoría las Zonas de Al-Anon aplican este principio al seleccionar a sus Delegados y servidores de Zona. Otro principio clave sugiere el pago de una remuneración justa por un servicio eficiente de calidad, tanto así como nos pagan por nuestro trabajo. La plena participación de trabajadores remunerados en nuestros comités es otro principio orientador. La experiencia y los conocimientos de nuestros empleados remunerados al compartir de nuestros miembros antiguos de Al-Anon en la reunión de nuestro grupo. La sabiduría que tienen al compartir su experiencia, fortaleza y esperanza es invaluable.

Las palabras para concluir la discusión del Undécimo Concepto en nuestro *Manual de Servicio de Al-Anon y Alateen* indican que: «Ninguna estructura organizativa puede garantizar totalmente que la OSM no sufra los posibles daños causados por personas discordantes. [...] Mediante nuestra voluntad constante para poner en práctica nuestros principios espirituales en todas nuestras acciones podemos alcanzar estos ideales». El Undécimo Concepto no sólo adquirió vida para mí, sino que también ahora entiendo el carácter espiritual que tiene para Al-Anon en todo el mundo, en mi Zona, en mi distrito y, lo que es más importante, en mi propio grupo. Sin nuestros comités y los muchos fieles servidores que nos apoyan en dichos comités, dudo que Al-Anon hubiera sobrevivido.

Aplicación del Undécimo Concepto

La Oficina de Servicio Mundial está compuesta de comités selectos, ejecutivos y miembros del personal.

* ¿Qué significa para mí nuestra Oficina de Servicio Mundial (OSM)?

* ¿Qué significa para mi grupo nuestra OSM? ¿Considera mi grupo a la OSM como parte de nuestra familia de Al-Anon?

* ¿Cuántos Coordinadores de Zona tiene mi Zona con cargos similares a los de la OSM?

* ¿Qué comités sirven a mi distrito? ¿A nuestro Servicio de Información o Intergrupo de Al-Anon? ¿A mi grupo?

* ¿Respeto el tiempo que los fieles servidores de mi grupo, de mi distrito y de mi Zona le dedican a la labor de servicio en Al-Anon?

* ¿Les he demostrado mi gratitud a nuestros fieles servidores por todo lo que hacen por Al-Anon?

* Si mi Zona tiene miembros del personal que trabajan en el Servicio de Información de Al-Anon, ¿les pagamos una remuneración justa? ¿Son estos empleados tratados con respeto? ¿Les agradecemos sus esfuerzos?

* ¿He estudiado este Concepto con mi Padrino o Madrina de Servicio para adquirir una mejor comprensión de lo que significa para nuestro grupo? ¿Para nuestro distrito? ¿Para nuestra Zona?

* ¿Estudio el Manual de Servicio de Al-Anon y Alateen cuando lucho con un problema? Si no lo hago, ¿estoy dispuesto a estudiarlo para encontrar las respuestas? ¿Le he mostrado a algún miembro nuevo de Al-Anon el Manual para que se guíe?

* ¿Valoramos a los fieles servidores anteriores por su sabiduría y buscamos su participación continua?

* Como fiel servidor, ¿comparto abiertamente por medio de transmitir mi experiencia a otras personas?

* ¿Qué me enseña este Concepto sobre delegación? ¿Sobre confiar las cosas?

* ¿Cómo se aplica el Undécimo Concepto en mi vida personal?

* ¿Cómo se aplica el Undécimo Concepto en mi vida laboral?

* ¿Consulto el Manual de Servicio de Al-Anon y Alateen cuando lucho con un problema? Si no lo hago, ¿estoy dispuesto a estudiarlo para encontrar las respuestas? ¿Le he mostrado a algún miembro nuevo de Al-Anon el Manual para que se guíe?

* ¿Valoramos a los fieles servidores anteriores por su sabiduría y buscamos su participación continua?

* Como fiel servidor, ¿comparto abiertamente por medio de transmitir mi experiencia a otras personas?

* ¿Qué me enseña este Concepto sobre delegación? ¿Sobre confiar las cosas?

* ¿Cómo se aplica el Undécimo Concepto en mi vida personal?

* ¿Cómo se aplica el Undécimo Concepto en mi vida laboral?

UNDÉCIMO CONCEPTO

Duodécimo Concepto

Las Garantías Generales de la Conferencia contienen la base espiritual del servicio mundial de Al-Anon, Artículo 12 de la Carta.

Las Garantías Generales

En todos los procedimientos, la Conferencia de Servicio Mundial observará el espíritu de las Tradiciones:

1. que sólo suficientes fondos de funcionamiento en los que se incluya una amplia reserva, sea su principio financiero prudente;
2. que ningún miembro de la Conferencia será puesto con autoridad absoluta sobre otros miembros;
3. que todas las decisiones se tomen mediante discusión, voto y, siempre que sea posible, por unanimidad;
4. que ninguna acción de la Conferencia sea personalmente punitiva ni incite a la controversia pública;
5. que, aunque la Conferencia sirve a Al-Anon, nunca ejecutará ninguna acción autoritaria y como la hermandad de los Grupos de Familia Al-Anon a la cual sirve, permanecerá siempre democrática, en pensamiento y acción.

Tal vez los Pasos, las Tradiciones y los Conceptos hayan sido abrumadores y/o confusos al verlos por primera vez. Ahora tenemos las Garantías que se consideran en el Duodécimo Concepto. Un examen a fondo, una por una, revela la sabiduría que encierran. Las Garantías refuerzan los principios establecidos en nuestras Tradiciones y Conceptos, ofreciendo una orientación final para la aplicación de nuestros Legados. Nos recuerdan la importancia de cada Grupo de Familia Al-Anon en su apoyo a nuestra hermandad en su totalidad, tanto desde el ángulo financiero como en la dirección del servicio.

Examinemos las Garantías una por una. La Garantía Uno estipula: «que sólo suficientes fondos de funcionamiento en los que se incluya una amplia reserva, sea su principio financiero prudente». Es difícil discutir acerca de finanzas desde un punto de vista espiritual: «No hay ningún romanticismo en pagar el alquiler» (*Manual de Servicio de Al-Anon y Alateen*). El dinero es necesario para que Al-Anon sobreviva y crezca. Nuestros grupos pagan alquiler, compran literatura, asisten al

Representante de Grupo; nuestras reuniones de servicio incurren en gastos de viaje, de reunión y de impresión; nuestra Oficina de Servicio Mundial (OSM) y algunos Servicios de Información tienen gastos de local, sueldos, imprenta, teléfono y otros. Ser prudentes con nuestras finanzas significa ser conservadores y cuidadosos en nuestra planificación. Mantenemos una amplia reserva para satisfacer necesidades futuras; sin embargo, no acumulamos en exceso. Los fondos disponibles están al servicio de Al-Anon. Seguiremos prosperando con el apoyo continuo de nuestros numerosos miembros. La Primera Garantía nos recuerda ocuparnos de nosotros mismos financieramente sin derrochar o almacenar en exceso.

La Garantía Dos estipula: «que ningún miembro de la Conferencia será puesto con autoridad absoluta sobre otros miembros». Nuestros Conceptos detallan las responsabilidades fundamental y delegada de nuestras ramas de servicio.

En Al-Anon, la autoridad absoluta no está nunca en manos de una persona sino en nuestra conciencia de grupo guiada por el Dios de nuestro entendimiento. Los que tenemos cargos de «autoridad» en Al-Anon percibimos que dirigir con el ejemplo es mejor que dirigir por la fuerza. El servicio prestado con humildad y entusiasmo es fácil de seguir. La Segunda Garantía nos aleja de la búsqueda de prestigio y poder sobre otros y en su lugar nos recuerda que el poder espiritual de nuestra hermandad se encuentra en el proceso de la conciencia de grupo, no en una sola persona.

La Garantía Tres estipula: «que todas las decisiones se tomen mediante discusión, voto y, siempre que sea posible, por unanimidad». El Cuarto Concepto nos presenta el principio de participación y el Quinto Concepto protege a las minorías y les garantiza que serán escuchadas en cualquier discusión. La Tercera Garantía robustece estos principios. En la medida de lo posible, se discuten cuestiones hasta que existe la certeza de que todas las minorías han sido escuchadas y que la mayoría apoya una decisión. Si bien la unanimidad implica el acuerdo de todos, la experiencia demuestra que tal pleno acuerdo a menudo no es realista. Por eso nuestros precursores prefirieron la frase «unanimidad sustancial». Habrá menos margen de críticas a una decisión si todos han participado plenamente y la mayoría está de acuerdo con la misma. La «unanimidad sustancial» la decide el grupo o grupos involucrados; dos tercios es una proporción habitual. Cuando la Conferencia de Servicio Mundial se reúne en abril, se vota para establecer la proporción para lograr la unanimidad sustancial para ese año.

Al-Anon siempre ha reconocido el valor de intentar lograr el consenso en lugar de decisiones por una escasa mayoría. Sin embargo, hay momentos en que debe tomarse una decisión pese a la falta de unanimidad sustancial. En estos casos, la conciencia de grupo puede decidir si una mayoría simple es suficiente o si se justifica continuar la discusión. Mientras se respeten los principios establecidos en nuestras Tradiciones y Conceptos, se satisface la Tercera Garantía. La Tercera Garantía nos guía en la consideración cuidadosa de todas las opiniones en el proceso de conciencia de grupo y en la búsqueda de la unanimidad sustancial.

La Garantía Cuatro estipula: «que ninguna acción de la Conferencia sea personalmente punitiva ni incite a la controversia pública». En Al-Anon defendemos las libertades individuales de nuestros miembros. Como individuos y grupos, respetamos voluntariamente principios y guías a seguir que no se pueden imponer. No tenemos reglas ni castigamos a los infractores. Sabemos que cuando no respetamos nuestras Tradiciones, somos nosotros los que sufrimos. Se detiene o disminuye nuestro progreso; nuestros grupos a veces se deshacen. Si Al-Anon fuera atacada injustamente, es probable que no respondamos porque nuestra defensa podría incitar nuevos ataques y crear controversias. Evitamos las peleas públicas que podrían darle a Al-Anon una imagen pública desfavorable. Cuando nos enfocamos en nuestros principios espirituales, aun ante una controversia fuerte, descubrimos que nuestra protección está en manos de Dios.

La Garantía Cuatro nos guía para que sigamos «anteponiendo los principios a las personas» en nuestra labor de servicio. No tenemos doctrinas que mantener, ni prestigio que defender, ni poder, orgullo o propiedades por los que luchar. Protegemos a nuestra hermandad y sus principios pero no mediante la venganza o el castigo individual. Si las críticas están bien fundadas, lo mejor es agradecerlas y hacer nuestro propio examen. La paz es nuestra meta y creemos que la mejor defensa es dar un buen ejemplo.

La Garantía Cinco estipula: «que, aunque la Conferencia sirve a Al-Anon, nunca ejecutará ninguna acción autoritaria y como la hermandad de los Grupos de Familia Al-Anon a la cual sirve, permanecerá siempre democrática, en pensamiento y acción». La Garantía Cinco fomenta la democracia entre nosotros recordándonos actuar con respeto mutuo, consenso e igualdad de derechos, de oportunidades y de tratamiento para todos.

Ser democrático en pensamiento significa mantener una mente receptiva, otorgarle la misma dignidad a las ideas de otras personas. La democracia en acción nos exige que recordemos siempre el mayor bien: lo que más le conviene a Al-Anon en general. Las acciones democráticas incluyen una gestión financiera prudente, anteponer principios a personalidades y anhelar y crear un lugar para todos los que deseen ser parte de nuestra hermandad. Actuamos con firmeza y afabilidad, sin ira, apresuramiento, temeridad o control. Pedimos a nuestros fieles servidores en la Conferencia que tomen como modelo estos ideales democráticos tan nobles en lugar de dirigir mediante el uso de su autoridad, y luego les entregamos voluntariamente nuestra confianza porque se la han ganado.

El texto completo de la Carta de la Conferencia de Servicio Mundial de Al-Anon se encuentra en el *Manual de Servicio de Al-Anon y Alateen*. Los primeros once artículos explican en detalle el propósito y la composición de la Conferencia, su relación con Al-Anon y con la OSM, el propósito y composición de las Asambleas de Zona, las recomendaciones sobre elecciones y término de servicio, planificación de reuniones, alcance de la Junta de Administradores y los procedimientos de la Conferencia. Estas secciones constituyen un documento de trabajo que la Conferencia puede enmendar según sea necesario. El Artículo 12, Las Garantías Generales de la Conferencia, está protegido como los Pasos y las Tradiciones. Se necesitaría el consentimiento escrito de las tres cuartas partes de los grupos de Al-Anon inscritos para introducir un cambio en estas Garantías. Algunos dicen que las Garantías son la carta de derechos de Al-Anon, que garantiza un equilibrio prudente y responsable del poder en nuestra organización. Como guardián de las Tradiciones, se espera que la Conferencia observe el espíritu de nuestras Tradiciones y nos dirija por medio de sus principios.

Las cinco Garantías de Al-Anon le dan a nuestra Conferencia guías para impedir que surjan problemas de dinero, propiedad, poder o prestigio desviándonos de nuestro propósito espiritual primordial. Estas Garantías aseguran que nuestra Conferencia limite su propio poder teniendo presente el espíritu de nuestras Tradiciones. Nuestra Conferencia funciona con humildad, manteniendo un equilibrio sano en materia de finanzas, autoridad personal y adopción de decisiones. Se abstiene de imponer castigos personales o crear controversias públicas y preserva su carácter democrático en pensamiento y acción. Vemos que podemos seguir un camino similar en nuestra vida personal, familiar y laboral teniendo a la vista estos cinco ideales que conforman la base espiritual de los servicios mundiales de Al-Anon.

Al-Anon tiene principios rectores, no impone obligaciones. Estos principios representan un equilibrio sólido que cada uno de nosotros puede practicar en todos sus asuntos. . No brega por obtener perfección; pero hacemos todo lo posible para seguir el camino de estos principios porque, al hacerlo, recibimos los máximos beneficios.

Los miembros comparten experiencia, fortaleza y esperanza

NUNCA pensé realmente en usar los Conceptos en mi vida personal hasta que pasé a formar parte de un Grupo de estudio de los Conceptos. El Duodécimo Concepto y las Garantías demostraron ser grandes principios para guiar la vida familiar. Como información, los cuatro miembros de nuestra familia incluyen un padre, una madrastra, un hijo adolescente que vive con nosotros y una hija que vive con la madre. Así estoy tratando de incorporar los Conceptos:

1. *Suficientes fondos de funcionamiento y reserva.* Dedicarme a mi profesión me suministra alrededor de la mitad de los fondos de funcionamiento de la familia. Mi esposo suministra el resto. Es responsabilidad mía ahorrar dinero para reparaciones de emergencia, vacaciones y jubilación. Cuanto más ahorre e invierta ahora, con más comodidad viviremos en el futuro. También es responsabilidad mía y de mi esposo enseñarles a nuestros hijos por medio de nuestro ejemplo, explicándoles nuestras decisiones financieras y orientándolos en sus propias decisiones financieras.

2. *Autoridad absoluta.* Esta Garantía me recuerda que todos los miembros de mi familia son seres humanos con sentimientos, que las jerarquías incitan a la rebelión y que la comunicación dentro de la familia es vital. No siempre es fácil con hijastros. Estaré eternamente agradecida por que mi esposo y yo tengamos programas que practicar y Padrinos que nos ayudan, y que mi esposo tenga una relación excelente con sus hijos. Tuve que enfrentar muchas cuestiones de mi niñez con mis padres, lo que no fue fácil y repercutió en la manera en que me relaciono con nuestros adolescentes. Esta Garantía me recuerda que hay una autoridad absoluta, nuestro Poder Superior, y Él trabaja con y para nosotros.

3. *Decisiones.* Nuestros adolescentes están llegando a la edad en que quieren hacer lo suyo. Esta Garantía me ayuda a recordar que debo tener en cuenta sus planes.

ES TAMBIÉN RESPONSABILIDAD NUESTRA

Una decisión de envergadura, como mudarnos al otro lado del país, se discutió entre todos antes de decidir si nos convenía. Las necesidades individuales se discuten, reciben una cierta prioridad y se satisfacen en cuanto hay fondos disponibles.

4. *Personalmente punitivos/controversia pública.* Estas palabras me hablan de respeto y confianza. Las bases del respeto y la confianza son cortesía, consideración y cumplimiento de compromisos. Entiendo que la enfermedad del alcoholismo destruye el respeto y la confianza tanto en padres como en hijos y que lleva mucho tiempo recuperar, o en mi caso crear, el respeto y la confianza. Tengo que empeñarme en no tomar de manera personal comentarios y acciones, o falta de ellas. No me reflejan a mí misma, reflejan a una persona con su enfermedad y su amor propio. Esta lección me ayuda a no sentir rencor y a no castigar al niño. El dicho «No te angusties por nimiedades» tiene ahora sentido. Me deja mucho margen para relajarme y disfrutar de la vida juntos en lugar de preocuparme porque alguna tarea no se haya concluido.

5. *Democrática en pensamiento y acción.* Este es el resultado de aplicar las cuatro Garantías anteriores. Es la continuación natural. Con la ayuda del programa, nosotros, padres, podemos ser más estables. Podemos agradecer que nuestro hijo e hija no beban o consuman drogas y que nuestro hijo sea feliz en Alateen y en la escuela pese a que el estudio no es fácil. En lugar de consecuencias poco realistas de compromisos no cumplidos, podemos ver consecuencias razonables conocidas de antemano y permitir que los muchachos tomen decisiones informadas.

Aunque no pueda practicar esto en toda situación, esta guía Al-Anon me ha sido valiosísima. La mayor parte del tiempo no reacciono con ira verbal o silenciosa y puedo crecer a través de cada experiencia nueva.

Los Pasos, las Tradiciones y los Conceptos me han ayudado a contar con una guía para vivir mejor, pero las cinco Garantías del Duodécimo Concepto han tenido las mayores repercusiones en mi vida. Son todo el programa en unas pocas palabras.

«Sólo suficientes fondos de funcionamiento» me ayuda a comprender que la riqueza no es un objetivo necesario en mi vida. Pese a que puede ser lo que creo que quiero, no es lo que necesito. Lo que necesito es lo suficiente para sobrevivir, un techo (no un palacio), alimentos, calor, agua y luz. Piscinas, establos y canchas de tenis son sueños maravillosos pero, como tales, no mejorarán mi vida.

«Una amplia reserva» significa ahorrar lo suficiente en caso de que surja una emergencia. Una reserva es una forma de ayudarme a no extenderme demasiado, dependiendo al mismo tiempo de que un Poder superior a mí misma resuelva cualquier problema. Yo me encargo del trabajo básico, preparo los planes y luego los dejo en Sus manos sin pensar en los resultados.

Esta Garantía me ha ayudado a eliminar despilfarro y a conservar energía. La palabra prudente, en mi opinión, es sabiduría con equilibrio. No tengo que excederme ni en el ahorro ni en el gasto. Esto es cierto en materia de finanzas y también de bienestar físico, emocional y espiritual. Enfrentar las cosas una a la vez en orden de importancia es prudencia. Conservar energía cuando tengo hambre o me siento enfadada, sola o cansada es prudencia. Un buen ejercicio físico de acuerdo con mi edad y capacidad es prudencia. Tomarse tiempo para el descanso y la recreación es prudencia. Un exceso de cualquiera de estas cosas no sólo es imprudente sino también dispendioso.

La inexistencia de «autoridad absoluta» de una persona quiere decir que soy libre cuando le permito a otros serlo. Dejo que otros vivan su vida como les conviene para que yo pueda vivir la mía como me conviene. No emito tantos juicios. ¡Qué libertad me da esto a mí y a otros! Nadie excepto mi Poder Superior tiene el derecho, autoridad o necesidad de controlarme, y confío otros a mi Poder Superior. Mamá lo sabe todo, pero en

Puedo ponerlos en práctica

general sólo para ella misma. Sin embargo, debo comprender también que compartir experiencia, fortaleza y esperanza puede ayudar a otra persona, y escucharla me puede ayudar a mí. Debo recordar por otro lado que autoridad no siempre significa título o descripción de un empleo, aunque ambos sean necesarios para evitar confusiones. Hoy la autoridad verdadera en todos mis asuntos es un Poder superior a mí misma que me habla a través de otras personas. Esta Garantía le brinda equilibrio a mi vida.

«Que las decisiones se tomen mediante discusión, voto y unanimidad» es difícil para mí. Me siento agradecida de que esta Garantía venga después de la Garantía Dos, que me da una cierta práctica en materia de libertad, autoridad y justicia. Un espíritu unánime no quiere decir que no haya diferencias sino que las discutamos y lleguemos, esperamos, a una solución que nos conduzca a lo que más le conviene a la mayoría. Esto me ayuda a escuchar lo que otros dicen, me da permiso para expresar desacuerdo y me permite acatar un voto que va en contra de mis deseos personales. La unanimidad no significa que no pueda expresar una opinión divergente o un punto de vista contrario. Puedo compartir mis sentimientos personales, ideas, experiencia, fortaleza y esperanza, pero una vez compartidos, no tengo la libertad de insistir en que otros acepten, se adhieran o aun escuchen. Hoy mi familia discute con mucha frecuencia las decisiones que deben tomarse en lugar de que cada uno se dirija por su propio camino creando de esta manera caos y confusión.

Al darme permiso a mí misma para estar en desacuerdo, aprendo a aceptar los desacuerdos de otros sin sentir que me están humillando, insultando o considerando una tonta.

«Autoridad absoluta» y unanimidad son los extremos de mi péndulo. Así como la prudencia brinda equilibrio en la Garantía Uno, el equilibrio de autoridad y unanimidad de las Garantías Dos y Tres nos brinda prudencia.

La Garantía Cuatro es mi principio de pensamiento. Para que mis acciones no sean «personalmente punitivas» para mí misma o para otros, sea en público o en privado, debo pensar antes de hablar o actuar. Debo poner mi cerebro en primera antes de acelerar. Una vez más equilibrio es la palabra que parece adquirir vida en esta Garantía. El riesgo de «incitación a la controversia pública» a cualquier nivel me ayuda a ser menos exigente, a aceptar más y a no ser ya desagradable sólo para ser diferente o convertirme en el centro de atención. Hoy necesito conocimientos, experiencia y hechos antes de realizar una acción, llegar a una decisión o hasta hacer una declaración. También encuentro que escucho a los demás con más atención cuando lo que comparten es más informativo y menos emocional. Sé que, cuando me dejo llevar por las emociones, con frecuencia no puedo expresar lo que realmente quiero y, por eso, ahora trato de darle a otros (así como a mí misma) tiempo para tranquilizarse antes de iniciar una discusión o tomar una decisión.

La democracia de la Garantía Cinco es, en mi opinión, el programa de Al-Anon en acción en mi vida. Mediante la democracia, me convierto en un fiel servidor mejor sin simplemente confirmar decisiones de manera rutinaria. Puedo dejar que otros se encarguen de tareas con su capacidad y no con la mía y soy menos crítica de resultados distintos de los anticipados por mí. «Democrática en pensamiento» significa mantener una mente receptiva, en especial con ideas nuevas o diferentes para mí. «Democrática en acción» significa no estar obligada a obedecer a otros ni obligar a otros a obedecerme a mí. Hoy puedo aceptar que no soy su Poder Superior ni obligar a nadie a ser el mío. La verdadera democracia implica libertad, aceptación y unidad.

Al tener presente cada una de estas Garantías, tomo conciencia de que son un equilibrio de principios, no obligaciones. Esto me ha dado una meta a la cual aspirar en lugar de una prisión en la que debo vivir. Cuando escucho que no hay obligaciones en Al-Anon sino muchos «es preferible», me doy cuenta de que lo que se me dice en realidad es que utilice las Garantías en todos mis asuntos. Estos son verdaderamente los principios espirituales en los que se basan no sólo las Tradiciones sino mi vida entera. Practico todos los principios Al-Anon (sean

Pasos, Tradiciones o Conceptos) hasta que puedo usarlos. Los uso hasta que puedo aplicarlos. Ahora con las Garantías puedo aplicarlos todos a mi vida.

QUERÍAMOS EXIGIR

SI BIEN todos los Pasos y las Tradiciones me han ayudado de diversa manera y en momentos diferentes, el Duodécimo Concepto ha cambiado de forma definitiva mi perspectiva y comprensión. La Garantía Cinco del Duodécimo Concepto me abrió los ojos en realidad. Recibíamos innumerables quejas sobre un grupo en nuestro distrito. Varios de nosotros, «expertos», decidimos ir a esa reunión a demostrarles el error en sus procedimientos. Queríamos exigir que siguieran las Tradiciones (control), y si rehusaban (proyectábamos), dejaríamos (no lo sabían, por supuesto) de invitarlos a reuniones de distrito y de enviarles información del distrito (¿Para qué gastar tiempo y franqueo en un grupo rebelde?), los quitaríamos de la lista de reuniones, le diríamos al Servicio de Información que el grupo se había disuelto (quién iba a querer que los recién llegados asistieran a esa reunión tan mala) y quizás informaríamos a nuestra Zona y a la OSM que se habían disuelto.¡Así iban a aprender!

La Garantía cinco me enseñó a no imponer castigos por no acatar los principios Al-Anon. También me enseñó a abstenerme de cualquier medida autoritaria que limitara las libertades de otros de actuar con amor y respeto mutuo; a que no tomara ninguna medida con ira, apresuramiento o imprudencia; a que no iniciara acciones punitivas; y a que tomara precauciones contra tiranías (después de todo, así estábamos actuando).

Seguimos ahora sirviendo con amor y afabilidad a todos los grupos del distrito, aun aquéllos que no respetan las Tradiciones y las políticas. Nunca sabemos cuándo un miembro puede decidir interesarse y convertirse en Representante de Grupo (RG). Debemos mantener la puerta abierta. Esto es útil también en aspectos personales de nuestra vida. No somos la autoridad en cuanto a la mejor manera de hacer las cosas y debemos ser bondadosos con otros y apoyarlos aun cuando nuestros sentimientos y métodos sean distintos.

Aplicación del Duodécimo Concepto

Las Garantías Generales de la Conferencia contienen la base espiritual del Servicio Mundial de Al-Anon, Artículo 12 de la Carta.

Las Garantías Generales:
En todos los procedimientos, la Conferencia de Servicio Mundial de Al-Anon observará el espíritu de las Tradiciones:

1. que sólo suficientes fondos de funcionamiento en los que se incluya una amplia reserva, sea su principio financiero prudente;

2. que ningún miembro de la Conferencia será puesto con autoridad absoluta sobre otros miembros;

3. que todas las decisiones se tomen mediante discusión, voto y, siempre que sea posible, por unanimidad;

4. que ninguna acción de la Conferencia sea personalmente punitiva ni incite a la controversia pública;

5. que, aunque la Conferencia sirve a Al-Anon, nunca ejecutará ninguna acción autoritaria y como la hermandad de los Grupos de Familia Al-Anon a la cual sirve, permanecerá siempre democrática, en pensamiento y acción.

* ¿Cómo practica mi grupo la prudencia financiera? ¿Mi distrito? ¿Mi Zona?

* ¿Cómo practico yo la prudencia financiera en mis asuntos financieros?

* ¿En qué otros aspectos de mi vida podría practicar la prudencia?

* ¿Qué significa autoridad para mí?

* ¿Asumo alguna vez autoridad absoluta? ¿Lo permite mi grupo?

* ¿Puedo escuchar a todas las partes en una discusión antes de tomar una decisión?

UNDÉCIMO CONCEPTO

* ¿Qué es unanimidad sustancial en mi grupo? ¿En mi distrito? ¿En mi Zona? ¿En mi familia? ¿En mi empleo?

* ¿Puedo anteponer principios a personalidades en todo momento? ¿Por qué o por qué no?

* ¿Me gusta provocar problemas? Si es así, ¿por qué?

* ¿Practica mi grupo el pensamiento democrático? ¿Mi distrito? ¿Mi Zona?

* ¿De qué manera es democrática mi familia en pensamiento? ¿En acción?

* ¿Es mi lugar de trabajo democrático en pensamiento? ¿En acción?

* ¿Cómo ha mejorado el estudio de los Conceptos la comprensión de mi papel en mi grupo?

* ¿Cómo ha mejorado el estudio de los Conceptos la comprensión del papel de mi grupo en nuestro distrito? ¿En nuestra Zona? ¿En Al-Anon en todo el mundo?

* ¿Cómo puedo aplicar los Conceptos a mi vida personal? ¿A mi vida laboral?

Epílogo

Epílogo

A MENUDO oímos decir: «Para mantenerlo hay que transmitirlo». Cuando nos servimos mutuamente y servimos a la hermandad, vemos que sólo podemos transmitir los aspectos de nuestra recuperación que podemos practicar en nuestra propia vida. Al servir, contribuimos a la unidad del grupo, se amplía nuestra propia recuperación y tenemos cada vez más para transmitir.

Cuando servimos no estamos solos. Tenemos los tres Legados de Al-Anon: los Pasos, las Tradiciones y los Conceptos que nos guían, y cada uno de ellos nos vincula con nuestra propia recuperación y espiritualidad. Cuando vamos a una reunión de asuntos del grupo y nos sentimos tentados de decir: «Apurémonos con esto para poder llegar al programa real», nos recuerdan que nuestro «verdadero programa» es ayudar a los familiares y amigos de los alcohólicos. Compartimos lo que hemos recibido para guardarlo para nosotros mismos —ese es un principio espiritual básico—. Al caminar por nuestros senderos de recuperación, al comprender y utilizar nuestros Legados, percibimos que Al-Anon trata en realidad todos los aspectos de la vida. La recuperación, la unidad y el servicio se encuentran en todos los principios que compartimos.

RECIÉN LLEGADO, mi Padrino me sugirió que intentara aplicar un criterio con los Pasos, Tradiciones y Conceptos que los relacionara con mi vida. Hizo que los aprendiera horizontalmente en lugar de verticalmente.

Con el Primer Paso estudié también la Primera Tradición y el Primer Concepto. Con el Segundo Paso estudié la Segunda Tradición y el Segundo Concepto, y así sucesivamente. Mi Padrino me dijo que si aplicaba un Paso, Tradición o Concepto sin poder vincularlo a las otras partes del programa, perdería la comprensión de una gran parte de mi recuperación en Al-Anon. También quería que yo relacionara cada Tradición y Concepto con mi propia vida, no sólo los Pasos. No quería que yo los considerara simplemente como ideas

UN MIEMBRO PONE EN ACCIÓN NUESTROS TRES LEGADOS

abstractas vinculadas sólo con grupos Al-Anon o con la Oficina de Servicio Mundial (OSM).

Al practicar el programa horizontalmente, examino el Primer Paso, la Primera Tradición y el Primer Concepto como tres debates sobre poder. El Primer Paso dice que no tengo poder y que mi vida es ingobernable. La Primera Tradición discute el poder inherente en nuestro grupo y la idea de que nuestra unidad nos da la fuerza que no tenemos como individuos. El Primer Concepto se refiere al poder que tienen todos los grupos sobre la organización de los servicios mundiales. Los tres Legados hablan sobre el poder de la unidad en lugar de la incapacidad de cada persona que actúa sola.

Experimento el poder de la unidad cuando me reúno con uno o más miembros de Al-Anon, cuando hablo con mi Padrino, cuando hablo con una de las personas a las que apadrino. La fuerza de las emociones, del carácter y de las ideas que generamos sobrepasa la fuerza que cualquiera de nosotros produce actuando solo. En este proceso es parte inherente la guía de un Poder superior a nosotros. Esta guía es lo que llamo mi Poder Superior.

Una combinación del Primer Paso, la Primera Tradición y el Primer Concepto me revela la espiritualidad dominante del programa de Al-Anon. El motivo de que dependa de ella es que transforma mi vida de ingobernable a llena de energía. Experimento la relación del Poder Superior con el Paso, la Tradición y el Concepto cuando expreso mi unidad con otros miembros de Al-Anon. Cuando actúo solo, me privo de la inspiración proveniente de otras personas. Como resultado de ello mi vida permanece ingobernable. Sin embargo, a través de la unidad encuentro serenidad y la capacidad de manejar todos mis asuntos.

Mi Padrino solía decir que había una hebra en Al-Anon que mantenía unidos los Pasos, las Tradiciones y los Conceptos. Esta hebra era un Poder Superior que se expresaba como amor. Sin amor toda la trama de la recuperación se deshilacharía.

La guía de mi Padrino en la comprensión de los Pasos, las Tradiciones y los Conceptos me ayudó a examinar muchas relaciones de mi vida. Veo ahora que con la misma frecuencia con que un Paso puede resolver algunos de mis problemas, una Tradición o un Concepto también pueden darme una respuesta.

Si tengo alguna duda con una relación personal, recurro primero a la Tradición para aclarar mi situación. Si tengo una duda comercial, es más probable que en un Concepto comience a ver la respuesta.

Esta forma de percibir los Pasos, las Tradiciones y los Conceptos me ha facilitado las cosas cuando soy Padrino también. Puedo a menudo ayudar a mi apadrinado a lograr comprensión con más rapidez y con menos confusión que al observar a otra persona del programa. También me ha dado a mí una comprensión más clara de por qué puedo ser útil sólo cuando comparto experiencia, fortaleza, esperanza y amor incondicional, pero no consejos o directivas. Entender estas relaciones me ha permitido observar mi propio rendimiento desigual como Padrino. A veces hasta veo venir mi propio crecimiento como resultado de la práctica del programa de Al-Anon con mis apadrinados.

Siempre intento recordar las sabias palabras de mi Padrino: «Los Pasos me demuestran cómo amarme a mí mismo; las Tradiciones me demuestran cómo amar a otros; y los Conceptos me demuestran cómo amar al mundo en el que vivo».

Índice temático

A

Aceptación xi, 9, 18, 34, 41, 52, 54, 56, 61, 63, 70-71, 88, 96, 118, 122, 138, 152, 159, 175, 198, 234, 274, 331
Actitudes 5, 19, 40, 43, 76, 96, 120, 129, 168-169, 179, 196, 264, 290
Acusaciones 84, 220
Administración 131, 204, 243, 256, 283-284, 293, 295, 298, 306- 307, 309, 315, 325
Admitir (nuestras faltas) 52-53, 57, 59- 62, 101, 107
Afabilidad 41, 74, 95, 114, 171, 325
Agradar a la gente 43-44, 91, 168
Aislamiento 25, 53, 56, 62, 117, 159, 177, 219, 236, 271
Alateen ix, 39, 136, 147, 154, 156-157, 166, 172, 185, 223, 245, 290, 292, 314, 318
Alcohólicos Anónimos/A.A. xi, 4, 8, 11, 75, 91, 129-130, 138, 161-162, 164-165, 167, 170-173, 178, 180, 182, 184-186, 188-190, 225, 227-228, 231, 245, 247, 302
Alegría 18, 94, 109-110, 112, 123, 255, 261, 297, 301, 328
Amando, aprendiendo y progresando 317
Amor ix, xii, xiii, 5, 9, 17, 18, 20-21, 23, 27, 29, 31-32, 37, 40-42, 50, 52-53, 56, 62, 64, 72, 78, 80, 88, 92-95, 101, 114, 116, 118-123, 142, 148, 150, 154, 159, 173, 181, 197, 203, 208, 253, 255, 284, 317-318, 332, 338
Amor propio 9, 40-41, 60, 70, 123, 144-145, 192, 328

Animar 36, 39,43, 69, 86, 118, 134, 159, 222, 255, 265, 273-275, 299
Anne B. 182, 205, 247
Anonimato 129-131, 225-238
Ansiedad 53, 297
Anteponer los principios a las personas 130, 167, 233, 235, 237, 299, 324, 334
Aplicación de los Conceptos:
 Primer Concepto 251-252
 Segundo Concepto 259-260
 Tercer Concepto 267
 Cuarto Concepto 275
 Quinto Concepto 281
 Sexto Concepto 286
 Séptimo Concepto 292
 Octavo Concepto 298
 Noveno Concepto 306
 Décimo Concepto 312-313
 Undécimo Concepto 320-321
 Duodécimo Concepto 333-334
Aplicación de los Pasos:
 Primer Paso 15
 Segundo Paso 26
 Tercer Paso 35
 Cuarto Paso 47-51
 Quinto Paso 60-62
 Sexto Paso 68-69
 Séptimo Paso 77-78
 Octavo Paso 85-86
 Noveno Paso 97-98
 Décimo Paso 104-106
 Undécimo Paso 114-115
 Duodécimo Paso 124-125
Aplicación de las Tradiciones:
 Primera Tradición 141-142
 Segunda Tradición 150-151
 Tercera Tradición 159-160
 Cuarta Tradición 171-172
 Quinta Tradición 180-181

Sexta Tradición 189-190
Séptima Tradición 199-201
Octava Tradición 208-209
Novena Tradición 215-217
Décima Tradición 224
Undécima Tradición 231-232
Duodécima Tradición 237-238
Aplicar el programa horizontalmente 338
Apoyo v, 130, 182-184, 187-189, 192, 200
Asambleas de Zona 161, 192, 200, 212, 248, 259, 261, 325
Asuntos ajenos 130, 139, 218, 224, 229
Autocrítica 43, 230
Autoestima
Autonomía 129, 161-164, 166-168, 172, 211, 263
Autoridad colectiva fundamental 290
Autoridad de servicio 243, 307-309, 312
Autoridad fundamental 248-250, 265, 268, 290, 308-309
Ayuda v, ix, xii, xiii, 5-7, 9-10, 12-13, 18-21, 28-29, 31-32, 37-38,41-43, 47-48, 55-56, 58, 64-66, 70-72, 74, 76-79, 81, 87-89, 91, 95, 99, 101, 104, 110, 113-114, 117, 119, 124, 129, 133-134, 136, 144, 147-149, 152-153, 155-159, 164, 173-175, 179-180, 182, 185, 187, 192, 195,197, 202-204, 207, 209-210, 212, 214, 220-221, 226, 228, 233-235, 246, 250, 254-255, 258, 260, 263, 271, 273, 276-277, 279, 285, 300, 314-315, 318, 327-331

B

Bienestar común 129, 133, 138, 140- 142
Bienvenida/Dar la bienvenida v, xi, xii, 19, 117, 129, 133, 142, 152, 157, 159, 173-180, 184,191, 202, 215, 250, 252, 255, 274
Bill W. 301

C

Cambios 5, 9, 11-12, 15-16, 20, 22, 50, 67, 71-73, 78, 84, 87-88, 95, 97, 100, 112, 121, 138-139, 142, 146, 223, 262, 297, 301, 304, 318 Caos, 9, 10, 56, 143, 215, 303, 330
Carga 66, 83, 93
Carta de la Conferencia 309, 325
Celos 67, 194
Centros de Distribución de Publicaciones 182
Centros de servicio 130, 192, 194, 202, 208, 216
Cicatrización 89, 119, 218
Claridad 309-310
Comisión Directiva Central 205, 247
Comisiones de servicio 130, 200, 210-211, 215, 265, 283, 299
Comités en general 316, 317
Comité de Difusión Pública 202, 254
Comité de Guías 277, 293, 307, 315, 318
Comité de Finanzas 293, 307, 314, 318
Comité de Publicaciones 315, 318
Comité de Servicio Mundial de Zona 211, 248, 282

ÍNDICE TEMÁTICO 345

Comité Ejecutivo 243, 247, 254, 268, 284, 293-294, 298, 307, 315, 318

Compartir ix, 5, 21, 25, 33, 54, 56-57, 61-62, 106, 116-117, 121-122, 133, 135, 137, 139, 143, 154, 159, 163, 169, 176-177, 182, 186, 202, 208, 219, 225, 233, 235, 252, 274, 280, 310, 318, 330-331

Compasión 17, 52, 71, 77, 101, 118, 120, 123, 173, 179, 208, 265

Comportamiento inaceptable 110, 122, 176

Comprensión/Entendimiento v, ix, 3-5, 7, 19, 21, 32, 34-35, 46, 61, 63-64, 68-71, 76, 82, 86, 90, 107, 111, 114, 117, 129, 131, 133-137, 144, 159, 162-163, 173, 176, 178-180, 185-186, 212-213, 227, 229-230, 235-236, 249, 257, 270, 274, 282, 287, 289, 299-300, 320, 323, 332, 334, 337-338

Conciencia de grupo ix, 122, 129, 136, 138, 143-148, 150, 166, 193-194, 200, 211, 213, 230, 247- 249, 252, 254, 265, 268, 270, 272, 278, 280, 284, 287-289, 305, 309, 311-312, 323-324

Conferencia de Servicio Mundial iv, ix, xiii, 135, 161-162, 183, 192, 194, 205, 212, 244, 245, 247, 252-256, 259, 261, 268-269, 277-278, 284, 287, 293-295, 300, 306, 314, 322, 324, 333

Confianza 21, 30, 46, 48, 55, 63, 64, 68, 71, 153, 184, 207, 233, 238, 262-263, 267, 273, 294, 304

Confiar xiii, 3, 5, 19, 21, 23, 25, 28-29, 41, 48, 53, 55, 62-64, 66, 68-70, 73, 75-76, 78, 84, 92, 107, 118, 120, 123, 131, 135-136, 143-145, 154, 163, 184, 212, 234-235, 256, 259-261, 266, 275, 285, 289-290, 294, 297-298, 304-305, 308, 318, 320, 325, 328

Conflicto, 131, 136, 143, 166, 220, 272, 287, 307-308, 316

Confusión 45, 147, 162, 177, 179, 233, 310, 330

Conocimiento propio 37, 51, 80, 90

Consejos 56, 117, 124, 149, 170, 177, 207, 211, 213, 223, 288, 339

Consenso 324-325

Consideración 88, 95, 122, 134, 158, 162, 169, 172, 221, 261-262, 276-278, 281, 287, 307, 324, 328

Contacto consciente (con un Poder Superior) 3, 81, 107, 109, 111, 113-114, 305, 317

Contribuciones externas 130, 191, 193-194, 197-199

Control xii, 4, 8-11, 13-15, 20, 28, 30,40, 43, 55, 74, 77, 89, 93, 116-117, 121-122, 137, 141, 143, 151, 174, 176, 196, 212-213, 215, 224, 235, 258, 278, 290, 301, 303, 315, 325, 329, 332

Controversia v, 22, 130, 218, 220, 222-224, 229, 244, 322, 324, 326, 328, 331, 333

Cooperación 73-78, 130, 182, 184-189, 202, 228, 316, 318

Cordura/Sano juicio 3-4, 18, 20, 23, 26, 28, 37, 46, 107, 137, 175, 208, 212, 296

Crecimiento espiritual 4, 21, 72-73, 124, 188, 196-197, 272
Críticas 43, 53, 56, 72, 123, 177, 216, 230, 302, 323, 325
Cualidades 35, 40-41, 47, 52, 62, 67, 69-70, 72, 94, 123, 300, 303, 306
Culpa 14, 23, 60, 67, 79, 83-84, 89, 91, 93-96, 103, 179, 198, 201, 222
Culpar 7, 49, 53, 67, 82, 84, 97, 149, 151, 173, 201

D

Daño 3, 57, 61, 81-87, 89, 94, 96-97, 99, 101, 103, 210, 226, 264, 319
Debate 266, 269, 276, 290
Decepción 88, 94, 119, 168, 173
Decisiones 32, 36, 76, 101, 123, 136-137, 143, 145-148, 161, 164, 167-169, 172, 182, 196, 212-213, 244, 246, 248-249, 252, 254-259, 261-263, 267-270, 275, 278, 284-285, 287, 294-295, 301, 310-311, 322-323, 327-328, 330, 333
Defectos de carácter (Véase también «Deficiencias» y «Faltas») 3-5, 35, 40-41, 43, 52, 60, 63 71, 75-78, 86, 99, 103, 107, 117, 124, 144, 179, 212, 230, 264
Deficiencias (Véase también «Defectos de carácter» y «Faltas») 3, 43, 70, 71, 75-78, 101, 107
Delegación 246, 282, 293, 309, 320
Delegados de Zona 144, 247-248
Derecho de apelación 276-277
Derecho de decisión 243, 261-264, 267-268, 299

Derecho de petición 276-277
Derechos legales 243, 287-288, 291-292
Derechos tradicionales 288, 291-292
Desesperación 5, 137, 187, 207
Despertar espiritual 3-4, 42, 45, 57, 116, 118, 120, 123-124
Desprendimiento emocional 34, 38, 56, 169, 221
Dignidad 114, 187, 197, 199, 262-263, 265, 276, 318, 325
Dios (Véase también «Poder Superior» y «Poder Superior a nosotros») 3-5, 11, 13, 19, 22-23, 26, 28, 32, 34-36, 50, 52-57, 59-60, 78, 80-82, 84, 86, 90-93, 95-96, 101-102, 105, 109-110, 112-115, 118-125, 129, 135, 137, 143-144, 148-151, 156, 171, 183, 190, 195, 198, 207, 212, 216, 229, 248-249, 259, 264, 266, 272, 287, 300, 303, 305, 323, 324
Dios de nuestro propio entendimiento 29, 107
Dirigentes 129, 131, 134, 143-145, 147, 150, 243, 246, 248, 261-263, 266-268, 270, 284, 292-294, 299-307, 315, 322
Dispuestos 3, 9, 29, 43, 52, 61, 63-66, 68, 70, 73, 79, 80-82, 112, 228, 262, 264-265
Doble dirección de administración 307-308, 312
Dolor/Pena 7, 23, 26, 32, 44-46, 63, 65, 74-75, 79, 89, 94, 99, 101, 117, 133-134, 136, 139, 177, 221-222, 275
Donaciones 175, 257
Dudas sobre mí misma 230

E

Económicamente autosuficiente v, 130, 191, 195-196, 198-199, 204, 316
Egoísmo constructivo 37, 42
Empleados especiales 130, 202, 204-205, 209
Empleados remunerados 205, 206, 277, 293-294
Enfermedad de la familia (Véase también «Enfermedad del alcoholismo») xi, xii, 8, 18, 22, 81, 137, 152, 175, 178, 208, 221
Enfermedad del alcoholismo (Véase también «Enfermedad de la familia») xi, 4, 11, 18, 20, 22-24, 37, 39-41, 47, 63, 65-82, 134, 137, 152, 154, 157, 162, 175, 177, 179, 191, 208, 221, 227, 233, 256, 303, 328
Errores 8, 32, 34-35, 49, 78, 100, 105, 118, 161, 163-164, 179, 263, 276, 308
Escuchar 20, 32, 33, 37, 43, 56-57, 93, 109, 113-114, 143, 151, 175, 233, 249, 273, 275-276, 289, 302, 330
Esperanza v, ix, xi, 4-5, 7-8, 15-16, 18, 20-22, 26, 30, 34, 53, 109, 111-112, 118, 131, 135-136, 139, 156, 168, 174, 178, 187, 197, 202, 208, 210, 219, 222-223, 225, 234, 249, 255, 264, 300, 310, 319, 330
Estimular 40, 79, 129, 161, 173, 176, 178, 180-181, 199, 226, 259-260, 268, 276, 281, 299
Examen de conciencia 3, 4, 31, 37-38, 40, 42, 47, 52, 99, 104, 221
Examen del Cuarto Paso de Alateen 39, 100
Expectativas 16, 61, 88, 117, 177, 195, 305
Experiencia, fortaleza y esperanza (Aportes de miembros de Al-Anon) ix, xi, 109, 118, 131, 135, 139, 156, 174, 178, 202, 208, 210, 213, 219, 225, 234, 249, 255, 264, 271, 279, 284, 289, 295, 300, 303, 309-310, 316, 319, 327, 330

F

Faltas (Véase también «Defectos de carácter») 3, 5, 41, 47, 52- 55, 60, 61-62, 72, 237
Fe 18, 20-22, 26, 34, 49, 53, 64, 66, 84, 91, 93, 105, 111, 120, 136, 197, 198, 212, 230, 254, 262, 264, 289, 294, 304-305
Felicidad xii, 4, 6-7, 13, 18, 196, 201
Fieles servidores 129, 143, 150, 161, 182-183, 211-212, 214, 216, 238, 248, 253, 255, 259, 261, 262-263, 265-268, 271, 278, 283, 289, 293, 296, 299, 301, 303, 309, 320, 325
Fondos de funcionamiento 244, 322, 327, 329, 333
Fondos del grupo 182, 189, 214, 305
Fortaleza v, ix, xi, 15, 70, 80, 96, 109, 114, 118, 120, 131, 135-136, 139, 156, 174, 178, 198, 202, 208, 210, 219, 223, 225, 234, 249, 255, 264, 271, 276, 300, 303, 310, 319, 330, 338

Frustración 81, 90, 110
Fuerza 70, 80, 114, 338

G

Gratitud 49, 58, 80, 109-111, 194, 205, 252

H

Hermandad mundial 133, 135-136, 161, 164, 191, 193, 195, 200, 212, 216, 238, 253
Humildad 70-71, 74-77, 114, 120, 147, 216, 234, 258, 323, 326
Humor 32, 35, 49, 72, 74, 92, 114, 228, 318

I

Incapaces 3, 4, 7, 9-12, 15, 28, 37, 102, 120, 203, 338
Independencia 29, 163, 169, 171, 186, 191, 194, 197-198, 263
Intergrupo 182, 192, 200, 205, 251, 254, 257, 261, 292, 306, 312, 320
Ira 14, 33, 45, 56, 66, 76, 83, 137, 147, 173, 224, 233, 325, 328, 332

J

Juicio 43, 52, 56, 72, 113, 157, 168, 175, 209, 212, 300, 329
Junta de Administradores (Custodios) xiii, 205, 243, 269, 277-278, 282, 284, 287, 291, 293-294, 296, 298-300, 306-307, 315, 325
Justificación 41, 84, 86, 90

L

Labor del Duodécimo Paso 202, 207
Las Garantías de la Conferencia
Primera Garantía 322, 330
Segunda Garantía 323, 330
Tercera Garantía 323-324, 330
Cuarta Garantía 324, 330
Quinta Garantía 325, 331-332
Las Doce Tradiciones, en general
vii, ix, xi, xii, xiii, 93, 119, 122, 129, 131-141, 145, 148, 155 156, 158, 162, 163, 165, 167, 180, 182-182, 187, 198, 199, 213, 218, 220, 230, 232-233, 237-238, 244-245, 247, 256, 272, 279, 282, 284, 287, 292-293, 299, 301, 305, 322, 324, 326, 329, 331-333, 337, 338, 339
Primera Tradición 133-142, 337-338
Segunda Tradición 143-151, 214, 248, 252, 261, 266, 268, 278, 287, 299, 303, 337
Tercera Tradición 152-160
Cuarta Tradición 161-172
Quinta Tradición 173-181
Sexta Tradición 182-190, 195
Séptima Tradición 191-201
Octava Tradición 202-209
Novena Tradición 210-217, 299
Décima Tradición 218-224, 238
Undécima Tradición 225-232, 238
Duodécima Tradición 233-238
Lemas 69, 72, 182
«Un día a la vez» 20, 107
«Hazlo con calma» 72, 182

«Mantenlo simple» 40
«Vive y deja vivir» 11, 158, 190, 218, 220
«Progreso, no perfección» 6
«Piensa» 72, 104, 171
Libertad 10, 29, 34, 39, 83, 92, 120, 137, 163-164, 166-167, 170-171, 198, 210, 237, 261, 265, 276, 282-283, 308-309, 329-332
Liderazgo 145, 261-262, 264, 299-300, 303, 306
Lista de teléfonos 189, 234
Listos 28, 53, 63-64, 68, 70, 77, 80, 117, 226
Literatura Aprobada por la Conferencia 27, 37, 41, 133, 135, 161, 170, 182, 184, 189, 193, 206, 225, 328, 253, 315
Lois recuerda 301
Lois W. 131, 182, 195, 205, 245, 247, 271, 301
Los Doce Conceptos, en general viii, ix, xi, xii, xiii, 103, 119, 133, 162, 182, 187, 243, 245, 246, 249, 255, 256, 272, 279, 280, 287, 290-293, 299-301, 304, 307, 322-323, 324, 327, 329, 331- 332, 334, 337, 338, 339
   Primer Concepto vii, 247-252, 258, 268-269, 337-338
   Segundo Concepto vii, 253, 256, 257, 259, 268, 282, 294, 295, 337
   Tercer Concepto vii, 261-268, 286, 299
   Cuarto Concepto iv, 271-272, 275, 323
   Quinto Concepto vii, 276, 279-281, 323
   Sexto Concepto 282

   Séptimo Concepto vii, 287, 289- 290, 292
   Octavo Concepto vii, 254, 293-294, 296-298
   Noveno Concepto ix, 299, 304-306
   Décimo Concepto viii, 307, 309, 311-312
   Undécimo Concepto vii, 277, 314, 317-320
   Duodécimo Concepto vii, 322, 327, 329, 333
Los Doce Pasos, en general v, vii, xi, xii, xiii, 3-4, 24, 46, 51, 58, 92-93, 116, 118-119, 124, 129, 131, 133, 136-137, 143, 147, 155, 158, 162, 173, 176, 178, 180, 182-183, 185, 187, 191, 197, 199, 202, 230, 232, 237, 245, 247, 256, 279, 289, 293, 299, 301, 322, 326, 329, 331, 337, 338
   Primer Paso vii, 6-15, 18, 20, 28, 34, 40, 66, 70, 196, 337-338
   Segundo Paso 6, 18-29, 34, 46, 70, 107, 120, 147, 212, 337
   Tercer Paso vii, 28-31, 34-36, 63, 70, 71, 76, 107, 212, 287
   Cuarto Paso 37-47, 51-52, 55-56, 61, 63-64, 75, 79, 82, 84-85, 100, 102, 303
   Quinto Paso vii, 45, 52, 53-57, 59- 62, 64, 66, 68, 79, 82, 107, 120
   Sexto Paso vii, 63-65, 68, 107
   Séptimo Paso vii, 65, 70, 72-73, 77-78, 107
   Octavo Paso vii, 73, 79, 82-87, 96
   Noveno Paso vii, 79, 82-83, 85, 87-88, 90-92, 94, 96-97, 111

Décimo Paso vii, 91, 99, 101-102, 104, 110
Undécimo Paso 107, 112-113
Duodécimo Paso vii, 91, 116-120, 124, 130, 178-179, 186, 192, 202-204, 206-208, 225, 245, 314

M

Madurez 95, 265, 272
Maltrato/Abuso 25-26, 92, 157, 222, 277-278
Manual de Servicio de Al-Anon y Alateen vi, 146, 185, 187, 210, 231, 245, 255, 262, 264-265, 267-268, 279, 282, 288, 293, 301, 318-320, 322, 325
Martirio, manejo, manipulación y maternalismo 40
Meditación 3, 4, 34, 80, 83, 107, 111, 113-114, 118, 187
Miembros (requisitos) iv, v, 129, 131, 153, 155, 159, 173, 178, 191, 202, 238, 247, 271, 278, 290, 301
Miembros antiguos 213
Minoría 144, 276-278, 280, 281, 307

N

Negación 26, 57, 66, 178, 280

O

Obediencia a lo que no se puede imponer 131, 145, 162, 170
Ocúpate de tus propios asuntos 188
Objetivo espiritual primordial 130, 182-183, 186, 189, 190, 194, 218, 326
Ocuparnos de nosotros mismos 117, 166, 173
Odio de sí mismo 43
Oficina de Servicio Mundial ix, xiii, 48, 142, 144, 175, 182-183, 193-194, 199, 211, 243, 245, 248, 255-256, 261, 263, 268, 278, 282, 293, 295, 300, 306-307, 314, 320, 323, 338
Opciones 19, 23, 28, 35, 297, 301
Opiniones minoritarias 138, 144, 276-278, 280-281, 307
Oración de la Serenidad 20-22, 29, 64, 107-108, 133-138, 165
Organización v, xiii, 130-131, 146, 152-153, 184, 210-211, 213-215, 248, 253, 273, 285, 287, 303, 307, 309, 314, 316, 319, 326, 338
Otros programas de Doce Pasos 153, 155, 184, 185

P

Paciencia 48, 56, 58, 65, 90, 149, 216
Padrino de Servicio 216, 255, 259, 262, 267, 279
Padrinos/Madrinas 6, 15, 19-20, 27, 33, 35, 37-41, 43, 47, 49, 51, 53-58, 63-66, 68, 78-83, 85, 88-90, 97, 100, 106-107, 110-112, 114, 117, 135, 142, 157, 166-167, 173, 197-198, 208, 217, 219, 221-224, 255, 259, 267, 279, 285, 290, 302, 306, 311-312, 316-317, 320, 327, 337-339
Paz 4, 9, 10, 18-19, 24, 30, 67, 76-77, 79, 105, 108-110, 114, 116, 138, 163, 217, 225
Perdón 66, 88, 92-93, 120

Perspectiva 14, 20, 44, 54, 58, 65, 119, 154, 221, 296, 314, 332
Pertenencia 103, 122, 155-156, 178, 188, 268, 271, 276,
Plan detallado para progresar 39, 42-43, 100, 120, 258
Plegaria 20, 30, 32, 34, 64-65, 80, 89, 113, 165, 262
Poder Superior (Véase también «Dios» y «Poder superior a nosotros») xiii, 12-13, 18-22, 28-37, 41, 47, 49-58, 61, 64-75, 77, 78, 80, 82, 87, 92, 99, 101-102, 109-114, 117-120, 131, 136, 137, 143-145, 147-148, 155, 165, 167, 172-174, 183, 196, 198, 210, 212, 215, 235, 248, 258, 265, 272, 278, 290-291, 305, 327, 329, 331, 338
Poder superior a nosotros (Véase también «Dios» y «Poder Superior») xii, 3, 5, 18-20, 22, 26, 37, 65, 73, 107, 143, 163, 183, 212, 234, 235, 262
Política de relaciones públicas 130, 225, 230, 231
Principios xi, xii, xiii, 3, 10, 23, 30, 33-34, 39, 66, 99, 116, 118-120, 124-125, 129-131, 136, 152, 154, 156, 161-163, 167, 169-170, 184, 186-187, 195, 198, 210, 219, 225, 233-237, 245- 246, 266, 274, 282-283, 287, 289, 291, 298-299, 301-302, 307-308, 314, 316, 319, 322, 323-327, 331-332, 334, 337
Principios de Al-Anon, 39, 118, 133, 152, 154, 156, 186, 210, 219, 225, 236, 266, 274, 291, 331-332

Problemas v, 7- 9, 16-19, 28-30, 33-36, 44, 49, 54, 77, 95, 99, 101, 109, 116, 119, 122, 123, 130, 134, 139, 142, 152, 156-158, 166-167, 180, 182, 189-190, 194, 207, 218, 220, 246, 274, 280, 307, 315, 326, 329
Profesionales (en reuniones) 193, 203
Progreso ix, 4, 39, 42, 79, 99, 107, 117, 122, 131, 133, 148, 152, 171, 179, 250, 293, 297, 299, 339
Propiciar 117, 174
Prudencia 330, 333
Publicidad 230-231, 256

R

Racionalización 41, 86, 290-291
Ramas de servicio 183, 193, 243, 248, 253-256, 259, 260, 268-269, 282, 323
Recién llegados xii, 81, 94, 117, 133, 135, 142, 145, 154, 172, 174, 177-180, 186, 191, 202, 205, 213, 215, 225, 250, 252, 332
Recuperación i, iii, v, xi, xii, 71-72, 99, 119, 337
Regla de Oro 90, 270
Relaciones xiii, 7, 10, 40, 49, 66, 90, 93, 119, 132, 141, 147, 166, 169, 179, 195, 203, 230, 236, 245, 339
Rendirse 73-74, 110, 235
Reparación 3-4, 79, 81, 85-86, 88-92, 95-99, 101, 103, 105, 290
Representante de Grupo 58, 94, 144, 146, 149, 165, 191-192, 194, 200, 211-212, 230, 248, 253, 257, 259, 265, 271, 273-274, 283, 285, 300, 319, 322, 332

Representantes de Distrito 144, 212, 248, 300, 319
Resentimiento 33, 43, 52, 66, 83, 102, 137, 147, 173, 196, 224, 233, 264, 309
Responsabilidad 9, 13-14, 30, 38, 40, 48, 50, 74-75, 81-82, 89, 99, 105, 134, 137, 140, 143, 144, 147, 151, 163-164, 166, 169, 170-171, 191, 193-195, 201, 206, 212, 214-216, 243, 246- 251, 255-258, 260-263, 266, 268, 273-274, 282-284, 286-288, 292, 296-297, 303, 305, 307-310, 312-313, 319, 327
Responsabilidad administrativa primordial 243, 282, 286
Responsabilidad de servicio 243, 307, 312
Resumen de la Conferencia 259, 304
Reuniones de asuntos 136, 189, 199, 210-211, 213, 252-253, 255, 259, 260, 266, 279, 286, 294
Reuniones de distrito 212, 248, 251, 253, 255, 259, 265, 332
Reuniones de Zona 161, 192, 200, 248, 319

S

Sabiduría, xiii 3, 19-21, 29, 49, 75, 101, 114, 122, 129, 134, 141-142, 144, 154, 245, 248-249, 262, 290, 292 319-320, 322, 329
Sano juicio 3, 4, 18, 20-22, 24-28, 37, 107, 212
Sarcasmo 73-74
Según nuestro propio entendimiento de Él 29, 107
Seguridad 35, 50, 154, 163, 168, 173, 177, 184, 212, 225, 227, 233- 234, 277, 280
Sentimientos 8, 13-14, 17, 25-26, 33, 40, 45, 56, 60, 85-86, 89, 102-106, 110, 116, 139, 146-147, 149, 156, 169, 172, 175, 177, 179, 198, 200-201, 221-224, 279, 311, 327, 330, 332
Serenidad ix, xii, 18, 20-21, 23, 30, 43, 45, 49, 53, 55, 57, 63, 67, 74-75, 88, 93, 95, 99, 119, 122, 137, 176, 178, 190, 217, 225, 231, 250, 271, 338
Servicio xii, xiii, 58-59, 117-118, 122-125, 141, 144-145, 148, 150, 153, 167, 172, 189, 197, 200, 202-203, 205-206, 208, 211-212, 214, 216, 226, 234, 238, 247-248, 251, 255, 264, 269, 271-273, 279, 284-285, 288- 290, 294, 297, 299-304, 316, 324, 337
Servicio de información 175, 177, 182, 192, 200, 205-216, 226, 228, 231, 251, 254, 261, 269, 278, 283, 285, 306, 312, 320, 323, 332
Servicios mundiales de Al-Anon 243, 247-248, 251
Sinceridad 34, 37, 41, 43, 50, 53, 67, 76-77, 120
Solidez 25, 146, 295
Soltar las riendas 10, 14, 22, 24, 36, 65-66, 73, 103, 108, 118, 145, 190, 200, 229, 297
Soluciones 15, 19, 65, 109, 123, 134, 138, 145, 184-185, 202, 207-220, 246, 256, 262, 277, 309